マーケットをリードする
ロジックを探す

生き残るための
FX戦略書
プレイブック

歴史に学び、市場を感じ、先をひもとく

FX読本

著 ハリー 武内

監修：小林芳彦

JN021730

 Pan Rolling

Preface（まえがき）

　1985年9月の週末、シンガポールのチャンギ空港でタラップを降りました。タイライスの"におい"が臭い。今では大好きなシンガポールのハイナンチキンライスの"匂い"が漂っていました。同じ週末ニューヨークのプラザホテルでは先進五か国（G5）蔵相中央銀行総裁会議が秘密裏に行われ、その後の為替市場の流れを決定づけるドル高是正合意「プラザ合意」がなされました。前週末は240円台だったドル／円は、週明けからドル安円高へと進み、1995年に80円割れを見るまで10年弱にわたるドルの下げ相場が続くことになります。

　この研修以来、私は、2008年のリーマンショックの直前まで大手商社で丁稚ディーラー、チーフディーラー、その部署の部長等をさせていただきました。その後も金融まわりにいて、2016年からは個人トレーダーもしています。為替の世界には通算38年、接しています。

　ある日、あるFX億トレーダーのYouTubeを見ていたら「20歳くらいからFXを始め、下手くそな時期を経て14年くらいやっている。為替市場でトレーダーとして生きることは素晴らしく、40年、これでやっていける」というようなことを話していました。彼は「60歳まではトレーダーでやれる」ということも意味したわけです。

　私はもはや59歳（当時）。彼に言わせれば「引退の時期かもしれない」と思うとともに、プラザ合意以降の為替相場の現場で、ブランクはあるものの、相場を追い続け、ポジションを取り、時に為替を通して会社を守ることの一端を担ってきた経験は、「個人のFXトレーダーの方などの参考になるのではないか」と思ったのです。

　また、トレーダーだけでなく、為替を考慮して投資戦略を立てな

いといけない運用に携わる方、外貨預金や外国株、外国債券投資やその関連の投信など、為替市場に興味をお持ちの方などの参考にもなると思いました。

歳のせいなのか、為替市場の値動きに対する反応、すなわち「切れ味」が本当に悪くなり、損切りが1拍、2拍遅れたり、ポジションを作るときも早過ぎたり、遅過ぎたりすることが多くなってきた今、自分のためにも形に残してレビューしようという気持ちもありました。

最近、書店には、FX関係の著書がたくさん並んでいます。入門書や仕組み・為替変動理論について書いた学術系や、エコノミストが中長期の大胆予想するような本を除くと、ほとんどがチャート分析（＝テクニカルアナリシス）を解説しているものです。そこに相場の心構え（メンタル）を加えたようなものも多いです。

こうした現状の中、「相場の簡単な歴史や自分の経験も含めたら、アングルの違う本が書けるのではないか」ということも、私は思いました。同時に「FXに必要なのはテクニカルアナリシスだけではない」という気持ちを伝えたいという考えもありました。ただ、私自身は、日本テクニカルアナリスト協会の評議員もしていたことがあります。「チャート分析は非常に大事」と思っていることは、最初に述べておきます。

今回、このようなさまざまな思いを原動力に、筆を執ろうと思った次第です。コロナ禍の中、長年繰り返してきた新聞の切り抜きなども整理しながら、2020年の夏から秋にかけて本書の初稿を書き上げ、今に至ります。

今の時代、アルゴリズムやAIを駆使した自動の売買システムも多々あります。為替というと、外貨預金や外国債券、外国株投資にも深く

関係しますが、本書では、2国間の通貨の交換レートの動きを占う考え方（ロジック）と「市場をリードするロジック」をタイムリーに掴む方法について、できるだけわかりやすく示したいと思っています。いわゆるアセットアロケーション（資産配分）はある程度横に置いて、為替にフォーカスします。

　私が商社のロンドン拠点でトレーダーをしていたときに、懇意にしていたユウ・キソンさん（英国の4大銀行のひとつでカスタマーディーラー＝顧客のオーダーを取るディーラーをなされていた）が2005年、『ロンドンFX物語』（パンローリング社）という本を出版しました。その中で私のことを次のように書いてくれています。

──ここから──

「神を意識する男」とする話で「もうひとり、日本の大手企業に勤めている人としては珍しく為替の専門家で、海外の連中とも対等に渡り合える数少ないプロがいた。彼は毎年、億単位の収益をコンスタントに稼ぎ続けていた。彼もボブと同じく、相場の短期の値動きを取るのが抜群にうまい。また手数も普通ではなく、さらにあらゆる通貨に手を出す。なぜ、彼がそれほどまでに結果を出すことができたのか。私の見るところ、『彼が金融機関のセールス使いの名人であった』ところに、その理由がありそうだった。彼は、貴重な情報が複数の銀行から常に真っ先に自分のところに入るようにアレンジしていた。金融機関のセールスはいうまでもなく、仕事をくれる顧客のところに一番良い情報を運ぶ。売買回数の多いのも口銭（為替の手数料）を銀行に落とすための撒き餌みたいなものであった。彼は顧客の立場をフルに活用した天才だったと思う。こんなに成果を出しているにもかかわらず、彼も謙虚であった。毎年、ディーリングの願をかけに神社に行くし、『ユ

ウさん、僕も神様を信じていますね』という。おそらく、ディーリングを通して人智を超える体験を何度もし、彼をして畏れや謙虚さを学び取らせたのだと思う。相場に勝ち残った人は皆謙虚だ。神を畏れている」

――ここまで――

　よく書いてくださって感謝です。「私が情報に飢えていた」という話、これこそがこの本の中で伝えたいメインのひとつとなります。当時は、外国人も含めたさまざまなディーラーの意見や考え方が入ってくるようにしていました。まさに「マーケットをリードするロジック」を探す仕組みが奏功していた時期でした。

　ただし、私が日本で通っていたのは神社ではなく、浅草寺でした。先祖の墓も近くにあり、神田明神より商売繁盛を祈る Greedy な（欲深い）人が少ないから、ご利益も大きいと思っていたのです。週に1回は訪れていました。

　本書の読者層として、まず念頭に置いているのが FX トレーディングをする方々です（1日も何度も取引を繰り返すタイプの方もいれば、2～3日の時間を掛けて、ドル／円で言えば1円あるいは5円以上の値差を狙う方もいて、さまざまです）。

　さらに、実業の輸出入に携わる方のほか、「外貨預金を良いところで仕込みたい」と考えている個人、（プロや個人関係なく）米株他の海外株や外国債券投資を行う方、外国株や外国債券の投資信託に投資する方々も対象にしています。世の中でトレンドと言われていたものがさした理由もなく気づかぬうちに急変し、ときに想定外の動きをしたり、前日とは一転逆の動きをするなど、為替市場の勝手さを素直に

受け入れたうえで、先取りしていただけることを目指しています。

　そのほか、ファイナンシャルプランナーや外国証券・投信のセールスをする方々も想定、顧客への説明にも深みが出るような話もたくさん盛り込んでいます。本書では、極めて初歩的なことから、プロ好みの話まで多岐にわたって紹介しています。

　タイトルの「FXプレイブック」は経験に基づいた戦略本との狙いですが、加えて「FXトレーディングとはマーケットをリードするロジックという脚本（プレイブック）を書き続けることである」いう意味も兼ねています。

　副題の「読本」は教本でありながら多くの例とともに著者のエッセイ的なものも多く含んでいるとの思いで付けています。

　当初、タイトルは「知的FXのススメ」にしようかと思いましたが、福澤先生に少し後ろめたさも感じました。文章の書き方・読み方をわかりやすく記した随筆が「文章読本」と呼ばれ、谷崎潤一郎や川端康成といった文豪も同じタイトルで本を書いています。特に丸谷才一さんの「文章読本」からの「読本」が頭に浮かびました。小説や文章に造詣の深い人には心に沁みそうであろう難しい作品の引用がたくさんあり、丸谷さんはそれをやさしく解説していました。私にはピンとこない点もありましたが、随筆（エッセイ）風であることが決め手となりましたこの本は、FXを極めようとする人や興味のある方すべてに捧げるつもりですが、エッセイ的な話もたくさん書いているので、本のタイトルにふさわしいと思い副題に採用しました。

　ファンダメンタルズ（経済の基礎的条件）だけで為替相場が動くわけではないですし、ましてや為替相場は2国間の通貨のやりとりなので、株式市場とはNatureが異なります。チャート等のテクニカルも値動きの結果として、また将来を占うツールとしての奥深さと同時に限界もあるので、その点の機微も伝えたいと思っています。

「良いリスク」を取る

リスクマネジメントという言葉を聞いたことがある方も多いと思います。私は、「真のリスクマネジメント（あるいは「良いリスクを取る」）」とは、「必要のないリスクをできるだけ mitigate（軽減）したうえで、自分の取りたいリスクを取りにいくことだ」と考えています。これは FX（Foreign Exchange：為替取引）に限らない、私の信条です。

私の師匠である F 氏は、大企業の CFO 財務最高責任者や日本銀行政策委員会の審議委員にもなった方でした。株や債券を含む金利を、実業とともにいくらでもトレーディングの対象にできたと思いますが、彼は FX を好みました。なぜかというと、FX 市場には優れた点が主に 2 つあるからです。

ひとつは、週末を除いて、いつでも取引ができて、流動性が非常に高いこと。もうひとつは情報の偏在リスクが小さいことです。個別株に至っては当該の株式の発行会社しか知らないこと（例えば想定外の決算内容や増資、不祥事といった情報）がいくらでもありますから、交通事故的なことが起こりやすいです。それに比べ、為替市場では、交通事故が発生したとしても、それは皆に平等に起こります。単純な価格変動リスクを集中的に取りにいくには最適の市場というわけです。

一方で、新興国通貨を対象にすると、流動性が劣ります。また、その国の歴史を含む情報量や事前のチェック不足からリスクに対する認識が低くなることが多くなります。「余計なリスクはとらない、知らないリスクをとらない」という当たり前のことが読者の皆様にも具現化できるよう、こういうところの話にも触れたいと思います。

なお、この本では主に主要通貨と言われる米ドルやユーロ、円、ポンド、カナダドル、オーストラリアドル、ニュージーランドドルなど、自国市場以外の時間帯でも安定して取引ができるものを念頭に置いて話を進めます。サブ主要国通貨としては、中国元やノルウェークロー

ネ、スウェーデンクローネ、シンガポールドル、香港ドルあたりまでとし、それ以外は新興国通貨と考えます。新興国通貨の取引についてはひとつ章を設けて持論を展開します。

なお、市場参加者は FX トレーディングの「投資 Span（期間）」で単純に分けると、以下のように言えると思います。

①短期

いわゆる Scalper（スキャルパー）、短期のさや抜きを張り付きで繰り返す。米ドル / 円で言うと数 pips（銭の単位）から 20 ～ 30pips を狙う取引を主とする。短期チャート（1 時間以内等）と、値運び（値動き）を見ながら売買を繰り返す。デイトレーダーや日計りトレーダーの一部がこれに当たる。

例えば、ドル / 円で 1 回あたり 10 銭（0.1 円）を狙い、1 日に何回もトレードする。1 日につき 5 回として、損切りは 20 銭で行うとすると、5 連勝なら計 50 銭、4 勝 1 敗だと計 20 銭（10 銭 × 4 － 20 銭 × 1）、3 勝 2 敗とすると計 10 銭の損失。

②短期～中期

最近では「Swing Trader（スイング・トレーダー）」と呼ばれることが多い。4 時間足や日足チャートあたりを主軸として観察し、数日から数週間の流れの中で収益を目指す。いわゆるグローバルマクロ型と呼ばれる市場で活躍するヘッジファンドはこの部類と言える。例えば、利益は 2 円（あるいはそれ以上）で、損切りは 1 円のようなイメージとなる。数日にわたることが多い。

③長期

文字通り、大きなトレンド変化のときに動き、買いが強いときに売りに出てきたりする。いわゆる実需筋（輸出、輸入業者）、生損保等

の機関投資家がこれに当たる。普段は決められたヘッジ率や資産のアロケーション等のルールに従い、取引を粛々と行うが、トレンドが大きく変化する場合には登場してくる。輸出筋の為替ヘッジ比率（どのくらい先まで見込んで外貨建て輸出取引分をあらかじめ輸出予約するか）や、生保の為替ヘッジ比率（円高見込みならヘッジ比率の引上げ、円安であればヘッジ比率の引下げなど、外貨部分の為替リスクのない部分の%）を動かすが、合議性で決めたりするので、市場への影響はラグがあったり、期初とか季節性で動くことも多い。資金に大きく余裕があり、良いレベルで外貨預金を作りたい人などもこれにあたる。

　証拠金でFXトレーディングをしている人の多くは、①と②の間が多いのではないでしょうか。本書の内容は②あたりを主たる読者として想定していますが、長期目線の人、短期で考える人にも有効な話をたくさん盛り込んでいこうと考えています。私はチャートやテクニカル分析を軽視しているわけではありません。いつでも見ています。チャートは過去を検証・レビューに最適ですし、現在の形から先を読む（イメージする）ときに大いに役立ちます。ただ、チャートだけでは不十分だと思っています。

　私は定期的に同じ作業をすることがとても苦手なので、YouTuberの方のように、まめに市場の様子をアップデートして発信することはできないと思い、本書にできる限りのことを盛り込みました。ときにとても初歩的で、ときにスパイスの効き過ぎた内容を含みます。読者の皆様には、本書の「良いとこ取り」をしていただきたいと思います。私の本がお役に立てる一助となれば、これほど嬉しいことはありません。

2023年7月　　ハリー　武内

本書を読む前に　※すでに FX に精通している方は読む必要はありません

　本書を読んでいただくにあたって、まずは、私が所与として使っている用語を簡単に説明します。

◎いわゆるドル / 円のレートを示すときは、慣習的なところで 1 ドル ＝ 105 円のように示します(100 円 ＝ ○○ドルと表すことも可能です)。一方、ユーロや英ポンド、オーストラリアドル、ニュージーランドドル等は 1 ユーロ ＝ ○○ドルというように表します。対円の通貨表示は基本的に当該通貨 1 ＝ ○○円と表すのが一般的で、「クロス円」と言われます。

◎一般的に左側にくる 1 単位で示されるほうの通貨について、買うとか売るという表現をします。 1 ドル ＝ 105 円で（対円で）ドルを買うとか、1 ユーロ ＝ 1.2 ドルで（対ドルで）ユーロを買うと言います。 1 ドル ＝ 105 円が 106 円になったときはドルが上がったと表現されます。円が売られたということもあります。

・◎ドルを買って / 円を売っている状態を「ドルロング（ドルの買い持ち）/ 円ショート（円の売り持ち）」のように、ロングとショートで表します。一般的に左側の 1 単位で表記されているほうの通貨だけを主語にしてロングやショートを使います。

◎一方の通貨を買い、片方の通貨を売った状態であるときにポジションと言います。上の例では「ドル / 円を 105 円でロングポジションを取る」と表現します。ポジションがない状態をスクエアーと言います。また含み益のあるときのポジションを一般的にフェーバー（Favor）、

含み損のあるときはアゲンスト（Against）と言います（これらは和製英語と思われます）。

◎ドル／円でドルショートを作る（ドルを売って円を買う）行為は、株のショートとは異なる部分があります。日本円で生活している日本人からすると、何か悪いことである空売りのような印象を持つかもしれませんが、為替には、米国人が日本旅行をするためにドルを売って円を買う実需もあります。あるいは、海外の富豪などのように、円が割安に見えると、まるで日本人が外貨預金をするように、円を買い自国通貨を売る人もいます。日本の輸出業者はドル建て輸出代金を受け取って円に換えるときにはドルを売る必要があります。持っているドルをただ売る場合はそれで完了ですが、FX証拠金取引などは理論上、「ドルを借りて、円を買う」わけですから、ドルを借りている間はドル金利が掛かる一方で、受け取った円には金利が付きます。よって、金利差が重要になります。

　なお、FX証拠金取引をする方は、各章の終わりにつけている「コーヒーブレイク」もよく理解していただけるとよいかと思います。

監修者の言葉

著者のハリー武内さんと始めて知り合ったのは、私が邦銀の資金為替部でセールスヘッドとして勤務していたときでした。

最もアクティブな顧客のひとつであった某商社の為替を取りまとめる部に所属していた中堅トレーダーさんで、今思えば、相場のロジックを追求する姿勢が他の多くのトレーダーとは明らかに異なっていました。その後、同社為替の部や財務部の総帥でいらしたF氏の薫陶を受け、名実ともに某商社の為替の部を業界トップへと押し上げたハリーさんの手腕には目を見張るものがあります。

長い期間外国為替を担当され、実務経験を通じて得られた専門知識、日本で最も取引金融機関が多かったのではないかと思われる某商社で、取引銀行から最速で集まる選りすぐりの情報をどう処理して相場に向かうかなど、上梓された本書は為替トレードの原点である相場ロジックに関する記述がふんだんに盛り込まれています。

基礎的なロジックについてのトレーダーならでは解説に加え、「値動きが発するロジックについて」では私たちが日ごろ感じ、値動きから汲み取っていることを、「こっつん」「Volcano」「Super Highway」などのとても臨場感のある表現で整理し紹介されています。また、独自の視点での為替の歴史の取りまとめや、相場や業界のこぼれ話的なことがふんだんに盛り込まれていて、なつかしくもあり、FXトレーディングを極めようという方々には目から鱗の内容です。単なるノウハウ本とは一線を画した良著と言えるでしょう。

JFX株式会社代表取締役　小林芳彦

CONTENTS

第1章　「マーケットをリードするロジック」を探す

コアロジック1　金融政策（金利差）とインフレ（ファンダメンタルズ1）

コアロジック2　基本需給としての経常収支（ファンダメンタルズ2）

コアロジック3　為替政策と介入

コアロジック4　株価や商品相場の為替への影響

コアロジック5　トレンドのマグニチュードと相場の位置

コアとなるロジックの補足項目

第2章　「機」を見て動くための心のマネジメント

第3章　実践編　～売買のタイミング・ポジションの育て方～

サンプルスタディ1

サンプルスタディ2：金利差を狙ったキャリー取引の例

　1）前提

　2）金利差の狙い方はいろいろ

第4章　相場で Déjà vu を感じるために
～相場の歴史とマーケットをリードしたロジックを学ぶ

第5章　新興国通貨を考える

本書に掲載しているチャート類はトレーディングビュー社のものを使用しています

第1章

「マーケットをリードする
ロジック」を探す

～第1節～
マーケットをリードするロジックを探す

　毎日、テレビや新聞、ネットなどで前日の為替市場の市況を見聞きしたり、書かれているのをご覧になることがあると思います。そこには「相場が動いた解説（理由）」があります。すべてが正しいわけではないですが、この相場が動いた理由が一般的に「マーケットをリードするロジックだった」わけです。動く理由が事前にわかっていれば、相場は簡単なはずです。翌朝、1週間後、1カ月後の相場の動きがわかっていれば、どんなにトレーディングをしやすいか。

　この本では、相場が動き出す前、動き出した直後ぐらいにいろいろとある市場の材料や見方の中で「マーケットをリードするロジック」にひらめく、あるいはどの通貨を買ったら（売ったら）よいかに、皆さんがピンとくることができるようになることを目指しています。

　本書では、「マーケットをリードするロジックを探す」ことができるように、基本的な為替の相場観の組み立て方や、材料や相場の変化に"ひらめく感度"を作るための要素を紹介します。
　ファンダメンタル的なものだけでなく、相場（値動き）が発しているメッセージ、あるいはその捉え方、チャート等のテクニカル分析も、マーケットをリードするロジックには含みます。チャート等が時に決定的な要素となることを否定するものではないからです。また市場の

ポジションの偏りの分析・洞察や実際の値運びも大事です。

なお、本書では主要通貨（「Hard currencies」と言われる米ドルや日本円、ユーロ、英ポンド、カナダドル、オーストラリアドル、ニュージーランドドルまで）を対象とします。いわゆる新興国通貨は対象外です（新興国通貨は第5章で扱います）。

ここで話すロジックを組み立てる材料や方法は大事ですが、あまり「頭でっかち」になってはいけません。思った通りにならなくても、相場の動きを素直に受け入れる謙虚さがとても大事です。「相場は相場に聞け」とか、英語では「The trend is my （your）friend」と言うように、あなたの相場観と違うロジックがマーケットを動かしていることは多々あります。自分の考えや相場観が相場と合ってないときほど冷静になる必要があります。このことを最初に申し上げておきます。

1）「ひらめき」のバックグラウンド

30年ぐらい前だと思います。ドル/円が1ドル＝130円台のとき、京都の清水寺のまさに"清水の舞台"と言われるところを歩いている最中に「ドル/円が105円に行くよ」「日本経済新聞の見出しとして米国のドル安姿勢は変わらず105円に円急騰」という"予言"のようなものが急に頭をよぎりました。後輩たちには「清水寺で神様のお告げを受けた」と話した記憶があります。本当に神様にそう言われたかは今となってはわかりません。

もうひとつ、お話をします。ある日、ロンドンの街中を歩いていると、インド系の人物から「ポンドは○○まで上がるから気をつけろ」と言われたことがあります。

そのときは、ポンド/ドルのポンドショート（ポンド売り）のポジションを持っていて、ずいぶん遠く（ポンド高）のレベルを言われたなぁ」と思ったのですが、私の持っていた方向とは逆でしたので何だか気になり、急遽、ポジションをひっくり返したところ、うまくいったこともありました。

　最初の例は、120円あたりを見たドル/円が160円を試した後のもみ合い状態（＊）のときの話です。「やはりまだプラザ合意後のドル/ロングが残っている」とか、「米国の対日感情の悪さがある」といった考えを巡らしているうちに、そう思い浮かんだものだと思います。
　後者の例は、ポンドのショートの感触があまりに悪いと思いながらも買いに転じるロジックが足りないなと悩んでいたところ、「"次につなげる"ためには、このポジションにこだわってはいけない」という自分の心の声がそうさせたのではないかと思います。

　清水寺やロンドンでひらめいた話は事実ですが、本当に神やインド系の人物に囁かれたのかは、実はわかりません。でも、あのインド人の顔を今でも覚えているから不思議です。後輩にそういう話をしているうちに本当にあったことなのか、夢だったのか、自分で考えたことなのかも、わからなくなりました。
　ここまでの話は、お告げやカルト的な内容に聞こえるかもしれません。しかし、その当時、相場に相当のめり込んでいたのは事実です。だからこそ、起こった出来事だと思います。
　ここからは、私の記憶にも確かな「実際の例」を紹介します。

＊：1985年ドル/円＝240円近辺の週末にG5（先進五カ国蔵相・中央銀行総裁会議）で合意されたドル安是正合意（詳しくは第4章第4節学び4）。ここでは240円から120円近辺までドルは下がったので、ドルは大底を見たとの見方も多い時期の話。

①WTIの大暴落の例

2014年の7月ごろのことです。当時は、ロンドンでコモディティのトレーディング会社のCEOをしていました。先物やスワップなどで、エネルギー関係や非鉄の顧客のヘッジを受ける会社でした。ニューヨークやシンガポールに現地法人（子会社）がある、そこそこの規模の会社でした。

着任して1年あまりが過ぎたころには、着任前に計画していたことはほぼ達成できていたので「何もすることがないな」と思っていたとき、テレビか、新聞か、雑誌で「世界のエネルギー生産に占める再生エネルギーの比率が15％になった」という話をたまたま知りました。日本でも太陽光などはだいぶ普及していると思っていたものの、発電効率が悪いので、「（普及したとはいっても）数％くらいでは？」と思っていたので、とても驚きました。

そして、そのとき、脳裏にいくつかのことが浮かびました。「長期的には産油国のひとり勝ちの時代も変化している」「神様が、石油が埋まっているだけで不労所得を得ている産油国に試練を与え、石油のない国には太陽光や風力、水力があることに気づかせた」というようなことを考えました。

そんなある日、自分のオフィスでWTI（米国原油の代表的な銘柄）のチャートを見ていたとき、変化の兆しに気づきました。それまで1バーレル＝100ドル台（100〜110ドルあたり）を何カ月もうろうろしていたのに、97ドル台になっていたのです。「これは相場が離れて、大下げが始まる」と強く感じました。「75ドルぐらいか？　いやそんなものではない。56ドルだ」と頭にひらめきました。「なぜ56ドルだったのか」は今でもわかりません。すぐにCEO室を出て、最も古株のRichardというエネルギー部門のヘッドに「56ドルまで行くから、中途半端なロングは顧客にも自分たちにも取らせないように、若いやつらに言っといてくれ」と伝えました。Richardの顔には「こいつ何を言っているのか」と

いうような、きょとんとした表情が浮かんでいました。

　その後、相場は下げ続け、確か80ドルを割れたあたりからサウジアラビアが「競争相手を駆逐すべく、（石油を）増産する」という話を始めた後、下げが加速したと思います。相場では、動き出したことに後から理由が付いてくることが実に多いです。生産コストが30〜40ドル台/バーレルくらいと言われるサウジの立場から見れば、60〜80ドルと言われる他の生産者を「ふるい落としたい」ということだと思います。サウジアラビアは、再生エネルギーの台頭や、当時の米国の大産油国化に危機感を覚えたと思われますし、100ドルを割れてくるところで大量のヘッジ売り（この場合、将来の石油の産出量を見越しての先売り）を始めていたのではないかと思います。

　その後、WTIは2年あまりで56ドルを通過し、最終的には30ドル割れまで進みました。

　この例で、私が大きく下げると見たのは「たまたま知った予想外の再生エネルギーの台頭の数字」「もみ合いをしていた相場が100ドル台から急に放れた」という2点だけです。再生エネルギーのシェアが想定より大きいというインプット（新しい引き出し）と、相場が「下に放れた値動き（その動きが突然で、上にロングがたくさん残されているという感触や、テクニカル分析的な感触）」から、相場は若いと思った程度です。CEOという立場上、自分ではポジションを取れなかったのが強く悔やまれますが、近年では最も印象に残っている出来事です。

　為替の本なのに、石油の例をあえて持ってきた背景には、理由がいくつかあります。次ページの図をご覧ください。2000年からドル/円のレート（左軸）とWTI（米国の指標となる石油のひとつ）の先物価格（右軸）を重ねたチャートです。2000年代の最初やリーマン

◆2000年からのWTI先物価格（ローソク足、右軸　●●ドル/バーレル）とドル/円（実線、左軸　1ドル=●●円）

ドル／円

140.000
130.000
120.000
110.000
100.000
90.000
80.000
70.000

WTI

140.00
120.00
100.00
80.00
60.00
40.00
20.00
0.00

2002　2004　2006　2008　2010　2012　2014　2016　2018　2020　2022　2024

リーマンショック

本文での例

ロシアのウクライナ侵攻

コロナショック WTI先物では マイナス価格も

2018年シェール増産 米国が石油の純輸出国化

WTI=略100ドル・ドル=略125円

1ドル=略100円

WTI=略50ドル

View

27

ショックの後はだいぶ乖離していますが、WTIが100ドルを超えているようなときはドル高/円安の方向に動いていることがわかると思います。

　これから先、「マーケットをリードするロジックを探す」という視点で、為替相場を見ていくうえでたくさんのことをお話しします。そのなかでも石油価格の値動きはよりダイナミックで、以下のようにとても大切なことを示唆してくれます。少し長期的なことも含みますが、変化は突然出てきたりもします。

◎**相場では、何が起こるかわからない**

　27ページのWTIの先物チャートを見ていただくとわかるように、2020年4月に、この先物はマイナス（チャートでは0ドル近辺）となりました。石油の現物の値段はマイナスではありませんでしたが、コロナショックで石油の需要減が予想される中で石油が余り、それを貯蔵する施設の保管料が急騰。本体の石油価格より保管料のほうが高いという状況に陥ったわけです。先物でWTIを買い持ちしている参加者はWTI先物を現受けする（現物で引き取る）こともできず、先物市場で売るしか手仕舞いの方法がなかったため、先物価格はマイナスになったようです。

　あとから見ればオーバーシュートではあるのですが、相場では得てして、こういうことが起こります。そういうときに悪いほうで巻き込まれないために、早めの損切りが肝要です。

　また、こういう行き過ぎたときは、ときにチャンスでもあるわけです。為替も例外ではありません。

　以下は、2021年4月19日付の日本経済新聞の記事を引用したものです。

　「2020年4月20日、米国で取引されている原油の先物価格が史上初めてマイナスを記録した。新型コロナウイルス感染拡大で需要が急減した影響で、投機家が損失を被ってでも売る必要に迫られたためだ。

　原油先物は月ごとに決済日が設けられている。先物を買った人が決済日までに売らない場合、実際に原油を受け取る必要が生じる。

　新型コロナウイルスの影響で原油需要が急減した余波で、原油の貯蔵施設が満杯に近づいた。投機家は貯蔵手段がないまま大量の原油を受け取る事態を避けるため、お金を払ってでも別の買い手に引き取ってもらわざるを得なくなった。その結果、異例のマイナス価格が成立した。

　当時の先物価格は1バレル（約159リットル）当たりマイナス40ドル台まで沈んだ」

◎石油価格の変動は為替に非常に影響する

　また、世界のインフレを加速させる（下げは逆）など、石油価格の上昇・下落は各国の金融政策にも大きく影響します。その結果として、為替市場に大きな影響を与えます。

　石油価格は普通、需要動向（景気が良くなると需要が増える、悪くなるとその逆）や、OPECをはじめとする産油国による供給政策などで主に決まります。石油の先物市場は週末を除きいつでも動いているので、石油価格の影響として出てくる貿易収支や経常収支、あるいはインフレ指標に比し、先行して動きます。要するに、経常収支やインフレの先行指標として、石油価格は為替市場での思惑（マーケットをリードするロジック）を形成するわけです。為替市場を見る場合は、

石油の先物価格等はライブで must watch（必見）です。

　正直なところ、為替のチャートを見るよりも目の前の石油の先物価格を見て、石油の純輸出国通貨と純輸入国通貨を売買したほうが儲かる日が年に10日は下らないと思います。石油価格やその動く理由が「マーケットをリードするロジック」となっているときだからです。

　先進国通貨の中では、石油の純輸出国の代表格がカナダや米国（2018年以前は純輸入国でした）であり、純輸入国は日本となります。詳しくは金融政策とインフレ、経常収支、商品価格と為替の関係などのところで後述します。

◎マーケットをリードするロジックは二転三転する

　最初の例で説明した2014年のWTI100ドル割れから始まった石油の下落には、「低炭素化社会」や「脱石油化学」という流れがありました。少なくとも私はそう思っています。コロナの影響で、先物ではマイナス価格の事態も見たものの、コロナ後の経済回復やロシアのウクライナ侵攻があると「石油は不可欠で、需給は非常にタイト（締まっている）」という状況（ロジック）に変わってしまったわけです。

　ところが、冷静に見ると、低炭素化社会とか、再生可能エネルギーが拡大という方向性に変化があったわけではありません。ロシアの石油産出分の供給が減って見えても、実際のところ、ロシアが日欧への供給を止めていたわけではなく、中国やインドへの輸出はむしろ増えていましたから、全体的には「さほどのタイト感があったわけではない」とも言えるかもしれません。

　「マーケットをリードするロジック」にしっかり乗っていくとともに、市場で「あるロジックが席巻しているときに、少し逆のこともシナリオに入れておくこと」については、本書の中で一貫して語っています。「それでもまだまだいく」「いや、ほどほどにして、次に備えよう」など、ここがまさにトレーダーの葛藤とセンスにつながるとこ

ろです。世の中の変化や進歩があると、それに伴ってロジックも変わってきますので、ロジック自体の歴史を学んでおくことは無駄にはなりません。なお、「マーケットをリードするロジック」の変遷や歴史については、第4章を中心にお伝えします。

②トランプ大統領の当選とドルのトランプラリーを例にとって

　もうひとつ、わりと最近の為替で最も印象に残っていて、かつ、良い思いをした例を紹介します。

　2016年の「アメリカの大統領選」です。このときは、ヒラリー・クリントンの勝利を、社会も市場も織り込んでいましたが、実際にはトランプが勝利しました。

　市場では「トランプ勝利ならば、対日貿易へのプレッシャーが高まり、円高が進む」との見方がある中、それまでの数カ月、1ドル＝100円割れを試したあと、米国の利上げの観測も出ていたことで、ドルショートが取り残された印象の105円台あたりで日本時間の11月9日、選挙結果発表の当日を迎えます。結果発表直後は1ドル＝101円台まで下げました。

　そして、トランプの勝利演説が始まります。トランプは私の大好きなザ・ローリング・ストーンズの『You can't always get what you want（邦題　無情の世界）』が流れる中、登場します。この歌の歌詞は「You can't always get what you want」を3回繰り返した後、「But if you try sometimes well, you just might find you get what you need」と続きます。1969年にリリースされたもので、そのときの時代背景も重なり「努力すればいつかはうまくいくさ」というようなことをメッセージしたものだと思います。トランプ大統領が気に入っていたのでしょう。

私も、壇上に上がるトランプファミリーの登場を見ながら、「メラニア夫人は絵になるな」とか、「末っ子のバロン君が眠そうだな」と思いながらも、曲の効果もあり、心の高まりを感じました。このとき、ドル／円は102〜103円台に戻っていました。トランプ次期大統領は演説のはじめのほうで、汚い舌戦を繰り返したヒラリー・クリントンの実績への感謝と尊敬を表明、さらに今のバイデン大統領のように人種や宗教、あるいは党派を超えた団結を訴えます。アメリカファーストは強調しましたが、それまでのハチャメチャなトランプは"そこ"にいないように見えました。少なくともその時は……。

　混乱を期待してドルを売っていた向きが不安になるには十分でした。直感的に「ドルは大きく戻る。5円か、10円か」と瞬間的に考えました。この演説とアットホームなトランプファミリーの様子に「ハチャメチャへの期待感はかなり裏切られた」とひらめいたわけです。

　こうなると、トランプの公約にある「減税」や「財政支出拡大」に期待が移っていきました。こういう材料やその解釈、注目点の変化に反応する感度も重要です。

　結局、結果が出て1ドル＝101円台前半まで下げた相場は、102円台か、103円台でトランプの勝利演説で上昇し、105円台でその日の取引を終えました。

　その後、安倍首相のトランプ電撃訪問で、日米首脳の蜜月が期待されて過度な為替への円高圧力がしばらくないことを感じさせ109円台へ、そして、約1カ月後の12月15日には118円台まで上昇します。この上げは株の上昇と合わせ「トランプラリー（Trump Rally）」と呼ばれています（Rallyは下げた後、強く上昇するときに使います。回復するというニュアンスが強いです）。

◆トランプラリー

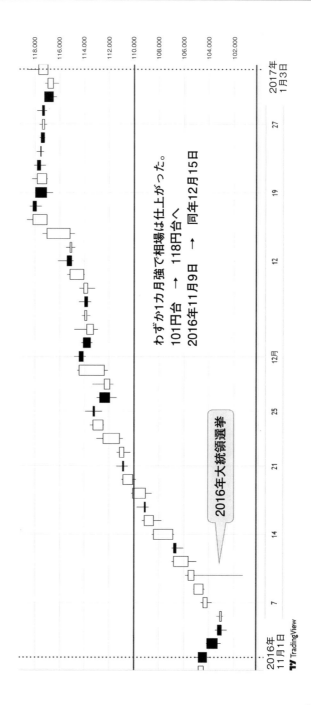

わずか1カ月強で相場は仕上がった。
101円台 → 118円台へ
2016年11月9日 → 同年12月15日

2016年大統領選挙

TradingView

2）ロジックは変わる

　マーケットをリードするロジックは変わっていきます。例えば、ド
ル高になると思い込んでドル／円でドルを買い込んでいた人や、多額
のドルの外貨預金をして、ドルが上がってきて喜んでいた人も、急に
下落し出すと市場はまったく違うことを言い出しますので、戸惑うこ
とがあると思います。その市場の勝手さや豹変に嫌悪感を覚えるよう
なことも多々あると思います。

　例えば、コロナ・パンデミック相場では、短期間にマーケットをリ
ードするロジックが二転三転しました。

　欧米でのコロナ拡大や、それによる株の急落を嫌気したうえに、各
国中央銀行の協調的な利下げ、特に米国はすぐにゼロ金利となり、金
利差の縮小と市場全体の不安定さからドル／円は101円台（2020年3
月9日）へと下落しました（下のチャートのA）。

◆コロナ拡大当初のドル/円（2020年2月半ば〜同4月）

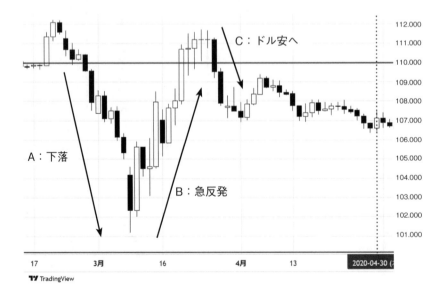

しかし、今度は信用不安が増大し、また株式市場の急落で追証も必要となります。主軸通貨であるドルの資金繰りが必要な参加者も多かったことから一転「有事のドル高（ドル買い需要）」となって111円台へと急反発しました（前ページのチャートのB。2020年3月24日）。

　ところが、同日には、FRBがすぐにでも破綻しそうな低格付け債も買い入れることなどを表明したことから信用不安は払拭され、株価も戻り出し、ドルの資金繰りを懸念する必要がまったくなくなったことで、1週間で106円台へとドル安に向かい出しました（前ページのチャートのC）。

　このように、マーケットをリードするロジックは、2020年のコロナ拡大初期の例のように、短期的に目まぐるしく変わることもあれば、中期・長期的に変わっていくこともあります。

　ロジックが明白な相場は概してテクニカルが効きにくくなります。サポート（下値抵抗線）やレジスタンス（上値抵抗線）も瞬間的に突き抜け、勢いが出ることが多いです。「もう5日連騰だからいいだろう（下がるだろう）」と思っても、7日や8日連騰することもあります。ポジションが相場の方向に合っていればとてもおいしい相場です。もちろん、逆を持っているときであれば、あなたを救うのはまずは「適切な損切り」となります。

　日ごろから「マーケットをリードするロジックは何か」という見方で相場を見つめ、市場の反応や動きの震度が推測できているならば、市場を見やすくなると思います。短期・中期・長期というような時間であまり思い込んで考える必要はないと思います。前述のトランプラリーでは1カ月強で17円動きましたが、相場はその後の4年間、その内側でしか動いていないのです。**「いつ、何がきっかけで、どのロジックが台頭して主役になるか」**が大事だと思います。

歴史に埋もれてしまった、あるいは次の出番を待っているようなロジックもたくさんあります。

　最も典型的なのが「米国の双子の赤字」として取り沙汰されたものです。米国の経常収支や貿易収支の赤字と財政赤字の2つを指します。

　1980年代の後半は、今では注目度の低い米国の貿易収支の発表が毎月の一大イベントでした。その後の1カ月の相場の方向性を左右していましたが、米国が石油の純輸出国となったことで、GDP比率ということでは歯止めがかかっています。

　一方の財政赤字は拡大の一途をたどりますが、今の市場では米国の債務上限問題（それを超えると米国がデフォルトする）として取り沙汰されることはあっても、当時に比べればあまり材料視されません。

　双子の赤字以外では、IGメタルの例も挙げられます。1984年ごろだと思うのですが、IGメタル（ドイツ最大の労働組合である金属産業労組）がストライキを起こしたことでドイツマルク（現在はユーロに統合）が大きく売られたことがありました。私の先輩たちはIGメタルの動向を受けて大騒ぎしていましたが、私が1985年に為替市場に携わりだしてからは、IGメタルの動向が相場に影響を及ぼした記憶はほぼ皆無です。なお、最近（2023年）では、インフレが注目されている関係でIGメタルの賃金要求のパーセント（％）や、妥結のパーセント（％）が日本のニュースにも登場してはいます。

～第2節～
コアとなるロジックについて

本節では、コアとなる代表的なロジックについて解説します。

マーケットをリードするロジックに関しては、どれがキーとなって今の相場やトレンドがあり、次に主役となるものがあるか、自分のシナリオに組み込んでおくことが大事です。

相場の底や天井を付けたあとに今までは表に出ていなかった要因が利いてくることもあります。そのときに「すぐに切り替えることができるか」で大きな差が出ます。

FXは2国間の通貨の交換レートです。さまざまな要因がある中で**「どの材料が主役になるか」**を見定めることが肝心です。引き出しをたくさん持って、市場の動きを見ながら優先順位を整理していきます。この優先順位で1番や2番になるものが、市場のコンセンサスになり始めるころにわかればよいわけです。

それは、短期にしても、中期的にしても同じです。「為替相場は＝人気投票（美人投票）」と考える方もいますが、私の意見は「Yes and No」です。なぜなら、「ファンダメンタル要因」が利いてくるときがあるからです。

ドル/円を例に挙げます。「ドル売り」には、輸出業者がドル建の売上を円に戻す（＝円を買う）動きや、海外旅行者が日本に来るとき日本で買い物をするための円買いのほか、機関投資家が利金や配当金

を円に戻す動きなどが該当します。

　一方、「ドル買い」には、輸入業者のドル買い（円を売ってドルを買う）や、海外工場建設のための直接投資、戦略的な海外企業へのM＆A投資、日本人が海外に行く場合のドル購入などが当てはまります。

　そのほか、いわゆる年金・生保・投信等（資本筋と呼ばれます）や、個人投資家の証券投資に伴うドル買いもあります。これらは「人気」についている側かもしれません。

　ここでは少し退屈な話になります（我慢して読んでください）が、ファンダメンタルズ（＊）と言われるものの中から「金利とインフレ」「国際収支の中でも経常収支」（以下の①と②）を、ファンダメンタルズ系のコアロジックとして説明し、その後へと展開していきます。

　この節ではテクニカル（チャートなど）は少し横に置いておいて、為替市場を見ていくうえでコアとなる私のロジック組み立てのポイントを紹介します。「為替市場の決定要因」とネットで検索すると、100万件以上出てきます。どの項目をポイントとして取り上げるかは専門家の間でも十人十色と思いますが、私は以下のように整理しました。

①金利や金利差とそれらの元になる各国のインフレと金融政策
②各国の経常収支にまつわる基本的な「外貨が余る、不足する」の需給の把握
③以上のようなことを前提とした介入を含む各国の為替政策
④株式市場や商品市場からの資金の流れや為替への影響を見る
　　（経済成長率、インフレまたは金利等の影響が反映される株式市場や商品市場が発するメッセージとの関係）

＊：国や地域について言う場合はその経済成長率や物価、財政、貿易等の示す「経済の基礎的条件」を指す。

⑤為替市場にトレンドが出ている・出てきているときのそのトレンドの強さ（マグニチュード）と相場の位置、それに期待する市場のポジションの偏り

　いずれにしても、為替市場は気分屋です。行ったり来たりしますので、どの項目が市場をリードしているか、忘れ去られたか、また台頭してきたかを感じ取ることが肝要です。

　なお、私のロジック組み立ては、メインシナリオがあるにせよ、「それが崩れるときには何が考えられるか」というように、メインシナリオの反対側を常に思いながら進めるため、取り組みにくいところがあるかもしれませんが、お付き合いください。

①金利差とインフレのパラドックス

　一般的に、例えばドル/円の場合、ドルの金利が円の金利より高い度合いが広がれば広がるほどドル高/円安になると言われています。特に「金利差が３％を超えると円安になる」と、原稿執筆着手時の財務相（麻生財務相）は言っています。

　これについても正直、「Yes and No」と言えます。確かに、ドルの金利が高いときにドルを買っておけば、金利もついてドル建ての元本も増えます。さらに、円安になれば、差益分もついてダブルで儲かります。

　でも、少し変だと思わないでしょうか。

　例えば、米ドル金利が年率５％、円金利が年率ゼロとすると、為替が１ドル＝100円のとき、100万円を払って１万ドルを買うと、１年後には1.05万ドルになります。このとき、円に戻すときの理論値は1.05万ドル＝100万円なので１ドル≒95円となります。これを金利裁定と言います。輸入業者が１年先物の予約をすると、この値段になります（手数料や細かい売買差等は無視しています）。

　１年後の相場が１ドル＝100円と同じレベルならば、100円と95円の差の５円（金利差相当）儲かる。１ドル＝100円以上ならさらに儲かる（金利差と為替でダブルで儲かる）。１ドル＝95円未満なら金利を加味したレートが95円なので損失になるわけです。ここで金利差以外の要因がないとすると、現在の金利差５％で、さらに金利差が拡大すると思ってドルを買う人がいれば、100円以上になっていきます。金利差を狙って買う人が皆もう買い終わっていれば、100円のままということになります。

少し角度を変えてみましょう。今、日米国で同品質のハンバーガーが米国で3ドル、日本で300円とします（1ドル＝100円の計算）。

米国は5％のインフレで金利も5％、日本は物価が変わらず金利がゼロとすると、1年後は米国で3.15ドル、日本は300円のままとなります。このときの購買力平価［A国の、ある価格で買える商品が、B国ならいくらで買えるか（いくらになるか）を示す交換レート］で考えると、また1ドル≒95円となってしまいます。金利差とインフレ率のパラドックスとも言えます。「インフレが高い」という結果として、金利の高い国の通貨はその分、（インフレで国内では）自国通貨の価値が安くなることも一般的に言えます。

②高金利の通貨が買われやすいが、皆が買ってしまって、そのロジックが逆転するときは潮目が変わる

「金利差が大きい、あるいは、金利差が広がる」との思惑があるうちは、金利の高いほうの通貨が傾向として強くなると思います。そのときは金利の高いほうの通貨に対する買い需要が強いからです。

ただ、金利差を求めてその通貨を買いたい人があらかた買い終わると、もう追加の買いが出てきにくくなります。なぜならば金利差を狙う人はそのポジションを持ち続けなければ意味がない（買った日に売ったら金利差は取れない）からです。

金利が高ければ、いずれは経済が疲弊し、その結果、インフレが抑えられて金利差が縮小するとの思惑も、そのうち働きます。

ここが相場の潮目です。マーケットをリードするロジックが変わっていくわけです。

金利を見るときには、実際のところは、金利からインフレ率を引いた「実質金利」の金利差を見る必要があります。ここは、何カ月物、何年物の金利を比べるかで結論も違ってきます。ただ、為替の世界で

実質金利の差のチャートを常に見てトレードしている人は多くないと思います。正直なところ、私も直感的に実質金利に注目することもありますが、市場が注目し出せばそれに注目する感じです。

　また、仮に現在年率5％のインフレだとして、「政策金利が3％だからまだ政策金利は上がる余地がある」という見方もあれば、「最新の年率5％のインフレは、この数カ月で年率6％水準から頭打ちして下がってきている状況なのだから、現在の3％で利上げ効果が出てきている。もう利上げは必要ない」という見方もあります。どちらに転ぶかは、そこまでの経緯によって変わるわけです。この政策金利の見方のロジックを感じ取ることが大事です。

　このあたりが為替相場の機微です。実質金利の低いほうの通貨は売られるかもしれませんが、その後、実質金利の低い通貨の国のほうが利上げの余地が大きいというロジックに変わっていくことがよくあります。「相場は勝手」なので、その勝手な動きに寄り添う準備をしておく必要があります。

　こういう感度を保つには、各国の金融政策、すなわち中央銀行の政策をよく見ていく必要があります。また、短期金利と長期金利の傾き（イールド・カーブ　※「巻末付録1　金利の期間構造やイールドカーブについての補足説明」参照）も一緒に見ていかねばなりません。

　次ページに日米およびユーロ圏の中央銀行について、一覧表にしてみました。1年間の重要スケジュールも書いてあります。特に、金融政策を決める会合の結果と、その後の総裁や理事長の発表がとても注目されます。できればライブ（＊）で見たいものです。

＊：総裁や理事長の会合後の記者会見は各中央銀行のウェブページのPress conferenceのところで見ることができます。また日銀総裁やFRB理事長の会見は日経CNBC（CNBCそのもの含む）でも可能です。特にCNBC等テレビでは発言の重要な点をテロップにしてくれるので役立ちます。なお、各中央銀行のウェブページは正式名称で検索をすると、最初に出てきます。

◆日米およびユーロ圏の中央銀行

名　称	日本銀行	米国連邦準備理事会	欧州中央銀行
略　称	BOJ	FRB	ECB
英語表記	Bank of Japan	Federal Reserve Board	European Central Bank
目　的＊	「物価の安定」と 「金融システムの安定」	「物価の安定」と 「最大の雇用」	「物価の安定を維持」 ただし、物価安定の目的に反しない限り、欧州共同体の全般的な経済政策（経済成長や雇用の増大等）を支持
政策決定の会議	日銀金融政策決定会合	米連邦公開市場委員会(FOMV)	ECB政策理事会
トップと 構成メンバー	総　裁 副総裁2名と審議委員6名	議　長 副議長2名、理事5名 12の地区連銀総裁 （うちNY連銀を含む5名が議決権）	総　裁 副総裁1名、専務理事4名 参加国20の連銀総裁 （うち15人に議決権）
開催頻度	年8回各2日間	年8回各2日間	約6週間に1度（年8回）
トップの会見	総裁会見が上記会合 2日目終了後に行われる	議長会見が上記会合 2日目終了後に行われる	総裁が上記会合 終了後に行われる
議事録	要旨は3日後、議事録は10年後	3週間後	4週間後（要旨のみ）
注目される レポート等＊＊	「経済物価情勢の展望」 （展望レポート） 「地域経済報告」 （さくらレポート） いずれも1，4，7，10月	地区連銀経済報告 （ベージュブック） FOMCの2週間前	The Economic Bulletin 政策理事会の2週間後
金融政策に 関係する 注目イベント・ 中央銀行 メンバーによる 発言機会	・FRB美朝の定例金融政策報告証言　通称Humphrey-Hawkins Testimony（2月末、6月末ごろ） 　上院・下院にそれぞれ口頭証言する。主なテキスト（内容）は直前にリリースされる。 ・ダボス会議（1月）：スイス・ジュネーブに本拠の非営利財団、世界経済フォーラムが毎年1月に、スイス開催する年次総会。世界を代表する政治家や実業家が一堂に会し、世界経済や最新問題など、幅広いテーマで討論。主要国の中央銀行の理事長や総裁も参加することがある。 ・ジャクソンホール会議（8月）：米カンザスシティ連邦準備銀行が米国ワイオミング州のジャクソンホールで毎年開催する経済政策シンポジウム。世界各国から中央銀行総裁や政治家、学者などが参加し、世界経済や金融政策について議論を交わす。		

＊　　中央銀行の役割は普通「（通貨の）発券」「銀行の銀行」「政府の銀行」の3つとされる

＊＊　政策決定の会合や理事会前に発表されるベージュブック以外は相場にすぐ影響することはまれ

市場の反応には、正直なところ、方程式のようなものはありません。サプライズであれば大きく反応するということはありますが、それ以外は市場の期待・織り込み具合、市場のポジションの偏り、他に市場をリードしているより大きな関心事があるかによって反応はまちまちです。ある程度の一般論はこの節の「コアとなるロジックの補足項目②経済指標や要人発言について」をご覧ください。

　おしなべて、主要国の中央銀行は年率２％前後のインフレ率が望ましいと考えているようです。

　こういう前提があると、少し見えてくることがあります。日本は歴史的に100円割れになると、大量のドル買い・円売り介入を行います。アベノミクスが始まった2013年から数年は円安が進みましたが、その後、100円〜120円程度が主たるレンジで、言うほどの円安にはなりませんでした。低インフレで通貨価値が安定していたことがひとつの要因ではないでしょうか。

　「日本が本当にデフレ脱却を図り、インフレ率が年率２％になるようならば、真に円の価値が下がり、さらに円安の時代となるかもしれない」と思う "ひとつのロジック" となります。

③景気の良い国の通貨を考えるときのシナリオ

　また「景気の良いほうの国の通貨を買って、悪いほうの国の通貨を売る」という考え方もあります。その場合も、現状を織り込んで今の相場があると思うケースと、良いほうの国の景気が減速し、悪いほうの国が巻き返しになるケースを考えておく必要があります。この場合、ポジションが偏った後なので、後者のほうが相場の反応は大きくなることが多いです。

　日本はデフレだと言われます。最近は変化していると思いますが、

個人的には過去の相対的な人件費の高さがデフレの大きな要因だと思っています。

1960年代〜80年代の日本は、アジアの中で別格の成長をしました。労働者の取り分もそれに伴って高くなりました。

ところが1990年代、そして2000年代に入っていくと、中国やタイ、ベトナム等の人件費が安いということで、コスト削減の意味から生産拠点等の移動も進みました。その当時は、日本の人件費の10分の1や5分の1程度という状況でしたが、現在はその差も縮まってきています。日本人がやってきたことと同じような仕事を低賃金国でやっていたのですから、一物一価的な意味で当然の帰結です。

また中国やタイのプログラマーが、今や、日本人プログラマーよりも相対的にクオリティが悪いとは言えない時代となりました。日本人の人件費や給与にアジアの国々もだいぶ近づいてきたわけで、日本の人件費の下落基調は収まる時期に来ているように思います。

日本は生産性が低いなどとよく言われています。そのひとつの要因として、国民の祝日の多さが挙げられると思います。確認は取れないですが、おそらく休日の多さは世界一のレベルではないでしょうか。例えば、休日になると、そのたびに工場やオフィスを閉めることになります。なぜなら、働き方改革が進んでいないからです。個人がある程度自由に休みを取れるようになれば、そのひとりが休むだけで、工場やオフィスを閉めるという必要はなくなります。祝日を減らしてもっと個人が好きなときに有休を消化するようにしたほうがよいと、私は思います。そのほうが生産性を上げる効果があると思います。

また、政府は気づいて動き出しつつありますが、デジタル化でとても後れを取っている点も生産性の悪さの要因です。

④まとめ

　結論を言います。ドル/円を例に取ると、ドルのほうが金利が高く、金利差が拡大されると思われるときで、ドル買い（外貨預金等）が増える（＝人気化している）ときは、ドル買いの需要が強いわけで、ドルが上がりやすいです。

　一方、皆が買い終わってしまう（ドルを買った状態で保持し、もう買う余力がない、外貨預金は十分に持った等）と、もう相場はドル高方向には伸びなくなる可能性があります。そして、金利差が縮小するほうに敏感になります（＝ドルは下げやすくなります）。私の言葉で言えば、**人気で動かない部分である、金利等に左右されない（細かく言えば左右される部分もありますが）基本的なドルの需給としての「経常収支」を把握することがとても大事になるわけです。**これを次に紹介します。

①なぜ、経常収支が大事なのか

　今から主に扱う経常収支等の国際収支指標は月に１回発表されます。それに一喜一憂するというよりも、半年とか年間で通貨ペアの２通貨間の需給のトレンドを感じることが肝要です。まずは以下のコラム「ドルが余剰、ドルが不足の考え方を身につける」をご覧ください（この話を理解している方は飛ばしてください）。例１と例２が輸出と輸入企業の例です。これらは一般的に「実需筋」と言われます。例３がいわゆる「資本筋」と言われる参加者です。例４は直接投資の例です。

コラム：ドルが余剰、ドルが不足の考え方を身につける

　一般的にドル（外貨の代表としての総称的な意味も含みます）が余る（余剰）と足りない（不足）という考え方を、例を挙げて説明します。FX（為替）を考えるうえで最も大事な概念です。概して、とてもアバウトな使い方をするときが多いので頭でっかちにならないでください。ドルと円で考えます。

例１：輸出企業

　ある期間に同社は50ドルで原材料を輸入して加工、完成品（※加工にかかる労務費や工場の運営費にマージンを乗せたもの）にして100ドルで輸出します。100ドルで売っているため、外貨（ドル）としてはネットで50ドル（輸出額－輸入額）を手にします。この部分は、潜在的に日本国内での費用等に使うので円に交換する必要があります（＝ドルを売って円を買う）。この期間、「50ドルのドルの余剰（余る）」と言います。

余っている部分（外貨）は市場で売る必要があるので、国際収支の統計上では、このネット余剰分の50ドルは、日本から見たら貿易収支の黒字要素（外貨の潜在的余剰要素）となります。

例2：石油輸入企業

ある期間に、同社は50ドル/バーレルで1バーレル原油を輸入して、それに製油に関わる労務費や工場の運営費、国内の流通にかかる費用やマージンを乗せて国内販売します。

原油の輸入代金を支払うため、ドルが必要になります。この例の場合、潜在的に円で50ドルを買う必要があります（円を売ってドルを買うことになる）。この期間、50ドルの「ドルの不足（足りない）」と言います。

国際収支の統計上では、この不足の50ドルは、日本から見たら貿易収支の赤字要素（外貨の潜在的不足要素）となります。

例3：生保や年金

ある年、例年通り、ある会社が100ドルを外国の債券・株に投資します。目先は100ドルの不足です。

一方で同社は過去20年で、すでに累積2,000ドルを投資しています。年率5％の利金と配当の合計100ドルが入ってきます。この会社はネットで外貨の支払いと受取りがゼロ［チャラ、スクエアー（Square）］です。利金・配当金が3％なら60ドルの受取りで、ネットで40ドルのドルの不足、利金・配当金が7％分入ってくると、受取りが140ドルで40ドルのドルの余剰となります。

国際収支上は投資の部分100ドルは金融収支（の中の証券投資）で赤字要素、利金・配当金は経常収支（の中の第一次

所得収支）の黒字要素となります。

例４；直接投資（工場を建てる場合）

　ある年に、あるメーカーが100ドルで海外に工場を作ります。全部円でドルを買うのであれば、100ドルのドルの不足です。少し変化球ですが、100ドルのうち50ドルを銀行から借りるとすると、目先（この年）のドルの不足は差し引き50ドルとなります。借りた50ドルは、翌年以降、工場（直接投資先）からの配当金等で返済していくという考え方になります。

　皆さんは、例えば「例１」で受け取ったドルをそのまま持っておいて、翌期のドルの支払に充てればよいのではないかと思うかもしれません。当然それもありですが、ある期間内での「ドルを売って円に換える潜在的必要性＝ドルが余る」「ドルを買わないといけない潜在的な必要性＝ドルが不足する」ことを、ここでは扱っています。それを国全体で見たものが国際収支になります。月単位や年単位で統計が出てきます。

　なお、円建の輸出契約（円で支払を受け取る）や円建の輸入契約（円で支払う）もありますが、海外から円を払ってくる企業は外貨から円に換えて送ってくる、円を受け取った海外の企業は自国通貨やドルなどの外貨に換えるので、どこかで見合いの為替が起こると考えます。

　また、ある日の公示仲値で決済をしないといけないドルの需給（ドル買いをしないといけない企業と、ドル売りをしないといけない企業のネット額）も、ドル買いが多いときは不足、ドル売りが多いときは余剰と言います。

ここからはマクロ的に為替の需給（具体的にはドルの過不足）を把握する（実際は感じ取る程度であいまいです）ために、「国際収支のどこを主に見ていけばよいか」について、私の見方を示します。

　国際収支（Balance of Payment）とは、一国の居住者が一定の期間に諸外国の居住者との間で行うすべての取引をまとめたものです。すべての国は IMF が発表する国際収支マニュアルに従って共通の尺度で集計します。比較が可能なわけです。

　国際収支の恒等式は以下になります（出てくる用語の意味は51＆53ページの「国際収支の用語集」を見てください）。

$$経常収支＋資本移転収支ー金融収支＋誤差脱漏＝0$$

　資本移転収支と誤差脱漏は、比較的小さい数字になることが多いので、少し乱暴ですが、無視すると以下のような関係になります（＊）。

$$経常収支≒金融収支$$

＊：1996 年から 2022 年までの年間の数字を見ると、資本移転収支が一番ぶれて「－2兆円弱」程度。誤差脱漏は同期間最大「8兆円弱」の数字がありますが、日銀のウェブページには以下のように説明されています。正直よくわからないのですが、帳尻を合わせる集計項目であるので、ここでは無視するわけです。

──日銀のウェブページより──

　誤差脱漏は、統計上の誤差を調整するための項目である。実際の国際収支統計作成においては膨大な取引についてさまざまな種類の報告書や資料をもとに集計するため、必ずしもひとつの取引に係る貸方・借方の2つの計上資料が同一時期に入手できるとは限らない。また、評価方法のずれなどから同じ取引であっても資料によって金額が異なる場合もありうる。このため、現実には、貸方・借方それぞれの項目の合計が一致せず、統計作成上の誤差が生じる。こうした誤差を調整するため、国際収支統計では誤差脱漏が設けられている。

──引用ここまで──

コラム：国際収支の用語集

　国際収支は、一定期間における一国のあらゆる対外経済取引を体系的に記録した経済指標です。国際通貨基金（IMF）加盟国は、IMFが定めた国際収支マニュアルに従って統計を作成するので、国際比較が可能です。日本では財務省および日本銀行が毎月作成しています。どちらかのウェブページに行って「国際収支」とか「推移」「項目の解説」などを入れると、いくらでも詳細が出てきます。

　以下は日銀発表の「2019年の国際収支統計および本邦対外資産負債残高」の「国際収支統計の基礎知識」からの引用です。

①経常収支：財貨・サービスの取引や所得の受払等
　◎貿易収支
　　一般商品の輸出入や仲介貿易等の財貨の取引
　◎サービス収支
　　旅行、輸送のほか、知的財産権等使用料等のサービスの取引
　◎第一次所得収支
　　利益配当金・債券利子等の財産所得等の受払
　◎第二次所得収支（※）
　　損害賠償金等の受払
②資本移転等収支：債務免除や相続に伴う資産の移転等
③金融収支：対外金融資産・負債の増減に関する取引
　◎直接投資
　　企業買収、子会社設立等のための投資の実行／回収
　◎証券投資
　　株式・債券の売買や発行／償還

＊53ページへ

ざっくりした感じになりますが、**「経常収支」は、本当にドルを売らないといけない人と、本当にドルを買わねばいけない人のネット額と言えます。**経常収支がプラスのときはドル（正確には外貨全体）を売って円にしないといけない人・参加者が多いと言えます。

　経常収支の項目で数字が大きく、ぶれやすいのは、主に「貿易収支」と「第一次所得収支（利益配当金・債券利子等の財産所得等の受払）」です。

　「貿易収支」については、日本は輸出大国と言われますが、一方で資源の多くを輸入に頼っているため、私の現時点での感覚として「WTI原油の1バーレルあたり60〜70ドル程度」を境に、それ以下なら貿易収支が黒字、それ以上なら貿易収支が赤字になるような傾向にあると思ったりするわけです。

　こういう目安があると傾向を先取りしやすくなります。要は、**石油価格をよく見る必要がある**わけです。

　「第一次所得収支」についても説明します。

　日本の対外純資産［日本の企業や個人が保有する外国資産（預金や株式、工場など）から、外国の企業や個人が保有する日本の資産を差し引いた金額］は、2022年末で約418.6兆円です。ここから出てくる利子・配当が「第一次所得収支」なわけで、418.6兆円が1％で回っていれば4.2兆円、3％で回るなら12.6兆円弱の第一次所得収支プラス項目となるわけです。

　ここで、海外の金利が上がれば、（景気が悪くなって株の配当が減る可能性もありますが）受取り額（第一次所得収支）の黒字額は大きくなることについては想像しやすいと思います。

　なお、対外純資産の構成は、直接投資が4割強、証券投資と外貨準備が各3割程度です。この大きな日本の海外資産は、市場が不安定になる

◎金融派生商品

　先物取引の売買差損益、通貨スワップの元本交換差額等の受払

◎その他投資

　現預金や貸付／借入、証券決済・約定の期ずれによる未収・未払金等

◎**外貨準備**

　外貨準備の増減（＊＊）

　統計の項目とその集計法等の詳細は「日銀」＋「国際収支関連統計　項目別の計上方法」で検索すると、日銀のウェブページに最新版があります。私が加えたのは太字と「＊」および「＊＊」の部分です。太字は絶対額が大きく、ときに振れが大きいもので、主にこの章で取り上げているものです。

　51ページの「＊」の第二次所得収支には、ODAや仕送りが含まれます。

　「＊＊」の「外貨準備の増減」は、ドル（正確には外貨準備の通貨）買い介入があれば増えますし、ドル売り介入をすれば減りますが、介入のないような年は、外貨準備で持っている外貨預金や外貨建ての債券の利金（利子）分を受け取るだけ増えていきます。

　また、サービス収支の中で最近注目されているのが旅行収支です。外国人が日本に旅行（インバウンド）に来て使うお金と、日本人が海外旅行に行って使うお金のネット金額で、外国人が使うほうが多ければプラスになります。インバウンドでこのプラスが大きくなるとの期待もありますが、日本人も海外旅行するわけで、いきなり大きなぶれを作る項目とはあまり思えません。

と自国に戻そうとする動きが出る（自国回帰＝repatriation レパトリと言われます）との思惑もあります。対外資産を売却するであろうとの思惑で「リスクオフは円買いとなる」と言われていると思います。

　貿易収支と第一次所得収支で、経常収支のあらかたの数字は決まります。貿易収支は黒字ならドルが余る（より正確には外貨が余る）、赤字ならドルが足りない、これに海外資産で受け取る利子や配当は常にプラス（黒字＝ドルの余剰）という感じになります。

　実際のところ2022年は、貿易収支の大幅赤字が、経済や金融市場に関係ない新聞やテレビのニュースなどでも頻繁に取り上げられましたが、経常収支では11.5兆円の黒字(前年比47％減)を確保しています。

　次に、「≒」で作られた式の右側の「金融収支」に話を移します。ここは、ざっくりと言うと投資の項目で、言葉を選ばずに表現するならば「人気」で動く側というイメージになります。主に直接投資（海外に工場を作る等）や証券投資（外国株や外国債券投資等）などから成り立ちます。

　もちろん、日本の資本筋（年金や生保等）は、年金積み立て金や、保険料等で増えていく資産の一定額を、毎年、海外資産に投資していると思いますが、人気化すれば海外投資分の金額を増やすこともあるし、個人の外貨預金の増加もここに入りますので、私としては「人気側」というくくりとなります。

　なお、証券投資等は「日本人が外国株や外国債券を購入した額と、外国人が日本株や日本の債券を売却した額を合計した日本から見て流出した額」と「その逆の流入した額」のネットとなります。外貨預金は外貨を買った分と売却した部分（解約した部分）のネットとなります。

　この金融収支には外貨準備金の増減も入ります。日本の経常収支が

黒字のときはドルが余るので、ドルが下がりやすくなります。そのとき
は、政府日銀が「円売り・ドル買い」をして外貨準備を増やしてきまし
た。

　2022年は日本の貿易収支が大幅赤字となり、経常収支の額が激減し
て、民間の証券投資や外貨預金が大幅に増えたので、ドル高となりま
した。これを埋めるためにも「円買い・ドル売り介入」をしていると
いう構図になるわけです。

　具体的にどうやって外貨準備金が作られるかを解説します。日本の
経常収支が黒字の場合、民間を主とした金融収支のうちの“民間を中
心とした投資”によっても経常黒字を埋め切れないときは、どうして
も外貨が余ります（＝外貨を売って、円を買うものが多くなります。
一般的に外貨安／円高となります）。マクロ的にこの状態（＝円高進行）
をくい止めるために、政府日銀は“外貨買い介入”をするので外貨準
備金が増えていくわけです。このようにして、日本は大幅な経常黒字
が続いていた時期に外貨準備金を増やしてきたのです。

　反対に、経常赤字が恒常的な国は、概して外貨準備を増やせない状
況（他国に対して外貨建て債務の返済能力が低い状況）になります。

　日本の2022年末の外貨準備金は1兆2275億ドル（約160兆円）で
前年比12.7%減。減少の主因はドル売り介入や米国債他外国債の評価
損（金利上昇による）やユーロなど、ドル以外の外貨準備のドル高に
よる評価減です。

　外貨準備金は、主に以下の3点が為替を見るうえでとても大事だと
思っています。詳しくは別のところで説明します。

・他国に対する外貨建て債務の返済能力として
　→「第5章　新興国通貨を考える」

・介入政策や外貨売り介入の余力として
　→「本章　ロジック3　為替政策と介入」

・各国が保有する準備通貨のアロケーションの変化（世界の外貨の中で、ドルの比率が増減、ユーロの比率が増減等）
　→「本章　コアとなるロジックの補足項目の『外貨準備』」

　最近の国際収支は以下の通りです。
　また、日銀の年報「2022年の国際収支統計および本邦対外資産負債残高」の「要旨」の一部を引用で紹介します（次ページ）。

◆2020年～2022年の日本の国際収支

(兆円)

		2020年	2021年	2022年
経常収支		15.7	21.5	11.5
	貿易収支	2.8	1.8	△15.7
	サービス収支	△3.7	△4.2	△5.4
	第一次所得収支	19.1	26.4	35.2
	第二次所得収支	△2.6	△2.4	△2.5
資本移転収支		△0.2	△0.4	△0.1
金融収支		13.8	16.8	6.5
	直接投資	9.1	19.2	17.0
	証券投資	4.4	△21.9	△19.3
	金融派生商品	0.8	2.2	5.1
	その他投資	△1.7	10.5	10.7
	外貨準備	1.2	6.9	△7.1
誤差脱漏		△1.7	△4.3	△4.9

2021年と2022年の数字は日銀「2022年の国際収支統計および本邦対外資産負債残高」から、
2020年の数字は同統計2021年分時に修正されたものを使用

——引用はじめ——

・2022年の経常収支は、第一次所得収支の黒字が拡大したものの、貿易収支が7年ぶりに赤字となったほか、サービス収支の赤字が拡大したため、前年 対比で黒字縮小となった（21年21.5兆円→22年 11.5兆円）。

・項目別にみると、貿易収支は、海外経済が回復する中で輸出が増加したものの、原材料価格の高騰等により輸入が大きく増加したことから、赤字に転化した。サービス収支は、旅行収支の黒字が小幅ながら拡大したものの、その他業務サービスで赤字が拡大したことなどから、赤字が拡大した。一方、第一次所得収支は、直接投資収益の黒字が拡大したことを主因に、黒字が拡大した。

（著者による中略）

・金融収支については、経常収支の黒字に伴って純資産増加となったが、増加幅は縮小した（21 年16.8兆円→22 年6.5兆円）。項目別にみると、直接投資において純資産増加となった一方、証券投資では純資産減少となった。

・直接投資を目的別に分類してみると、対外直接投資では、海外事業拡張のた めの増資引受け目的の投資がウェイトを高めた。一方、対内直接投資では、引き続きM&A 型の投資のウェイトが高い（補論3参照）。対外証券投資について、国際収支統計とあわせて「対外及び対内証券売買契約等の状況」をみると、ヘッジコストの上昇等に伴う売却が指定報告機関以外にまで広がっていた様子がうかがわれる（補論4参照）。

・国際収支統計を資金フローの観点からみると、経常収支の黒字縮小、対外証券投資の処分超幅拡大、対内証券投資の処分超転化などを受けて、その他投資は前年と同程度の純資産増加となった（補論5参照）。

・ 2022 年末の対外純資産残高は、円安により外貨建て資産の円建て評価額が 増加したことを反映して増加し、過去最大となった（21年末417.9兆円→22年末418.6 兆円）。対外純資産残高は、主要国の中で引き続き最大規模となっている。（以下著者により略）

——引用終わり——

②経常収支の推移

　これは、各国の国際収支表を見ていただければ誰でもわかります。日本はだいぶ減りましたが、経常黒字国です。ユーロ圏もそうです（IMF統計によると、ユーロ圏の2022年は赤字となりました。ただし、EUやヨーロッパ全体でくくると黒字です）。一方、米国は経常赤字国です。

　1980年代から1990年代は、"これ"が圧倒的に相場をリードするロジックでした。経常黒字国は、単純に考えて、受け取った外貨を自国通貨に交換する必要があります［外貨が余る（外貨の余剰）＝自国通貨高］。

　60～61ページの表を見てください。これは、1980年～2022年の日本、米国、中国の経常収支の推移です。10億ドル単位で、横に各国のGDPに対する比率が書いてあります。貿易収支だとまた少し違った姿になるかもしれませんが、米ドル/円の説明にはかなり説得力があると思います。一部を紹介します。少し枠の色が濃くなっているところをご覧ください。

　1984年ごろから日本の経常黒字と米国の経常赤字が顕著になってきます。日本の黒字額は米国の赤字額の4割から5割程度となっていきます。これが問題視され、1985年のプラザ合意（第4章で解説）で対円を主にしたドル高是正の合意がなされた結果、1ドル＝240円台から120円方向にドル安・円高基調が鮮明になります。

　一時的に日本の黒字額も米国の赤字額も、円高が奏功してか、1990年前後は縮小しますが、1992年ごろから日本の黒字額は再拡大し、結局、79円台まで円高が進むことになります。

　2000年代になると中国の輸出の拡大が顕著となります。特に2004年ごろになると、米国の景気が良く、米国側の輸入がどんどん増えるので、米国の経常収支の赤字額は優に5000億ドルを超えていきます。

GDPの５％を超えて推移します。

　そして、2008年にリーマンショックという、文字通りのショックを受けます。2004年から2008年の赤字額の累計はすさまじく、ドルが余っていた分の歪みがこのショックで露呈し、損切り（ドルの投げ売り）が誘発され続けました。すでに2007年の124円台からドル安/円高は進んで105円台前後まで下げていましたが、結局、このドルの余剰分の重みも効き続け、ドル/円の下落はリーマンの破綻した2008年９月よりも後の2011年の10月に75円台の市場最安値を付けるまで、３年間続くことになります。

　本章に沿って整理すると、2004年ごろは日本は大幅に経常黒字、一方の米国は大幅な経常赤字でドルが大幅に余剰であり、基本的な需給ではドル安/円高圧力が強い時期でした。しかし、この時期の前に日銀のドル買い介入によってドルの需給を締めていた面が背景にはあるものの、米国の景気が良いことや、金利差を狙ったドル買い/円売りの「人気」側の要因でドルは値持ちしていたわけです。要は、ドル買い/円売りのポジションが異常に積み上がっていたと思われるわけです。結局、リーマンショックにかけて歪みが露呈して急激にドル安になったということになります。

　2016年ごろからは、トランプ大統領の集中攻撃を受けたせいか、中国の黒字が落ち着いて日本の経常黒字額のほうが大きくなります。数字だけを見ると、米国の赤字の半分ほどの金額となっています。

　ただし、米国の赤字額はリーマンショック前よりはだいぶ抑えられています。米国はこの十数年でシェールガスとオイルの生産が増え、今や世界最大の産油国となっています。2015年にオバマ政権が石油輸出の解禁をしており、LNG（液化天然ガス）の輸出も伸びています。経常赤字が対GDP比２％程度で安定、ないし、減少方向にあります。米国から日本への批判がさほどでないのも納得できます。

◆日本・米国・中国の経常収支の推移

	日 本			米 国			中 国	
	経常収支 (10億ドル)	対GDP比		経常収支 (10億ドル)	対GDP比		経常収支 (10億ドル)	対GDP比
1980	-10.75	-0.95%		2.32	0.08%			
1981	4.76	0.38%		5.03	0.16%			
1982	6.85	0.59%		-5.53	-0.17%			
1983	20.80	1.64%		-38.7	-1.07%			
1984	35.01	2.60%		-94.34	-2.34%			
1985	50.18	3.52%		-118.16	-2.72%			
1986	84.52	3.99%		-147.18	-3.21%			
1987	84.25	3.26%		-160.66	-3.31%		データーなし	
1988	79.17	2.53%		-121.16	-2.31%			
1989	63.14	2.03%		-99.49	-1.76%			
1990	44.71	1.40%		-78.97	-1.32%			
1991	68.12	1.86%		2.9	0.05%			
1992	112.39	2.82%		-51.61	-0.79%			
1993	131.92	2.90%		-84.82	-1.24%			
1994	130.54	2.61%		-121.61	-1.67%			
1995	110.42	1.99%		-113.57	-1.49%			
1996	68.91	1.40%		-124.77	-1.55%			
1997	95.12	2.12%		-140.72	-1.64%		36.96	3.86%
1998	115.14	2.81%		-215.07	-2.37%		31.47	3.07%
1999	114.28	2.47%		-286.61	-2.98%		21.11	1.94%
2000	130.59	2.63%		-401.92	-3.92%		20.43	1.70%

	日 本		米 国		中 国	
	経常収支 (10億ドル)	対GDP比	経常収支 (10億ドル)	対GDP比	経常収支 (10億ドル)	対GDP比
2001	86.19	1.97%	-394.09	-3.72%	17.41	1.31%
2002	109.15	2.61%	-456.11	-4.17%	35.42	2.42%
2003	139.44	3.09%	-522.29	-4.56%	43.05	2.60%
2004	182.07	3.72%	-635.89	-5.21%	68.94	3.54%
2005	170.09	3.52%	-749.23	-5.75%	132.38	5.78%
2006	174.48	3.79%	-816.65	-5.91%	231.84	8.42%
2007	212.18	4.63%	-736.55	-5.09%	353.18	9.93%
2008	142.57	2.79%	-696.52	-4.72%	420.57	9.19%
2009	145.21	2.75%	-379.73	-2.62%	243.26	4.78%
2010	221.06	3.84%	-432.01	-2.87%	237.81	3.94%
2011	129.88	2.08%	-455.30	-2.92%	136.10	1.82%
2012	59.68	0.95%	-418.12	-2.57%	215.39	2.52%
2013	45.95	0.88%	-339.52	-2.02%	148.20	1.54%
2014	36.77	0.75%	-370.06	-2.11%	236.05	2.24%
2015	136.45	3.07%	-408.45	-2.24%	293.02	2.64%
2016	197.78	3.95%	-396.22	-2.12%	191.34	1.70%
2017	203.54	4.13%	-361.02	-1.85%	188.68	1.54%
2018	177.82	3.53%	-439.85	-2.14%	24.13	0.17%
2019	176.34	3.44%	-445.96	-2.09%	102.91	0.72%
2020	147.85	2.93%	-619.70	-2.93%	248.84	1.67%
2021	197.32	3.94%	-846.35	-3.63%	317.30	1.79%
2022	89.98	2.13%	-925.56	-3.64%	417.60	2.31%

サイト「世界経済のネタ帳」より2023年7月3日に引用、
「※数値はIMFによる2023年4月時点の推計 ※BOP(国際収支マニュアル)に基づいたデータ」とある

2020年以降は、コロナ・パンデミックの影響で物流に制約が見られた時期もあったので、少し傾向を掴みにくいところがあります。

さらに、2022年にはロシアのウクライナ侵攻やコロナからの世界経済の回復、石油価格が（WTIで）100ドルを超えていた時期もあるなど、高止まりしていることもあって、日本の貿易赤字が定着しつつあり、経常黒字が激減しています。

一方で、米国他、海外の金利が大幅上昇しているので日本の対外純資産に対する利子や配当の額がかなり大きくなること（「第一次所得収支」項目）が予想されます。

③金融収支の大きな動きの変化を把握する

私が「人気側」と言った資本収支側については、前年と比べて変化している点のほか、超大口の変化についても把握することが肝要です。情報の取り方、集め方について以下に説明します。とても「ざっくり」したものです。実際に為替需給に影響を与えるか（例えばヘッジ付外債投資やヘッジ付の外国株、外国債券投信はこれもざっくりですが為替への影響なし）を考えながら、自分のなかでカウントし、需給の感じを捉えます。

◎証券投資関連
（機関投資家の動向）

生保や大手の年金の翌期（その年の4月以降）の外国債・外国株を含む当該年度の運用方針は、主に3月・4月ごろに公表されるのが一般的です。その傾向分析は、その時期の日本経済新聞等や経済誌で取り上げられます。ネットのニュースにも出てきます（日ごろから「生保の運用方針」などのワードを検索していることが多くなれば、最近はAIがあなたの好みのニュースのジャンルとして、勝手に取り上げてくれるようになると思います）。

特に、外国債や外国株のアロケーションの比率を上げるようなとき
は、この増やす部分については、4〜5月あたりにドル買い要因とし
て市場に影響を与えることが多いです。

（個人の投資の人気の状況）

個人の間で外貨預金が流行し（経済にあまり関係ない新聞やテレビ
番組他で取り上げられ）、成功体験が紹介されるような状況を見てい
きます。外国株やその投信の人気にも注意を払います。人気の初期か、
中期か、成熟期（末期）かもよく考えながら見ます。

一方、円高のリスクが顕在化しつつあるときは「為替ヘッジ付」の商
品が増えます［為替ヘッジ付の考え方は、必要に応じて巻末付録1「金
利の期間構造やイールドカーブについての補足説明」の後半【日本の資
本筋（年金や生保等）によるヘッジ付き外債投資をご覧ください］。

（対外および対内証券売買契約等の状況）

国内から海外、海外から国内への証券投資について、週次で財務省
が発表しています。

最近の注意点として、日銀がマイナス金利やイールド・カーブ・コン
トロール（YCC）を長らく続けているので円の金利が低いことに加え、
外国人は（為替リスクを避け）円を借りて日本株に投資しているケース
が相当あるため、為替の通貨間の需給を表しにくい、という点を念頭に
置く必要があります（あるいは円で日本株を買っても、為替部分は同時
に円売りをしてヘッジする場合も同じような効果です）。後ほど、この
点は説明します。為替市場が、この統計の発表で一喜一憂することはほ
ぼないと思います。株式市場で日本株に対する「外国人買い」「外国人
売り」の傾向を見るために頻繁に使われて取り沙汰されていると思いま
す。証券会社や株式の情報サイトには、統計値や分析がいくらでも出て
います。以下、財務省のホームページの説明をそのまま引用します。

『対外及び対内証券売買契約等の状況（指定報告機関ベース、週次・月次）』は、財務大臣から指定された銀行等、金融商品取引業者、保険会社、投資信託委託会社、資産運用会社（以下、指定報告機関）からの報告に基づいた、居住者・非居住者間の証券売買契約等の状況について集計した統計です。

『国際収支統計』における「証券投資」は、指定報告機関以外の報告対象者を含む、全報告対象者の証券売買等が含まれており、報告範囲がより広いものとなっています。ただし、『国際収支統計』は月次の計数を翌々月に公表するのに対して、『対外及び対内証券売買契約等の状況（指定報告機関ベース）』は、週次の計数を翌週に、月次の計数を翌月に公表するなど、速報性の高いものとなっています。なお、『国際収支統計』における「証券投資」状況は、財務省ホームページ内の『国際収支統計』のページからご覧頂けます。

◎直接投資関連や企業買収・売却（証券投資の形も多い）

海外に対する直接投資（工場を作る等）や大口の買収等については、公表や報道をもとに推測するしかありません。個別企業の戦略によるところが大きいからです。

ただ、為替が自国通貨高（円高）になったときは、他国が割安に見えるという理由で、海外投資（＊）が増えがちになります（金融収支

＊：直接投資や証券投資、またこれに外貨準備を入れたものを指しますが、ここでは外貨準備以外に絞ってお話しします。ソフトバンクが米国の企業に投資したり、英国の企業に投資したりするようなケースです。

項目）。これも、円から外貨を買って投資すると、為替の需給を大きく動かすことがあります。

　ただし、外貨を借り入れて投資するケースや、株式交換（買収代金を手持ちの株や自社株で払う）で、受け取った側がその株を市場で売らない限り、為替（実際の外貨の交換）が起こらないケースもあるので、真水で為替の需給（余剰・不足）に影響を与える部分に注目して、推測することが大事です。実際の超大口の投資（逆に売却もある）の場合は、その注文の外貨買いや売りが執行されるときに、マーケットの値動きが不自然になる（不自然にドル買いが強い、買いが上がってくる感じなど）ので何となくわかります。またあまりに金額が大きい場合は、数日にわけて注文が執行されることも多いと思います。値動きからこういう兆候を感じることも必要なスキルとなります。少し例を挙げて説明します。あくまで新聞報道等から実際に為替に影響・関係する部分を推測する例です。実態は違うこともあります。

例1：旧ソフトバンクグループ

　旧ソフトバンクグループ（当時は携帯電話事業と投資事業が一体）が2016年7月、英半導体設計会社「ARM」を240億ポンド（当時で3.3兆円相当）で買収しました（正確には100％子会社およびソフトバンク・ビジョン・ファンドによる）。これはBREXIT（イギリスの欧州連合からの離脱）後に急落したポンド／円の割安感もあって、孫社長が投資に踏み切ったものと思われます。

　当時のポンドは下げ続けていましたが、この下げの中でも時々大口でポンド買い／円売りが散発的にでていることが感じられました（値動きからの推測です＝実際はすごいポンドの下げ相場の中で、ポンド／ドルとドル／円が同じようなタイミングで両方とも上がるような動きを指します）。この買収見合いの手当買い（英ポンド買い）をポンド／円が120円台、130円台で行っていたものと思われます。何しろ、

当時はポンドを売りたい人ばかりの状況でした。その中でポンド／円を実際に買っていたと思われます。

報道によると、2020年9月、ソフトバンクグループはARMをNVIDIA社に400億ドルで売却したとき、現金120億ドルを受け取った一方、残りを株式（NVIDIA株）で受け取っています。単純に見て、NVIDIAはARM株を受け取って保有したままにするので、この部分の為替は出ず、ソフトバンクグループもすぐにNVIDIA株を売るわけではないとすると（NVIDIA株を売却して円にするなら為替も発生します）、米ドルで受け取った120億ドルを円に換えたかどうかなというところでした。

しかし、このNVIDIAとの契約は、以下のような説明で断念されています。ソフトバンクグループとNVIDIAが発表した文書によれば、「規制上の大きな課題があったため、契約を解消することにした。NVIDIAが前払いした12.5億ドルはソフトバンクグループの2021年度第4四半期で利益として計上される。NVIDIAはARMから付与された知的財産権に関するライセンスを保持する」と説明されています。正直なところ、為替に与えた結末はよくわかりません。

なお、現ソフトバンクグループのビジョンファンド等は、元々、ドル建てなので、ファンドの投資家はファンドのCapital call（どこどこに投資するからお金を振り込んでくださいとの依頼）があるときは、元々あるドルを振り込んでくるだけだと思います。したがって、投資先もドル建てのものが多く、為替への影響は比較的軽微と思われます。

また一般論で正確な答えは誰も言えませんが、ドル／円であれば「通常の厚みがあって値動きの悪い状態（≒取引はある程度活発だが小動き）」では1億ドルぐらいのドルの売買では5銭も動かないと思います。ただ、10億ドルだと、それなりのインパクトがあると思います。

一方で相場の行きたがっている方向にタイムリーに売買が出されれば、1億ドルでも相場は動きます。

例2：パナソニック

　2021年3月にパナソニックがBlue Yonder社（＊）の80%を56億ド
ル（元々20%は保有）と、一部の有利子負債引き受けと合わせて買収
すると発表しました。

　一方、3月末までに保有していたテスラ株を4000億円相当（推定35〜
36億ドル）で売却していました（6月に有価証券報告書で判明）。有
利子負債の引き受けは、債務者が代わるだけだと思うので為替でドル
買い、円売りの可能性は56億ドルと36億ドル程度のバランスの20億ド
ル程度ということになります。もちろん、この件さえ、ローンかもし
れません（コロナ禍であり、かつ、当時はドルの金利も安いので）。

例3：ウォーレン・バフェットの商社株投資

　ウォーレン・バフェット氏率いる米投資・保険会社バークシャー・
ハサウェイの完全子会社、ナショナル・インデムニティー・カンパ
ニーが、2020年の8月の開示時点で日本の5大商社株にそれぞれ5%
強の投資をし、2022年11月の開示ではそれぞれ6%強の保有となりま
した。2023年3月初めの5社の時価総額合計は26兆円台です。

　ここからは非常に荒い（ざっくりした）数字から需給をつかむ訓練
も含みます。5大商社株は、当初の投資より倍前後になっていると考
えられることと、2022年に上がってきたあとで追加していることなどか
ら、ウォーレン・バフェット氏らの持ち値は今の6割強（ここでは仮に
65%）、現在の時価が26兆円、保有比率平均で6.5%と見当を付けます。

$$26兆円 \times 65\% \times 6.5\% \fallingdotseq 1.1兆円$$

....

＊：サプライチェーン（供給網）の分野で人工知能（AI）を活用した製品の需要や納期
を予測するソフトウエア開発会社。

ここからが本題です。バフェット氏らは、この投資額1.1兆円を「ドルを売って/円を買う」ことで商社株に投資したでしょうか。

　結論からいうと、ほとんどの部分は円を借りて投資していると思います。2022年12月1日付のBloombergの記事に「米投資・保険会社バークシャー・ハサウェイが1日に起債した円建て社債（グローバル円債）は、6本の発行総額が1150億円に決まった。これで2019年に初めて円債市場に登場してから計5回の累計発行額は1兆円を超える見込みになった」とあるわけです。「1兆円強を円建て債券で調達して、商社株に1兆円強を投資した」と解釈できるわけです。為替（ドル/円）のリスクはほとんど取っていないわけです。

　ちなみに、同記事によると、この2022年の起債（国家・地方公共団体・会社などが債券を発行募集すること）のうち、10年債は0.87％という条件になっています。

　この投資を、これもざっくりですが、分析すると次のようになります。

●株式の値上がり益

　ここは、単純には株式価格の変動リスクです。また将来株価による損益部分は為替の影響を受けます。

●配当益

　商社株の配当利回りは、バフェット氏の当初購入時よりも株価が上がっているので、2023年3月では3％台（仮に3.5％）ですが、元本のコストが現在の65％とすると5％台（3.5％÷0.65≒5.4％）です。上に書いた調達コストを仮に1％（先に書いた10年債で0.87％をまるめたもの）で考えても5％と1％の差が入るわけです。

●投資見合いの元本の利子収入

　考え方によりますが、バフェット氏のような投資家は、円を調達し

た分の見合いの元本は、それを他の株への投資に回すというよりは、ドル建ての安全資産（預金や短期・中期の国債等）で運用していると思われます。要はレバレッジ（ここでは円を借りた資金で日本株を買って、さらに使わなかったドル資金で他の株を買うこと等を指す）をほぼ掛けていないわけです。そこで、ここからの金利が４％程度（米国債の水準を使った仮の数字）期待できるわけです（円を借りている時点でバランスシートは拡大しているので、レバレッジを掛けているとも言えます）。

　本論に戻り、結論から言うと、バフェットの商社株投資は「為替にはほとんど影響がなかったであろう（ただし、将来売却時の損益や配当部分を除く）」ということになります。超緩和に固執する日銀の政策をバフェットにうまく使われた感じです。ただ、日銀はこの商社株の上昇の効果で日本株の下支えを確保したとも言えます。

　大胆に見える投資も、大企業の場合は、実は「ポートフォリオの組み替え・見直しをやっているようなケースが多い」ということを念頭に置いて、為替に影響するかどうかを、表面のM&A（合併・買収）の数字だけに踊らされないようにして考えたいものです。

　大手の輸出企業が海外へ直接投資（工場見合いや企業買収）をする場合は、将来の輸出代金の受取り（ドル売り）と、投資代金の支払（ドル買い）を社内で相殺（Marryすると言います）させて、表面上の為替の売り買いは市場に出てこないこともあります。

　ただし、実際には出るはずだった輸出見合いのドル売りは出ていないので、市場でのドル売り圧力は、その分、減っています。

　ソニー他、世界で活躍する日本のグローバル優良企業は、無駄な為替の売買を減らすことで、為替リスクや取引コストを抑えるため、1990年代からグローバルな外貨管理、すなわちグローバルに通貨別の出入りを把握してネットさせて、できるだけ無駄な為替を起こさない

管理をしていると思います。

　ただ、日本の大手製造業の場合は、ネットでは、ドルの余剰（円に最終的に換える部分）が総体としては大きいと言えます。

　一方で、資本筋がその年のアロケーションを前年より大きく増やさないケース、例えば、年金や生保等の機関投資家が毎年10ドルずつ米国の債券や株に投資することにしていたとします。

　仮に、20年続けてきたとすると、元本と言われるものは200ドル（20年×10ドル）になります。債券の金利や株の配当が平均で5％だとすると、配当等は年に10ドルとなります。資本収支では、投資は10ドルですが、経常収支では受取りの金利と配当で10ドルあれば、ネットでは国際収支に影響はありません。

例4：コロナウイルス対応ワクチンの輸入に関わるドル買い（＊）

　原稿執筆時の特殊例としては、ワクチンの手当に関わる数字が挙げられます。仮に1回のワクチンが40ドルくらい（もっと小さい数字もありますが、輸送代金他も加味して仮にこの数字）とすると、40ドル×1.25億人（日本の人口）×2回分＝100億ドルのドル買い需要が出てきていたと推します。

　ワクチン手当に躍起だった日本政府は前払いをし、“ドル／円＝102円台”という100円割れの懸念もあったなかでのアナウンス効果も狙って、2021年1月ごろからワクチン手当見合いのドル買い／円売りを始めたと思います。

　こういうものは何となく伝わります。当時、市場では円買いのポジションがたまっていたので、これを巻き戻すきっかけにもなりました。チャートもドル高への転換を示す形となっていたため、3月の110円

＊：これは貿易収支の項目なので、金融収支ではありません。あくまで為替の需給の真水を判断する例となります。

近くまでの動きの背景となったと思います。

　正直、100億ドル（1ドル＝100円として1兆円程度）は小さくはないですが、マクロ的に為替市場で需給を長期的にひっくり返すほどではありません。このときはドルの下支えになったと思っています。

④経常収支で為替の需給を見ていくうえで気になる項目

　先に経常収支のメインは貿易収支と第一次所得収支だと述べましたが、サービス収支が今後注目されるかもしれないので説明します。

　サービス収支は「旅行、輸送のほか、知的財産権等使用料等のサービスの取引」で、旅行収支は皆さんも想像しやすいと思います。私が常々思っていることが、AppleやAmazon、MetaPlatform（FaceBook）、Microsoft、NVIDIA、Netflix、Googleといった米国巨大企業のサービスから出てくる国際収支への影響です。携帯電話の輸入やPCに搭載されているサービスは貿易収支に含まれますし、これらの企業の日本での決算利益（配当）の本国への送金は第一次所得収支に出てきます。また、これらの会社の日本での事業に関わる投資も、直接投資として金融収支に出てきます（＊）。

　しかし、これらの企業のサービスが日本でも席巻してしまっていることを思うと、広告関係やライセンスがらみなど、サービス収支に入ってくる項目に占める部分が、無視できなくなっているのではないかとの疑問です。これに応えてくれそうなのが、最近言われ出した「デジタル赤字」という言葉です。

＊：在日子会社の利益は本国送金の有無にかかわらず、一次所得収支（支払い）としてただちに認識され、そのうち本国に送金されなかった部分は直接投資（受け入れ）に計上される。日本法人の国内売り上げはサービス収支に反映されず、利益部分が第一次所得収支になり、さらに本社に配当されない分が直接投資になる。

◎デジタル赤字について

　2023年2月9日付の日本経済新聞の記事をそのまま引用します。サービス収支の中のデジタル関連の収支の赤字を指していると思います。今に始まったことではないですが、コロナ禍で加速した面もあるので注意が必要かもしれません。

――以下、2023年2月9日付の日本経済新聞の記事を引用――

「デジタル赤字」4.7兆円。昨年国際収支、5年で1.9倍　産業育成に遅れ

　日本の企業や個人が使う海外のIT（情報技術）サービスへの支払いが急速に膨らんでいる。IT大手が提供するネット広告やクラウドサービスなどの利用が増え、デジタル関連の国際収支（総合2面きょうのことば）は2022年に4.7兆円の赤字になった。デジタル分野の競争力の弱さが経常収支に響く。モノの輸出で稼ぐ力も陰ってきており、産業構造の転換が欠かせない。財務省が8日発表した国際収支統計によると22年の経常黒字は11兆4432億円と前年に比べ47%減った。資源高で輸入額が前年に比べて42%増え、貿易収支が過去最大となる15.8兆円の赤字になったことが響いた。

　経済構造の変化を映し出す国際収支で目立ってきたのが、デジタルサービスの海外への支払いで膨らむ「デジタル赤字」だ。22年の赤字額は4.7兆円で、5年前の1.9倍になった。

　サービス収支のうちデジタルトランスフォーメーション（DX）に関する「通信・コンピューター・情報サービス」、ネット広告などの「専門・経営コンサルティングサービス」、動画・音楽配信を含む「著作権等使用料」の海外への支払超過額（赤字額）を日本経済新聞社が集計した。

　日本企業はクラウドサービスを利用して業務のDXを進めている。

その支払いは「通信・コンピューター・情報サービス」に反映される。22年の赤字額は1.6兆円と前年の1.7兆円に続く大きさだった。新型コロナウイルスの感染拡大で広まったウェブ会議の使用料もこの分野だ。

「専門・経営コンサルティングサービス」の赤字額は21年の1.3兆円から22年は1.7兆円に増えた。この項目には検索サービスやSNS（交流サイト）によるウェブサイトの広告の売買が計上される。

「著作権等使用料」には動画や音楽配信サービスなどのサブスクリプションが入る。22年の赤字額は1.5兆円と前年より880億円膨らんだ。

日本はモノの輸出で稼ぐ力を落としている。半導体などの電気機器は22年の輸出入がそれぞれ約17兆円とほぼ同額だった。かつては貿易黒字の稼ぎ手だったが輸入超過が迫る。医薬品も4.6兆円の貿易赤字だった。

先進国の国際収支をみるとサービス収支全体ではITや金融がけん引し、米国・英国などが黒字額を増やす。日本は貿易収支の赤字と所得収支の黒字が併存する「成熟した債権国」になった。観光分野は引き続き回復の期待があるがデジタルやバイオなど先端分野で競争力のある企業は乏しい。新しい稼ぎ手を育てる必要性が高まっている。

――引用ここまで――

◎旅行収支について

また、実際の為替の需給への影響はさほどではないですが、旅行収支は時に為替に影響され、また影響します。例えば、ユーロ/英ポンドという、欧州では非常によく取引される通貨ペアがあります。ユーロ圏と英国の貿易や資本取引だけでなく、個人の行動にも影響を与えます。

例えば、ポンドが急激に強くなると、イギリス人で毎年イタリア、スペイン、ギリシャ等のリゾート地である島などに行くと決めている人は、ポンド高に気を良くして、今年は良いグレードのホテルに泊ま

ろうなどと考えます。逆に、ポンド安ならば、今年は期間を少し短くしようとか、ホテルのランクを下げようとか、今年は旅行自体をやめておこうという考えになります。実際、（ギリシャの島は）ポンド高の夏場はイギリス人が多く、ユーロ高の夏場はドイツ人が多い、といった話は、新聞でたびたび話題になります。

　日本でもインバウンド（外国人旅行者）が国内需要を刺激することに期待があります。一部にはこれが為替ではドルの余剰（円の不足＝外国人旅行者の円買い）で旅行収支が大きく黒字になるようなことが言われています。コロナで抑制されていた日本人の海外旅行も回復すると思うので、金額の桁という意味で、大きく為替の需給に影響を与えるほどの項目かどうかは他の項目と比べると、その影響は小さいのではないかと思います。

⑤「基本需給としての経常収支」のまとめ

　経常収支の推移から実際のFXトレーディングはどうするか。これは背景となる需給を感じながらトレードに生かせということと、市場が経常収支の発するメッセージをどのように取り込んでいるか（マーケットをリードするロジックの最有力と考えているか）との兼ね合いです。もちろん今後、日本の経常収支が恒常的に赤字化していくようなことになれば、円安トレンドはさらに明確化していくと思います。

　経常収支が大きく黒字のときは、例えばリスクオフで円買いの地合のときに伸び（ドル/円の下げ）も大きくなりますが、黒字が小さければリスクオフになって円買いとなってもドル/円の下げもより限界的になる傾向があると思います。

　また日々の需給を見るうえで、例えば、ある日の東京時間の値決め（Fixing）の決済について、ドル買いとドル売り、どちらが大きいかは、正直、誰にもわからないわけです。それでも経常黒字が大きい傾向の時期なら、いくら5・10日（石油見合い等輸入決済が多いとされる

5の倍数の日）や、月末・月初など一般的にドルが不足すると言われる日でも、ドルが余っている感じになると思います。

　一方、日本の経常黒字が縮小、もしくは赤字の傾向のときは、ドル買いの需要のほうが勝っている傾向や値動きが強まると言えると思います。全体感として、ドルの需給が締まっているか、余剰気味かのトーンを感じてトレードすることが大事です。

　米国債の利払いは2月15日と8月15日です。その前後は、利払いを多く受け取る投資家等の多い日本ではドルが余りやすい（受け取った利子を円にする必要がある）時期＝季節性と言えます。特に米国の金利が上がっているので、受け取る利金が増えていると思われます。注視すべきと言えます。

　ここで申し上げた2つの要因、すなわち**「金融政策（金利差）とインフレ」**と**「基本需給としての経常収支に代表されるような基礎的な外貨が余っているか、不足しているか」**が、**中長期的な為替の決定要因**のように感じます。同じお金でインフレがゼロであれば、その通貨の価値は安定していると言えます。

　また、物価が上がると需要が過熱して景気が良くなったりするため、錯覚しがちですが、その国の通貨の価値は下がっていることになります。

　経常収支が恒常的にプラスであれば外貨は常に余ります。時にそれを相殺するような株（買収等も含む）、債券、工場などの実物への海外投資が出れば、一時的にドルの余剰感は緩和されます。

　本書を2020年末にとりあえず基礎となる原稿を脱稿したときは、ここに2つのシナリオを書いていました。

　ひとつはコロナ禍で石油価格も下がっていたので、世界がデフレ的になっていき、デフレを抑えるためにFRBや米国がドル安容認的な動きに出ることです。

　もうひとつは、コロナ禍の世界的な大規模金融緩和とばらまき的な

財政出動がコロナからの回復と相まってインフレ的になり、金利も上がり、FRBや米国はドル高歓迎的になることです。

結論から言うと、2021年は目立ったこともなかったですが、2022年に入るとロシアのウクライナ侵攻もあって、後者のシナリオが極端な形で示現されました。マーケットをリードするロジックも二転三転するというよりは、少なくとも政府・日銀のドル売り介入や、米国のインフレにやや頭打ち感が出るまではひとつの方向に向かっていったわけです。2年半でマーケットをリードするロジックの景色も劇的に変わったのです。

読者の皆さんにお届けするために多くをアップデートしました。相場を見ていくうえでのキーとなる不変的なアングルがぶれないことと、さらには今後のキーとなる要因や情報を取り入れてシナリオを描き、はやりのロジックへのひらめきが出る感度を上げる必要があると思っています。

現況を言えば、日本の場合、本当に特殊でいくら消費者物価が年率4％とかになってもマイナス金利を続けているわけで、あまり物価指標を一所懸命見ても仕方がなさそうです。また日銀は金融政策のStop & Go をする（状況に応じ金利を上げたり下げたりなど、柔軟に対応する）つもりはなさそうです。為替市場の参加者としては、阿波踊りではないですが、「同じ阿呆（大規模緩和を続ける）なら踊らにゃ（円売りしなきゃ）損々」というわけです。

円安で日本を安売りすると、海外の給与と比べ、日本の給与も単純に為替分が割安になるので日本人の給与も上がってくることを狙っているのだと思います。実質賃金（名目賃金から消費者物価を除したもの）が1年以上マイナスを続けている点は依然として悩ましいところです。

植田日銀が今後どう動くかわかりませんが、こういう現在の物価上昇がはっきししているときに、反対サイドも含め、いろいろと考えて

おくことは無駄にはなりません。世界的には金融引き締めをしている中、日銀が緩和を続け流動性を出しているので、世界のインフレがなかなか沈静化しないのは日銀のせいだとする「日本悪玉」的な見方が海外から出てくると状況も変わるかもしれません。また、基本に立ち返れば、日本もインフレになってきたことを考えると、通貨が安くなりやすくなったのかもしれません。

　また、グローバルにインフレ・金融引き締めが進むなかで、日本が現在の異常な金融政策を解除していく（正常化）方向に進むのか、あるいは、グローバルにインフレが沈静化して景気が減速していくような場合、結局、日本は正常化へのチャンスを逸してしまうのか、という視点や見通しも大事です。経済環境の変化を観察しつつ、市場がどれを「マーケットをリードするロジック」としていくか、見ていくわけです。

　<u>経常収支についてはやはり石油価格動向が最も大事</u>だと思います。インフレという意味で石油価格も上がっている面もあると思うのですが、数年前までの再生エネルギーへの移行の動きは何だったんだろうとか、ロシアが本当に輸出量を減らしているのだろうかなどとも思います。また日本が原子力発電にどう取り組むかも長期的にはキーとなるかと思います。

　いろいろあって何を言っているかわからないという方も多いと思います。だからこそ、そのときのマーケットをリードするロジックの確認が市場の間違いも含め、大事になります。

　二大ファンダメンタル要因の説明をしましたので、次からはその周辺に話を持っていきます。2022年は円安が進みましたが、介入で景色が変わりました。各国の為替政策の話をします。

　米国の為替政策を表すときにしばしば「benign neglect（ビナイン・ネグレクト）」という言葉が使われます。「優雅なる無視」とか「慇懃なる無視」などと訳されますが、基本的にビナイン・ネグレクトのまま使われます。

　これは、ドルの為替相場の変動に対して、米国あるいはその通貨当局が静観する政策を指します。1970年代のドルの急落に対して、米国の為替当局が為替介入に消極的な姿勢を採り続けたときや、その後のドル高局面でレーガン大統領が静観したときに使われ出しました。この表現が使われ出した起源には諸説ありますが、少なくとも私が相場を始めた1980年代半ばにはこの言葉は使われていました（＊）。

　私は、この基本ポリシーは今も生きていると思います。そして当面は、少なくとも主導的には介入しないでしょう。プラザ合意以降に米国がしているのは、協調介入か、他の国に頼まれて行う委託介入が主であるように思います。

　一方で、ドルの為替のレベルについて関心がないわけでなく、政策はあります。「強いドル」を望むと主張するケースは、海外資金が欲しいときやインフレを抑えたいときです。経常赤字であるうちは、ドル高といっても限界があるのは自ずとわかっていると思います。

　また、ドル安には、米高官や米当局筋が「ドル高は好ましくない」と少しつぶやけばすぐに持っていけます。ドル安が行き過ぎれば、日本のようにドル安に困った経常黒字国がドル買い介入すればよいぐらいに考えているのだと思います。介入によって増える外貨準備につい

＊：2002年から2004年にかけてのドル安局面で、米国が「強いドル」を提唱しながらもドル安を静観し続けたときに使われ出したと解説するものがありますが、言葉の解説としては明らかに誤りです。

ては、"経常収支のドルの余剰分を経常黒字国がマクロ的に吸収している"という考え方に従えば、こういう解釈になるわけです。

　米国の財務省は1988年から年に2回、為替政策報告書を議会に提出し、為替相場を不当操作している国を認定しています。2020年12月の報告では、スイスとベトナムが「為替操作国」、日本や中国は「監視対象」ということになっていましたが、日本については2023年の6月に除外となっています。認定基準として、米国との物品貿易の輸出入総額が400億ドルを超える国・地域を対象に、以下のものがあります。

◎大幅な貿易黒字（物品の貿易黒字額が年間200億ドル以上）
◎実質的な経常収支黒字（GDP比2％以上）
◎持続的で一方的な為替介入（介入総額がGDP比2％以上、かつ、過去12カ月間のうち6カ月以上の介入）

　日本が除外になったのは貿易黒字が赤字であったり、経常収支黒字が減ったことが主因と思われますが、市場では「日本の緩和継続で円安気味に持って行ってる政策を容認した」というような解釈で、ドル買い／円売りで反応しています。角度を変えると「2022年のドル／円でのドル高阻止のドル売り介入を容認した」とも取れるので、少し逆のロジックの候補として軽く心に刻んでおくとよいと思います。

　先に日、米、中の経常収支を紹介しました。それを見るとわかるように、最近は米国の赤字の絶対額がさほどではない一方、日本の黒字も目立ちません。コロナ後の大規模緩和の反動で米国の消費者物価等が急激に上昇し、その後も下がりにくいような状況の場合、通貨ドルが強ければ輸入物価を抑えることもできるため、ドル高で米国の輸出企業等に相

当影響でも出ない限り、これは静観ということになります。

　いずれにしても、「どうなるか」は大統領やその取り巻き、特に財務長官およびFRB議長の根っこにある考えに左右されますので、注意深く、それを見ていく必要があります。

　日本は、円安気味を好みます。昔は輸出産業を守るためでしたが、今はインバウンドを呼びこむ狙いもあります。また日本のバブルが弾けた時期は日本株が売られ、円も売られる時期もありましたが、日本のグローバル企業も円安の恩恵を受けるところが多く、日本の株式市場も円安歓迎ではないでしょうか。

　また、ドル買い介入も大好きです。先に述べた経常黒字国の中央銀行がドルを買って帳尻を合わせるのは、ドル高なレベルでなければ、論理的ではあります。1ドル＝100円前後より円高の水準では歴史的にドル買い介入を幾度となくしています。

　ただ、この20年を見ると、ドル/円が120円を超えると、どこともなしにドル高/円安へのけん制発言が出て、130円台ではドル売り介入もしています。勢いよく下落して100円に近づいたり、割れたときはドル買い介入をしているのも事実です。今後とも同じような考え方の首相や、そのブレインおよび中央銀行総裁が続くかは注視しておく必要があります。可能性は低いですが、円高論者が出てきてもおかしくありません。「自国通貨が強くて何が悪い」という考えもあって当然です。

　なお、介入の実施（実行）は日銀ですが、やる・やらないの判断は財務大臣です。この点の説明を日銀のホームページから以下そのまま引用します。

―以下、日銀のホームページ「教えて日銀」の為替介入についてから引用―

　「為替介入（外国為替市場介入）は、通貨当局が為替相場に影響を

与えるために、外国為替市場で通貨間の売買を行うことで、正式名称は「外国為替平衡操作」といいます。為替介入の目的は、為替相場の急激な変動を抑え、その安定化を図ることです。

　わが国では、為替介入は財務大臣の権限において実施することとされています。日本銀行は、特別会計に関する法律および日本銀行法に基づき、財務大臣の代理人として、その指示に基づいて為替介入の実務を遂行しています。

　日本銀行は、財務省に対し、為替市場に関する情報を毎日報告しています。また、財務大臣が為替介入を必要と判断した旨の連絡を受けた場合には、財務省に対し、為替相場の変動要因や、介入決定の判断に資するようなマーケット情報を報告します。これを受けて、財務省は、日本銀行に対し為替介入実行の具体的指示を行い、日本銀行が介入を実施します。

　なお、財務大臣の代理人としての日本銀行が、海外の通貨当局に為替介入を委託することもあります。為替介入は通貨間の売買であるため、その遂行には円やドルなどの資金が必要になります。わが国の場合、財務省所管の外国為替資金特別会計（外為特会）の資金が為替介入に使われます。急激な円高に対応し、外国為替市場で円を売ってドルを買う「ドル買い・円売り介入」を行う場合には、政府短期証券を発行することによって円資金を調達し、これを売却してドルを買い入れます。反対に、急激な円安に対応し、外国為替市場でドルを売って円を買う「ドル売り・円買い介入」を行う場合には、外為特会の保有するドル資金を売却して、円を買い入れることになります」

―引用ここまで―

　日本銀行の介入実績は財務省のホームページの「外国為替平衡操作の実施状況」で見ることができます。その月の分は月末最終営業日、

日次ベースは2〜4カ月程度経ってから発表されます。

　ユーロ圏は、日本ほど介入に積極的ではありません。介入により相場を動かすにあたって、参加国の思いに統一性を見つけることが難しいからだと思います。介入がありそうな思惑があるときはECB（欧州中央銀行）の総裁の言動をよく見ておくことが肝要です。

　本来、ドイツなどはインフレが大嫌いで通貨高が好きです。しかし、ドイツのメルケル前首相がユーロ圏やEUの全体に配慮したり、金融政策については、ECB総裁の大人の対応で"ドイツ色が出ないようにしていること"が、ユーロ圏が混乱しそうで混乱しきらない主因に見えます（併せて「第4章第8節　ユーロ誕生からの二十数年」をご覧ください）。

　介入についてはメッセージ性とその額に、時に意外性が見られると特に相場が大きく動きます。協調介入では、各国（複数国）が「今の相場を是正したり、流れを止めよう」と合意しているわけですからメッセージ性は強いと言えるうえ、介入資金の相互融通にも合意されているケースが多く、介入資金の枯渇のような問題に対する懸念が少ないわけです。

　一方、単独介入になると、介入資金の原資として（特に自国通貨安を止める狙いでドル売り等で自国通貨買いをする場合）、外貨準備がいくらあるかが問われます。イメージ的な部分が強いですが、単独の介入の場合、（地合によりますが）その時期の初めての介入をするときはある程度効きますが、流れは変えられないことのほうが多いです。2度、3度介入するならば、市場は介入額やその原資を見ながら方向性を探る感じになると思います（新興国で経常赤字が定着している場合は外貨準備が少ないケースが多いので、介入は効かないのがほとんどです。詳しくは「第5章　新興国通貨を考える」をご覧ください）。

2022年はドル高/円安が進みました。年初の1ドル＝115円程度から一時152円までです。理由は、以下のように、ある程度明確です。

◎米国のインフレが高騰する中でFRBは大幅利上げ、日本は基本的に緩和姿勢堅持で日米金利差が拡大して金利差を求める動きが活発化（コアロジック1の視点）

◎ロシアのウクライナ侵攻やコロナ後の需要回復で原油をはじめとする資源だけで日本の貿易収支の赤字定着（コアロジック2の視点）

◎インフレ抑制のため米国がドル高容認（コアロジック3　為替政策と介入）など

　この間、130円台あたりから日本の財務相他が輸入物価による物価高騰等にも懸念を示し、円高けん制発言やドル売り介入の姿勢を示唆していました。この年の第1回のドル売り介入は、1998年6月以来、24年ぶりで実施され、146円手前から入り、その流れの中で140円台まで下げました（介入額約2.8兆円）。市場のトーンとしては「円安阻止の単独為替介入の効果は限定的」（ある研究機関のレポートのタイトル）というものでした。先述したように、私は「1回目の介入はあまり効かないであろう」と思いました。

　その後、152円手前までドル高/円安が進みます。ここで10月21日（金曜日）のニューヨーク時間の午後に151円台からドル売りの押し下げ介入（市場レベルより下の値段を売り、相場を押し下げる介入。逆は「押し上げ介入」）を実施します（介入額約5.6兆円）。翌10月24日（月曜日）にも介入を実施して、一時145円台（介入額約0.7兆円）に下げます。その後、148円台や149円台に戻りますが、11月になると140円を割れて12月には130円すれすれまで下げていきます。

　結果として、介入が流れを変えた（あるいは止めた）感じとなりました。おそらく当時は世の中にドル高/円安見通しも強く、また単独

介入は効かないとの見通しが強かったと思います。

　しかし私は、介入を始めた後の「我も我もとドルを買い向かう」市場に対して相当額の介入をしているなと思っていました。また、過去に100円割れで山のようにドル買い介入していて日本の2021年末の外貨準備は約1.4兆ドル（当時の為替で約161兆円）あるわけです。仮に外貨準備の１割を使っても相当なドル売り介入が可能ですし、「勝つ介入」（「第４章第５節（学び５）：勝つ介入と日本売り」で説明）の財務省の軍団のDNAもあるので、２回目からは効いてくると思っていました。10月末に出てきた介入実績を見れば　９〜10月で約9.3兆円なわけです。この年の１〜10月の貿易赤字の累計は約13兆円、私は直感的に７〜８月ごろの数字から単月の貿易赤字は２兆円弱と思っていたので、ドル売り介入で貿易赤字５カ月分ぐらいは埋められたかと感じたわけです。多くの参加者が同じことを感じて11月になっていったのです。

　以上が為替政策や介入についての説明です。概してこういう曲がり角を見つけると相場のロジックがどんどん変わってきます。私がこの本で一番言いたいことです。

　その後は、介入効果に加えて米国のCPI消費者物価がピークの2022年６月の年率9.1％から徐々に下がり、12月には６％台となっていて、米国の利上げの打ち止め観測（金利差縮小の思惑）が出てきたことが一番大きいと思いますが、日銀の超緩和解除の思惑もチラチラしだしたこと（コアロジック１の変化）など、ロジックに変化が出てきました。その他にも例を挙げると、年初115円が130円台に落ち着いたとして、例えばですが、次のようになるわけです。

・日米金利差は依然として大きいが、日本のCPIも確実に年率４％前
　後になっており、黒田日銀総裁の任期満了も近いので日本の金融政

策（緩和策の変更）も取り沙汰されやすい

・円安で輸出の競争力も高まり、貿易赤字に歯止めがかかるか

・海外の金利が上がっているので、今後、第一次所得収支はかなり増える

・円安と海外の賃金上昇で新たな直接投資（海外工場設立等）は当面増えにくい

コアロジック4：株価や商品相場の為替への影響

①株価

　まずは株価です。以下の表を見てください。1985年にプラザ合意があり、急激にドル安・特に円高が進みましたので、その前年末の1984年末、そのあとは1990年、2000年、2010年、2020年と2023年の前年の年末の米ダウ平均、ナスダック総合指数、日経平均とドル／円（年末を表示している株価の年平均レート）を載せてあります。

◆米株、日経、ドル/円の歴史（定点観測）

時　　期		ダウ平均株価	ナスダック総合指数	日経平均	ドル/円（年平均）
1984年末	プラザ合意前年末	1,211	247	11,542	237
1989年末	日経平均のピーク	2,753	454	38,915	137
1999年末	2000年前年末	11,497	4,069	18,934	113
2009年末	2010年前年末	10,428	2,269	10,546	93
2019年末	2020年前年末	28,538	8,972	23,656	109
2022年末	2023年前年末	33,147	10,466	26,094	131

著者作成（数字は小数点以下切り捨て、ドル／円は末を含む年のIMFデータから取得の年間平均値を使用）

　1984年末にはわずか1211ドルだったダウ平均株価は、1989年末の2,753ドルを経て、2019年末には28,538ドルになっています。30年で10倍強となりました。

　一方でドル/円は1984年末の平均が237円、1989年末に137円で30年後の2019年末で109円と円高になっています。単純に見て、「米国株が上がるとリスクオンで円売りになる」というのは対円では言えません。

　ただし、リーマンショック後の株の押しからアベノミクスにつながっていく2009年末の10,000ドル台から見ると、2019年末は株価が2倍以上、為替は93円が109円なのでリスクオンセオリーがある程度は

うまく機能したと言えるかもしれません。

　日経平均株価で見ると、プラザ合意後は円高になりましたが、円高対応での金利の下げや「Japan as No.1」等の風潮もあって、株価は不動産投資とともにバブルに向かって1989年末に史上最高値を付けました。当時の外国人の日本株投資がどのようだったかわかりませんが、日本株高と円高でダブルで儲けようとしていたかもしれません。その後、バブルがはじけた1990年代は、日米貿易戦争の余韻が続く中で円高、株安。さらに、2000年に向けてアジア通貨危機に加えて、日本のバブルの清算が済んでいないことが取り沙汰され、日本の金融システム不安等を受けて日経平均株価も下がり、日本売りの円安（リスクオフセオリーの逆）の時期もありました。

　時に「外人（主に米国人）の見方で日経平均を見る」という意味で、ドル建の日経平均のチャートを見るのもよいかもしれません。私としては、市場が注目し出したら見る程度です。私たち日本人も円建のダウやナスダックの話はほとんどしないのですから。

　結論から言うと、長期的には、株価が為替に与える影響は断定的には言えない気がします。単純に考えて経済のパイが大きくなり、企業が成長する中で、個別株の時価や株式市場、あるいはその株価指数が大きくなることに比べ、為替は2つの国の通貨の需給で決まっていく交換比率なのでまったく違うわけです。

　もちろん、短期的には株価の影響を受けることはありますが、為替では、別の要因の優先度のほうが高そうです。ここ最近で流行のリスクオンで円売り、リスクオフの円買いは一理あるものの、盲信は禁物です。

　おそらく、長らく経常黒字国の日本は海外に多くの資産を持っており、リスクオフ（リスク回避的）では自国回帰で海外資産を売ることで円を買い戻すというロジックから来ていると思います。これは、一理あると思います。

　一方、リスクオン（リスク選好的）では、為替リスクも含めた海外

投資余力が高まるので円売り（外貨建の株等への投資）が注目されますが、リスクオンで海外の投資家が日本株を買うときは「円買いする」か、「円を借りてから買う」わけなので、為替では円買い要因か、影響を与えないかのどちらかです。相対的には、ドル以外の通貨で円を売るクロス円取引ではこの「リスクオン、リスクオフ」セオリーは、ある程度は奏功しているように感じます。

　いずれにしても、結論めいた鉄則のようなことを言える関係はないと思います。そのときの流行＝マーケットをリードするロジックによると思います。為替のトレーディングは、その時々のロジックに応じてダンスするしかないと思います。直近（原稿執筆時）を見れば、以下のようなことがシナリオ作り、ロジックの優先順位を決めるうえでのポイントかつ注意点です。

・歴史的実験と言える日銀の異例な量的緩和（マイナス金利とYCC＝イールド・カーブ・コントロール）が日本だけでなく、グローバルに流動性を供給していることが前提になって現在のマーケットがある。

・コロナで各国は財政出動をしてきたが、それぞれに財政赤字を抱え、やたらに財政出動する「大きな政府」には今後変化が出る可能性がある。株式市場の下支えのひとつとしての財政が減ることや財政破綻の可能性（財政赤字の拡大）に目が向かう可能性もある。

・NISAの拡大に伴い、日本の個人の株式投資・分散投資が進むなかで、国際分散投資が拡大していくことの影響を考慮。ただし従来は、企業年金が確定給付（企業年金が運用）から確定拠出年金（企業と個人が資金を出して各個人が運用）に変わっていく面も多くなるので、今まで企業年金がやっていた分が個人の運用に変わるだけという感じもある。また、高齢化が進む中で年金の給付（支払）に使うために、海外からの

利金・配当や積み立て元本も円にするニーズがあるので、運用に出ていく部分と、給付原資（年金等の給付のために回収する元本、金利、配当）のネットの為替への影響には注視する必要がある。

②商品相場

為替相場を見るうえで、商品（コモディティ）相場は、一般論として２つの側面から見ることが多いと思います。

ひとつ目は、世界の景況感の指標とされることです。例えば、世界景気が良くなると、「石油」「鉄鉱石」「銅」等へのニーズが高まります。

逆に景気がしぼみ、これらの価格が先行性を持って下落すると、市場のリスク回避が高まりす。そういうときは通貨等への信認も落ちて「金」が買われるようになることもあります。このように、為替と商品価格とが双方の動きに翻弄され綱引きをするのです。

２つ目は、個別の価格が産出国経済に与える影響（貿易収支が改善等）です。商品価格の上昇は当該産出国の経常収支を改善させます。国内景気も良くなるため、金利が上がることも考えられます。その結果として、資源国通貨が買われやすくなります。

多くの商品は、ドル建てで表示され、世界中で取引されます。商品価格が上がること＝ドルの価値が下がっていることでもあるので「ドル安」と見られることもあります。また商品をどの通貨建てで見ても、その商品の価値を一定にしようとする裁定のようなこともあるため、商品価格が上がれば、多少ドル安、下がればドル高という傾向があると、一般的に見られています。

商品の中でも常に注目を浴びるのは次の２つです。

◎金（ゴールド）

　金（ゴールド）には、工業需要もありますが、市場が不安定なとき
の実物の逃避先として注目されることがあります。こういうときの金
（ゴールド）の上昇は「ドルが不安定」なことの表れとも言えます。
また、インフレのヘッジとして（インフレに対抗しうる実物資産とし
て）、金（ゴールド）が選好されると思われることが多いです。

　金（ゴールド）は外貨準備の一部として扱われ、歴史的には各国の
通貨の安定の裏打ちになっていました（この点は第4章の第1節と第
2節で取り上げています）。

◎石油（原油）

　石油に関しては、OPECや米国の石油政策、個別需給要因で個別に
動くことと、マクロ経済環境（経済が拡大・縮小して石油への需要が
多い・少ないなど）で動くことの双方があります。そのため、通貨へ
の影響は、そのときの石油価格そのものと、その背景の石油価格が動
いたロジックのなかの一般的なマクロ経済環境そのものを見定めて行
動する必要があります。

　石油価格が大幅に上昇した場合、石油を輸入に頼る日本では、輸入
代金決済額が増えている可能性がある、つまり、円売りを誘発しやす
いと言えます。

　こういうことを、テレビやネットで専門家、特に銀行で顧客のフ
ローが見えている人たちが言及し出したときは、「実際にそういう動
きがある」というように感じとれると、相場が見えやすくなります。

　次ページの表「世界のコモディティ生産高ランキング」をご覧くだ
さい。

　石油、金、鉄鉱石、銅鉱石いずれにおいても、米国と中国はトップ
10に顔を出します。いずれも国内経済規模が大きく、主に国内で加工

◆世界のコモディティ生産高ランキング（2021年）

順位	石油		金		鉄鉱石		銅鉱石	
	国名	日量 万バーレル	国名	トン	国名	百万トン	国名	千トン
1位	米国	16,585	中国	329	オーストラリア	565.0	チリ	5,620
2位	サウジアラビア	10,954	ロシア	320	ブラジル	273.0	ペルー	2,300
3位	ロシア	10,944	オーストラリア	315	中国	246.0	中国	1,910
4位	カナダ	5,429	カナダ	223	インド	169.0	コンゴ	1,740
5位	イラン	4,102	米国	187	ロシア	66.7	米国	1,230
6位	イラク	3,994	メキシコ	120	ウクライナ	52.4	ロシア	940
7位	UAE	3,668	カザフスタン	116	イラン	47.9	ザンビア	842
8位	中国	3,620	南アフリカ	107	南アフリカ	46.5	オーストラリア	813
9位	クエート	2,987	ウズベキスタン	100	カナダ	34.5	メキシコ	734
10位	ブラジル	2,741	ペルー	97	米国	30.1	インドネシア	731
							カナダは11位	550

出典　石油：BP Statistical Review of World Energy 2022 - Oil: Production
　　　金、鉄鉱石、銅鉱石：USGS（United States Geological Survey）のMineral commodity summaries 2023
　　　鉄鉱石は使用可能な鉄鉱石量（採掘総量ではない）

や消費される部分が多いと想像されるので、資源通貨として見られて為替に与える直接の影響は小さいように思います。

カナダもいずれでもトップ10に入っています（2021年の銅鉱石は11位）。資源国と言われる理由です。

オーストラリアも石油を除くとトップ10入りしています。特に、金と鉄鉱石では存在感があります。

コモディティ通貨とよく言われるものの筆頭が、カナダドルとオーストラリアドルです。いずれも、当該の資源価格が上昇すれば、貿易収支も改善して外貨が余るうえ、国内景気の浮上効果も期待できます。したがって、資源価格の上昇はこれらの通貨の買い材料と言えるでしょう。

株価などが下がって不安定になるとき（＝リスクオフ）のロジックで、カナダドルやオーストラリアドルが売られることがあります。

カナダはどちらかというと、経常収支赤字が定着していて、かつ、貿易も対米国のシェアが輸出入とも半分以上を占めているので、リスクオフの下落や米国の景気に影響を受けやすい点には注意しながら扱う必要があります。

オーストラリアドルについては、金や鉄鉱石の価格が一緒に下落していくならば話は別ですが、オーストラリアは近年、経常赤字国から中国の鉄鉱石需要などに支えられて黒字国化してきています。

したがって、リスクオフ時に弱いという点は、今後、様子が変わってくるかもしれません。いずれにしても中国の景況感等に影響を受けます（ちなみに、オーストラリアは1980年代まではどちらかというと新興国に分類されていました）。

次ページ上段は、オーストラリアドル／円の過去40年の期間のチャートです。広く知られていることですが、長らく市場がリスクオフ的なときは1オーストラリアドル＝60円近辺になり、リスクオンのときは100円を超える程度になります。これを繰り返しています。

◆オーストラリアドル/円　40年チャート

1オーストラリアドル＝100円

1オーストラリアドル＝60円

◆米ドル/カナダドル　40年チャート

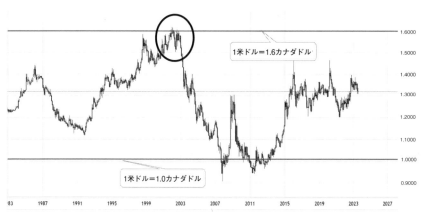

1米ドル＝1.6カナダドル

1米ドル＝1.0カナダドル

これは私の勘ですが、スイスフラン／円やシンガポール／円では、私が見たこともないようなレベルまで上がったため、それに比べると、豪ドル／円には割安な感じを少し持っています。

　前ページの下段は、米ドル／カナダドルの40年のチャートです。米ドルの高値（カナダドルの安値）が2002年の1米ドル＝1.61カナダドル台、米ドルの安値（カナダドルの高値）が1米ドル≒0.90カナダドルです。1.61と0.90の真ん中が1ドル＝1.25カナダドルなので、原稿執筆時の今（2023年）は真ん中あたりにいる感じです。このカナダドルについては、第3章第3節の「通貨ペアのクセを知る」も併せてご覧ください。

　ここで、為替初心者の方に補足説明をします。このチャートは米ドルとカナダドルの価格の動きです。例えば1米ドル＝1.25カナダドルとして、カナダドルを持っていないと米ドルが買えないではないかと思う方がいるかもしれません。もしくは、円からカナダドルを買わないといけないと思う方もいるかもしれません。

　しかし理論的には、「1.25カナダドルを借りて、1米ドルを買い預ける」という考え方をします。ですから、為替市場ではカナダドルの金利を払い、米ドル金利を受け取ることになるため、それぞれの通貨の金利差の精算にスワップポイントというものが発生します。また仮にこのとき、米ドル＝105円とすると、1.25カナダドル＝105円なので1カナダドル＝105円／1.25＝84円となります。

　余談ですが、米ドル／カナダドルには少しいやな思い出があります。チャートをよく見ると、2002年の1月に1.61台を付けてから一度、1.50近辺に落ちて、夏場に再び1.60台を付けに行っています。
　私はその夏場に米ドル／カナダドルの1米ドル＝1.5900カナダドル

くらいで、確か１単位（※仮の数字。想像にお任せします）か２単位
ほど、米ドルショートにしていました。

　そのときは米ドルが強く、逆行に堪えきれなかった私は1.6000手前
で米ドルを10単位（10倍返しか５倍返し）買いました、相場は1.60を
超えて1.6040台ぐらいまで進み、私は米ドルロングを首尾良く利食
い。少しおつりも来ました。１単位か２単位で90ポイント分損したも
のの、９倍から４倍のドテンしたロングで30〜40pipsくらいで利食い
したことになります。トレーディングとしてはかなり荒っぽいです
が、幸いプラスで終わりました。

　翌朝、『Financial Times』の市況面を見ると「日本の商社のドル買
いで米ドル／カナダドルが1.60を超えた」と書いてありました。正直、
ヒヤッとしました。「相場操縦などと言われたら困るな」と思ったわ
けです。それ以来、ドル／円以外はほどほどにすることとしました。

　話を戻します。以上は、株や商品価格と為替の関係を高所から見た
ような話ですが、実際の相場では注目を集める株価や商品価格の日々
の動きをよく見ておくことが大切になります。一方で注目されていな
いときは、いつでも見れるようにしておく程度で無視してもよいと思
います。

　例えば「米国の金利の上昇を懸念して、米株が落ちる」とか、「中
国が金融市場中心の世の中に警鐘を鳴らす」「中国が不動産バブルを
潰しにきたから株が下落する」など、株の下げは（上げにしても）、
市場が注目しているロジックに左右されます。

　ドル／円で言えば、最初の例では、米金利の上昇にフォーカスが
当てられれば「上げ」でしょうし、金利上昇に株の下げ（リスクオ
フ）が強ければ「下げ」ということもあります。相場は勝手ですの
で、そのときのトーン（＝マーケットをリードしているロジックと
値動きの感じ）をよく見極める必要があります。始終相場に貼り付

いていることのできる方には特に重要です。株や商品の動きがマーケットの主役に急になるとき（＝初動）は、実際に見ている方には圧倒的に有利に働きます。

　なお、商品相場については金や銅の価格以外にもCRB指数やバルチック海運指数などもあります。それらに市場が注目し出せば為替相場を動かしますので、必要に応じてチェックすることをお勧めします。定期的にチェックするというよりは、市場が注目し出したことに早く気づき、そのときにチェックリストに入れる感じで十分です。

①トレンドのマグニチュードを知る

　方向性のないだらだらとしたレンジを続ける相場もあります。そういうことが実は意外に長いのですが、トレンドが出だしたら、そのトレンドの強さ・大きさ（マグニチュード）の中で、マーケットを動かしているロジックの整理とともに「そのトレンドが今、どれくらいの位置にいるのか（初期か、中期か、成熟期か）」を考えることは非常に大事です。

　ここで言うトレンドとは、直近1週間前後の最大のイベント（例えば米国の雇用統計や大統領選、FRB議長の議会証言等）に向かって何を織り込んで動いていくかといった短期的なものから、金利差の方向性が出ているときや、経常収支が注目材料になった数カ月にわたる中・長期のトレンドまですべてを想定しています。新たな材料が出た場合は、それも加味してシナリオを修正していくことが大切です。

　先に紹介しました「トランプラリー」を例にお話しします。

　当時、2016年の大統領選挙前はヒラリー・クリントンの勝利を前提に、市場の大統領選への注目度はさほど大きくなく、年初の1ドル=120円台から下げ続け、1ドル=100円へのトライを何度か試して行き詰まっている状況にありました（100円割れ期待のドルショートが積み上がっていました）。他にも、米国の利上げ思惑も高まる中で堅調となった"105円"だったわけです。まだ市場のセンチメントとしては、大統領選に関係なく、ドルショートがくすぶっていた状態です。

　日本時間の11月9日、トランプが勝利しましたが、「アメリカファーストを標榜（ひょうぼう）するトランプは、その言論から米国および世界を混乱させ、日本にも貿易問題でプレッシャーをかけて円高に向かわせる可能性がある」といった判断のもと、相場は101円台に下げます。し

かし、値動き的にはすぐにたくります（下げた分をすぐ戻します）。ドルショートの市場参加者には最後の逃げ場的な動きでした（後ほど紹介する「こっつん」気味でした）。

　そして、102円台か、103円台でトランプの勝利演説になります。他の参加者がその演説をどう受け取ったかはわかりませんが、私としてはまともな人を装ったトランプのその演説は、"混乱を期待した"ドルショート筋の損切りを誘うには十分だと思いました。結局、ドルは上がり出します。

　すると、市場とは勝手なもので、トランプの政策の良い部分である"減税"や"財政政策"に注目し始め、安倍首相が電撃訪問した日には109円台に突入しました。ここが、日本へのプレッシャーはないと思ったショート筋の最後の損切りのステージでした。

　その後は、皆がドルロングを積み上げていくわかりやすいステージで、12月15日には118円台となっています。わずか1カ月と1週間程度で、この上げ相場は仕上がりました。

　ここで強調したいことは、中長期のトレンドもある一方、1日、1週間等といった短期にも十分大きなトレンドが生じることがあるということです。

　ドル／円については、トランプの大統領当選日の101円台からこの118円台の上限を、その後の5年間では抜けませんでした。そういう意味では、トランプ大統領の時代はさして動いていないという現実がわかります。118円台を付けた後は、選挙演説の私の印象とは違い、選挙前に予想されたトランプ節も出だして中国に圧力をかける中でドルもしぼみました。コロナ禍で乱高下しても値幅は10円強。大統領選のときに付けた値幅の内側です。コロナ禍による世界的な金融緩和で下げた後から一転、2022年になり長らく続いた100〜120円の内側から上に抜けて行きました。FRBが利上げを開始し、一方で日本

は緩和を維持していたこと、そしてロシア・ウクライナ戦争が始まったこと等が主因です。こうなると上抜けたことでドルのショートをしていた参加者の分が悪くなります。次にポジションの偏りの探り方を考察します。

②ポジションの偏り具合を見る

　トレンドのマグニチュードを考えるうえでは、そのトレンドが付き出したときの市場のポジションの傾きや積み上がり具合の見極めが大事です。先述したトランプラリーの例のように、先に円ロング（ドルショート）が溜まっていたようなケースでは、まずは損切りやポジションの手仕舞いが市場の動きを加速させます。やがて市場の見る目も変わり、ドルの上昇を市場が期待して逆のポジションが積み上がっていくわけです。期待しているほうの材料が出ても、絶好の利食い場になって反対に動くこともよくあります。相場の解説では「織り込み済み」と言われるケースがこれに当たります。

　相場の成熟度を知るうえでも重要になるのは、市場のポジションの偏り具合です。公表されているもので世界中が注目しているのはCFTC（全米先物取引委員会）が発表していて、シカゴIMMに上場されている「通貨の先物商品の顧客残高」です。各通貨で発表されます。これが世界の為替マーケットの象徴的な縮図と見なされているわけです。私がこの世界に入った1980年代の半ばごろから一部で注目されていました。

　ただ、当時はインターネットがない時代だったので、文字通り、シカゴ系の銀行から電話で情報をもらっていました。毎週金曜日の米国東部時間の午後3時半に公表されますが、その数字自体はその週の火曜日の各取引所のクロージング時間のポジションを表したものです［この統計はCFTCのホームページで見ることができますが、毎週

土曜日の朝の市況関連のニュースやレポートに載っていることも多く、FX証拠金業者等が見やすく加工したグラフや表で公表している（＊）ので、おおよそはどなたでも見ることができます］。

特に注目されているのは投機筋と言われる「Non-commercial」のロングとショートのポジションとそのネットポジションの偏りです。一般的に次のことが言えると思います。

◎ポジションの偏っていく方向が目ざとい投機筋の動きを表しているのでそちらにトレンドがあると言える

例：シカゴ筋のポジションがユーロ・ショートからユーロ・ロングに変わり出した
　　⇒ユーロ高の始まり（初期）かもしれない。彼らのロジックは何か。

◎ポジションが偏り過ぎている場合は、ポジション調整（反対の動き）が起こる可能性が高まっていると言える

例：シカゴ筋のユーロ・ロングもかなり積み上がった
　　⇒ユーロ高は良いところ（成熟期や天井圏）まで来たかもしれない。何が起これば ユーロは反落していくかのロジック準備。
　　注）トレンドが強ければポジションが溜まってもトレンドがそのまま続くことも多いので、ポジションの偏りだけを根拠にポジションは取らないほうがよい（この例ではユーロショートはしないほうがよい）。要は、他のロジックとの兼ね合い。

ただ、注意しないといけないこともあります。この公表されているポジションはCFTCで通貨先物を取引している参加者のみのデータで、世界中の実需や機関投資家、銀行、個人（FX証拠金業者経由）等が必ずしも米国の先物で取引しているわけではないという点です。もち

＊：「シカゴ　IMM　通貨先物　ポジション　投機筋」などのワードを入れて検索すると、該当するものがたくさん出てきます。

ろん、先物で取引していない場合でも、そうでない取引の尻が回り回って先物に影響している可能性はあります。

2020年5月上旬に1.08ドル台だったのユーロ／ドルは、7月上旬には1.19ドル台に上昇しました。2カ月で約10%の上昇です。シカゴIMM筋のユーロロングも史上最大レベルに上がります。

その後、ユーロは1.16台程度までしか下がりません。次に1.20ドルを超えるころにはロングポジションは減っていたぐらいでした。ロングが積み上がっているので、ユーロの下げを見ていた参加者にとっては肩すかしを食らった感じになります。

ここからは、私の推測です。2019年やコロナ前の2020年の最初の四半期にはいわゆるユーロ・キャリーがはやりました。マイナス金利政策を取るECB（欧州中央銀行）に乗り、ユーロを借りてドルを買ってホールドしておくものです。ユーロ安トレンドでもあったので、金利差と為替益をダブルで享受するという取引が、欧州の企業はじめ、相当な量行われていたと思います。これは為替市場やFX証拠金取引でユーロ売り・ドル買いをすることで同じような効果が得られます。

ただ、欧州企業が日本でいう「財テク」のような感じでユーロ・キャリー取引をしていた場合、シカゴIMM筋のポジションに影響を与える可能性はあまり高くなかったと思われます。コロナ相場でFRBもゼロ金利政策を打ち出したことで、ユーロが対ドルで上昇し出すとダブルで享受するものがなくなったため、あえなく損切りをした欧州等の企業等が相当数あったと考えています。

他に市場のポジションを推測できる情報としては、一部の日本のFX業者や欧米の銀行や投資銀行が顧客ポジションの動きを加工のうえ発表しているようなものです。

ここでは日本のFX業者のケースを取り上げます。毎日公表されてい

ますので便利な情報ではありますが、こちらは世界の縮図ではなく、日本の市場の縮図程度であるという点には注意が必要です。日本の投資家の場合、長く続く低金利も影響して、金利に飢えているようで、低金利通貨売り、高金利通貨買いが好きな傾向が見られるからです。

　一般的に、数万ドルから百万ドルぐらいの投資家が多いと思われますが、中にはレバレッジを利かせて20百万ドルや50百万ドル、あるいはそれ以上でポジションを取っている参加者もいます。そういう人が登場すると、加工されたポジションに与える影響が大きくなります。継続的に観察してから判断することが肝要と思います。

　私は、実需筋（輸出筋、輸入筋）の動き、資本筋の動きなどにもこまめに目を通す必要があると思います。特に、資本筋のなかでも日本のGPIF（Government Pension Investment Fundの略。日本の年金積立金管理運用独立行政法人）の外株や、外債のアロケーションを動かすものは相場に影響します。

　また、かなり長期の話になりますが、各国の中央銀行の外貨準備を眺めることは重要です。

　最後に、これを言うと皆さんを混乱させるかもしれませんが、ポジションの偏りは客観情報を取り入れながらも皆さんが自分で（一人称で）考えましょう。それは値動きや市場参加者のトーン（市況レポートやストラテジストのコメント）からの推測です。

　またトレンドの強さにもよります。いくらポジションが偏っていてもまだトレンドの方向に進み続けることがあります。ひとつのポイントは「さらにトレンド方向に相場が進むならば、まだ損切りしないといけない参加者がいるか」という視点です。この点は本章の第3節「値動きが発するロジックについて」で説明します。

　ここまで、コアとなる5つの要因についての話を紹介しましたが、以下、3つの項目で補足します。

①外貨準備

　世界の中央銀行が保有する外貨準備はIMFの統計で見ることができます（ただし、各国の通貨別の内訳は公表されません。少なくとも日本はしていません）。中央銀行が外貨準備通貨の構成を変更していくときには、市場の各通貨の需給に影響するため、注目する必要があります。ただ、タイムリーにその変化を掴むのはなかなか難しいです。

　次ページ下段にあるのが、2016年末と2019年末と2022年末の変化を3年ごとに比較した表です。22年末は約12兆ドルあります。表の最下段の二段を見ていただくとわかるように、この期間に通貨別の内訳の開示（IMFへの報告）は正確度を増しています。

　以下に簡単な私の洞察結果を述べてみます。ここでは観測時期を単純化しているので、皆さんもご自分で変化の経過をご覧になることをお勧めします。日本経済新聞などをきちんと読んでいれば、外貨準備の構成に大きな変化や新たな傾向が見られるようになったときは、それらが発表になった段階で大体解説記事に出ているので気づけます。

・米ドルが60％前後強、ユーロが20％、円と英ポンドが各約5％、資源通貨の豪（オーストラリア）ドル、カナダドルが約2％。主軸通貨とされる米ドルの比率が高いが減少している。2022年は、日銀がドル売り介入をしているのも原因。これらは単純にGDPの大きさを反映してはいない。

・中国元を保有する中銀が出始めた（2016年の第4四半期初登場）。中国がその経済力や経済支配圏を拡大してきていることからすれば当然と

言える。実際の数字である約2％の実数は巨大だが、ここ10～20年の中国の経済拡大からすると、さほどではない。中銀たちは「中国が元の国際化を目指している」ことに確信を持ち切れていないからではないかと考える。通貨を国際化しないということは、何かあった場合にその通貨を恣意的に動かされてしまうリスクを意味する。それでも中国元のシェアは拡大しそうなので、どの通貨が断捨離されるかは興味深いところ。

・円は、この期間ずっと量的緩和やゼロ金利下だが、外貨準備金としてのシェアはさほど減少していない。ただし2022年には減少。中銀としては、経済規模からしたら世界第3位の円をそんなに減らせない。あるいは物価の低位安定を好んでいたのかもしれない。

◆世界の外貨準備の通貨別構成比率（％）　※金やSDR等を除く

（過去6年 3年ごと）

世界の外貨準備合計額（10億ドル）	10,720.5	11,822.3	11,914.3
外貨準備の構成比率(%)通貨	2016年末	2019年末	2022年末
米ドル	65.36	60.75	58.36
ユーロ	19.14	20.59	20.47
中国元	1.08	1.94	2.69
日本円	3.95	5.87	5.51
英ポンド	4.35	4.64	4.95
オーストラリアドル	1.69	1.70	1.96
カナダドル	1.94	1.86	2.38
スイスフラン	0.16	0.15	0.23
その他	2.33	2.51	3.47
通貨の内訳がわかる部分(%)	78.52	93.65	92.65
通貨の内訳がわからない部分(%)	21.48	6.35	7.35

・2016年のBREXIT決定で英ポンドは下落しているはずだが、それほど減っていない。むしろ増えている。旧植民地であるインド、オーストラリア、シンガポール、南ア等が一定額を持ったままにしているのではないか。

・中央銀行や国の後ろ盾のない暗号通貨がここに出てくる可能はあるか。少なくとも法定通貨というカテゴリにないのでこの統計には出てこない。

②経済指標や要人発言について

どちらも為替市場を急激に動かす可能性がありますが、これらも市場のトレンドの成熟度と、ポジションの偏りへの日ごろの洞察が大事になります。そのうえで市場の注目度との兼ね合いとなります。

市場参加者が期待していたような経済指標や発言であっても、ポジション次第で急激に利食いやポジション調整に見舞われることもあれば、期待通りで安心してトレンドを継続していけると考えられてトレンドが加速することもあります。

また、指標や発言後の他の市場（債券等の金利関係、株式市場や商品市場）の反応も同時に洞察することも大事です。

チャートも欠かせません。指標や発言でテクニカル的に大事なところをブレイクした（上に抜けた、下に抜けた）、あるいはテクニカル的に大事なところで跳ね返された（上げ止まった、下げ止まった＝具体的には移動平均線、過去の高値・安値レベル等）なども重要です。

このように、いろいろなことを言うと混乱するかもしれませんが、私が一番大事だと思うことは、やはりその指標や発言後の値動きを見ながら、翌日の新聞やテレビで「（指標や発言が）これこれだから為替市場はこれこれだった」という解説内容（＝その相場の結末）を思い浮かべてトレードすることです。

注目される経済指標には流行があります。私に言わせれば「マーケットをリードするロジック」のセンターになる、方向性を決定する可能性が高いと見られるものです。

　例えば、1980年代の前半の米国のインフレが注目されていたときは、消費者物価指数（CPI　Consumer Price Index）に加えて（注：当月比だけでなく、前月比も考慮する）、米国の各種マネーサプライで一喜一憂していました。今はマネーサプライという切り口ではあまり注目されていません。1985年以降は物価指標への注目は冷め、米国の貿易収支（赤字幅）が一挙に相場を揺さぶりましたが、それについても最近はほとんど市場の関心が見られません。

　なお、実際にどの指標が注目されて、どういう予測値になるかというのは、口座を開いていなくとも証券会社やFX証拠金業者のウェブページで見ることができます。その先1週間程度の予定表は必ず出ています。その多くには注目度の表示があると思うのでこれをチェックすることが肝要です。その際、どれか1社に決めておけばよいです。たくさん見る必要はありません。

　また、130ページの「経済を見る・マーケットを見るベースを作る」で述べているように、市況のレポート（何がきっかけで相場が動いたか）は謙虚に読んでおくことが大事です。そこには「○○（指標や発言）を控えて動きにくい」「○○（指標や発言）で〜のトレンドを確かめたい」「翌日の○○（指標や発言）に向けてドルが買われた（売られた）」と書いてあることが多々あります。市場の注目や期待のトーンを感じることができます。

　個別の指標については巻末付録2の「主要経済指標とその見方」にまとめてあります。必要に応じてご覧ください。

③地政学リスク

　為替相場を動かす要因として、戦争などの地域紛争やテロ・政治の不安定さが取り沙汰されることがあります。確かにそういう面はあると思うのですが、まずはそういうことが突発的に起きたときや市場が警戒し出したときは以下のように考えています。

◎「市場はUncertainty（不確実性）を嫌う」ことを念頭に置く

　一概に有事のドル買いとは言えないと思います。2001年の同時多発テロ（詳しくは「第4章　エピソード5．2001.9.11同時多発テロ」参照）のときは、さすがに米国本土が攻撃されたのでドルが売られました。

　ここで言う不確実性を嫌うとは、あえて言うと「ポジションを傾けていたくない」という意味なので、マーケットのポジションが傾いていれば、ロングにせよショートにせよ、その逆（手仕舞い）の方向に向かう可能性が高いと言えます。

◎紛争や政治の不安定さが本当に2国間の為替に影響を与えるかを考える

　特に、一次的な反応と、しばらく時間が経ってからの反応を考えます。具体的には経済的にどういう影響があるかを考えます。意外にも正面の解釈ほど影響がなく、後日になって違う解釈ができることが多いです。

　例えば、2022年のロシアのウクライナ侵攻では、一時的な反応として、ポーランドを挟んでウクライナとドイツがあり、ドイツが戦地に近いことや、ユーロ圏がロシアからの天然ガス等のエネルギー資源を断たれるかもしれないとの思惑もあって、ユーロがまず売られました。

　原油価格やウクライナでシェアの大きい穀物が急騰するなか、資源通貨である豪ドルやカナダドルが選好されました（買われました）。

　時間が経つと、エネルギー価格の上昇によるインフレでECB（欧

州中央銀行）が引き締めを強め、ユーロが巻き返します。

　また地震のケースでは、まず被災国の通貨が売られますが、しばらくすると「（国全体からすれば）大したことはない」とか、「復興需要が景気を加速する」など、見方やロジックが変わっていくことも多いので注意が必要です。

◎一番大事なのは市場の織り込み状況とポジションの偏り状況

　目の前で見ているのであれば、こういう判断は2〜3分で行います。攻撃や反撃、あるいは戦争の開始を市場が織り込んでいれば利食い場、サプライズで市場に偏っていたポジションと逆に動き出せば損切り方向に相場が加速していくことがよくあります。短期的には、それが市場の解釈ということになります。

　1990年の秋にイラクのクウェート侵攻がありました。これは、中東内の動きで、為替にはあまり関係なく、そのときのトレンドであるドル安の中で、ドル／円は150円近辺から下げていきました。その後、130円手前で下げ止まると同時に、アメリカをはじめとする多国籍軍によるイラク攻撃の可能性が取り沙汰され出すと、「有事のドル買い」的な動きでジクジクと135〜136円台へと戻します。しかし、1991年の1月に多国籍軍の攻撃が始まった途端、強烈なポジション調整（利食いや損切り）のドル売りになり、その結果、127円台ぐらいまで落ちていった記憶があります。材料出尽くしといえばそれまでですが、そのときは特にドル／円だけ下げました。「有事の円買い」のようなことを感じた最初の出来事でした。

◎より強い別のトレンドがあるか

　ポジションの偏りと同じく、ロシアのウクライナ侵攻では、結果として、原油価格等が高騰し、インフレが進行。まさにFRBのTightening（利上げ）の開始と平行したドル買いの強いトレンドにありましたか

ら、この侵攻は既存のトレンドの背中を押す形になりました。

　ここで言及することではないかもしれませんが、いずれにしても地政学リスクが表面化し出したとき、自分のポジションと違う方向に進んだ場合は、上で述べた二次的な反応（将来の反応）は横に置いておいて、まずは早めの撤退（損切りや手仕舞い）が肝要です。

～第３節～
値動きが発するロジックについて

　第２節が基礎的なことについての私の捉え方とすると、本節が本書の真骨頂に当たるところです。第２節のロジックが「頭でっかち」系とすると、この節はマーケットの値動きが発するメッセージ的なことをロジック仕立てにしたものです。

１：損切りが相場の原動力

　「損切り」が相場を動かす原動力になる。この話を聞いてピンとこない人はまだ素人と言えます。

　相場が大きく動くときは必ず"これ"です。サプライズで想定外の材料が出て大きな動きが起こることは誰でもわかると思いますが、そうでなくとも、ポジションが偏り過ぎて破裂するときに大きな動きが起こることも多いです。そして気がつくと「マーケットをリードするロジック」が変わっていたり、逆になっていることも少なくありません。

　特に今は、アルゴリズム取引やAIを利用した自動取引のほか、（証拠金取引で）レバレッジを掛けている参加者も多いなど、あるレベルで自動損切りが一斉に誘発されることがあります。加えて、経済指標や政治・経済要人のコメントをAIが汲み取って表示するようになった結果、それが今までと逆向きの情報を汲み取ったときなどには、それまでとは逆の方向に、皆が瞬間的に振れやすくなっていることなど

も挙げられます。

結局のところ、一方向への変動が大きくなればなるほど、「損切り」の連鎖反応が起きて、容赦ない動きとなりやすいのです。

代表的な例としては、BREXITの投票で英国のEU離脱が決まったときのポンドの暴落が挙げられます。

2020年の3月24日、コロナ相場でFRBが無制限の量的緩和を発表した例がありました。このときは「低格付けの社債やローンも購入する」と発表したことで信用不安のリスクが一挙になくなったため、ドルを慌てて調達する必要もなくなったことから、ドルは急落しました。

EU離脱も、FRBの無制限量的緩和も、大規模損切りが動きを大きくしたわけです。

しかし、私はこの例のような極めてサプライズな材料のときのことだけを指しているわけではありません。

円キャリートレード（＊）といって「円を借りて他の高金利通貨等を買う取引」があります。為替で円売りして、その通貨を買うと同じような効果になります（詳しくは第3章の「サンプルスタディ2」で説明します）。

....

＊：為替の世界では、キャリートレード（キャリー取引）には、「広義」と「狭義」があると考えています。ただポジションを持ち越す（Carryする）ことを指すのが広義です。一方、円キャリーやユーロキャリーと言われるような「金利の安いほうの通貨を売って（理論的には借りて）、金利の高いほうの通貨を買う（理論的には運用する、預金する等）」ことを指すほうが狭義です。金利差を取るには一晩ずつポジションを寝かせて（次の日へと保持して）、年率1/365ずつ享受していかないといけません。狭義のほうでは持ち続けないと意味がないわけです。結果として、ポジションが累積して、将来の損切り用のマグマが溜まるわけです。なお、ここで金利差と言っているのは実際のFXトレーディングではSwap Pointと言われているものとほぼ同じことを意味します。

こういう相場では、トレンドを伴って最初は勢いもありますが、徐々にその勢いは衰えます。例えば、ドルが強いにしてもジクジクした相場になります。

　ところが、これが崩れるときの期間は大体数日か、長くても数週間です。上げた分を一挙に元に戻す（吐き出す）ケースが多いのです。

　そのきっかけとしては、株の下落等のリスクオフや、買われていた通貨の金利の頭打ち観測等が挙げられます。いずれにしても、単純に積み上がった相場の手仕舞い（多くの場合は損切り）が相場の動きの主役となるわけです。

　最近の例では、2022年のドル／円の上昇［年初の115円から152円（10月21日）近くまで上昇］が挙げられます。政府・日銀のドル売り介入等もありました。米国のインフレの頭打ちや日銀の大規模緩和の修正（10年物国債利回りの許容変動幅の上限を0.25％程度から0.5％程度に上げた）もあり、年末には132円台まであれよあれよと急落を繰り返しました。私に言わせれば、市場が好んでドルを売りにいったというよりも、ドル／円のドルロングの損切りの連続が主因だったのです。

　ヘッジファンド（＊）、特にグローバルマクロ型（株や債券、為替、コモディティなど、何であれ、動きが予想されるもので利益を求める）が為替でも大きな動きの原因として批判されます。でも、彼らは「市場の弱いほう（見落とされていたもの、ポジションの偏り等）＝市場の誤り」を見つけて、損切りの誘発を狙ってポジションを作っ

＊：為替の世界では、ヘッジファンドというと主に株や金利、為替や商品等、自由に機を見て操るグローバルマクロファンドを指すと思いますが、実は、世の中にはさまざまな戦略のヘッジファンドがあります。株式ロングショート、CBアービトラージュなどいろいろあります。興味があれば、調べてみることをお薦めします。

ているに過ぎません。あるいは、彼ら自身が大規模損切りをしている可能性もあります。

　同じように、アルゴリズム取引もよく批判の対象になります。これは、プログラムを使った売買で初期のAIのようなものです。「AI（人工知能）を使った」と言うと、途端に悪者の語感がなくなるのは不思議な感じがします。

　相場は、「損切りがまだ出るか」という見方も大切ですが、平常時では、それも程度の問題と言えます。普通の相場では、例えば上げ相場で「まだショート筋（売り方）の損切りが出る」と考え、図に乗って上値を買っていったとします。このとき、一度大きな買い方の利食いとかが入り下がり出すと、形勢逆転で上を買った向きのほう（買い方）が損切りしないといけない、というようなことは始終起きます。相場のマグニチュードとの関わりで考えることが大切なのです。

　少し乱暴ですが、ドル／円が1985年の240円台から1995年の80円割れまで進んだ過程は、経済状況が変化していくことに気づききれずにドルロングを持ち続けた企業が、五月雨式に損切りを続けた結果として起こったと思う次第です。

　為替には、その日、その時期のスターカレンシー（旬な通貨）があります。最も注目を浴び、為替市場で話題になり、市場を動かしている通貨です。これは選好して買われる通貨のときもあれば、売られる通貨のときもあります。

　例えば、以下などが、比較的トレンドが明確になります。

◎ユーロ圏経済が滅茶苦茶でユーロが売り叩かれているとき
◎ドル資金が不足し、調達が困難であることが取り沙汰されて、やたらに米ドルが全面的に強くなるとき
◎円だけ量的緩和を続けていて、円だけが売られるとき

　これらは、まさに「相場をリードするロジック」が明快なケースです。

　スターカレンシーをしっかり見定める狙いは主に2つあります。

　ひとつは、わかりやすい"スターカレンシーのトレンド"についていくことです。英語では「Get on the horse」などと言います。まさに「勝ち馬につけ」ということです。

　ただし、注意したいこともあります。例えば、「昨日はユーロがとても強くなりました」と、翌日のテレビの解説でアナウンサーが喋る姿が浮かんだとします。ここで「ユーロを買う」という選択肢を選んだとしても、対ドルなのか、対円なのか、対ポンドなのかなど、数ある通貨ペアの中から適当なものを選ばないといけません。ドル安の中でユーロが一番強いならユーロ/ドル、リスクオンで円が相対的に売られるならユーロ/円、英ポンドに弱みがあるならユーロ/ポンドという具合に、相手にどの通貨を選ぶかで結論は異なります。

　もうひとつは、（自分が）主に扱う通貨ペアにどういう影響がある

かを考え、見定めていくことです。

　代表的なものとして、先述の2016年に英国の国民投票で欧州（EU）離脱が予想に大きく反して決まった例があります。このときは、予想に反していたことが最大の理由ですが、加えて、EUとの「人」と「物」の動きがすべて域外国と同じような形で関税も掛かる。これまでEUの金融の中心として半ば容認されてきたロンドンのステータスが劣化してしまう、という思惑も影響したと思われます。

　その結果、世界中の英ポンドロングの損切りが一挙に出ます。それは対ドル、対ユーロ、対円等で出ました。結果を受けた週明け6月24日にポンド／ドルは1ポンド＝1.50近辺からその日のうちに1ポンド＝1.32台へと11%強下落しました。ポンド／円も157円台から133円台まで下がりました。

　ひとつの考え方として、「英ポンド／米ドル」でポンドが下がり、米ドルが買われるわけですから、ドルが他の通貨に対しても強くなる可能性がありましたが、実際には少なくとも最初のリアクションではそうはならず、英ポンドの取引対象となるような通貨はほぼすべてが強くなりました。特に、円は有事（リスクオフ）として急激に買われました。ドル／円は1ドル＝106円台から98円台に一時的に下落しました。

　ひとつ目の狙い（＝スターカレンシーについていく）でいくならば、国民投票の日から数日は、どんなに出遅れてもポンドを売れば良かったのです。英ポンドが下がれば下がるほど世界中で損切りが誘発される可能性が高いからです。

　2つ目の狙い（＝影響を考える）でいくならば、仮にあなたがドル／円を主に扱うとして、英国の欧州離脱（BREXIT）が円に与える影響を考えることです。リスクオフの円買いやポンド／円の損切りが出

たことはひとつの正解ですが、ドル/円も下がり出したら世界中で損切りが横行して先の「損切りが相場の原動力」となったわけです。また、こういうときに「英国や欧州の混乱で日本への影響は軽微」と感じたら、様子見をしながらも割安になったドル/円でドルを買うという手もあるかと思います。

　もちろん、そこに対する後講釈はいくらでもできますが、相場は待ってはくれません。スターカレンシーの動きがその他の通貨に与える影響、要はスターカレンシー側の動きなのか、反対側の動きなのか、実は関係ないかは常に念頭に置く必要があります。

3：「こっつん」（天底）の発見と「Volcano」（青天井と底抜け）

　これからお話しするのは、相場の「天井と底」の話と「天井を突き抜る（青天井になる）とき」や、「底を抜けて相場がさらに次のステージに進むとき」の話です。

　昔はトレーダーの間の格言みたいなものとして「安値売りと高値買いはディーラー（今で言うトレーダー）の勲章」ということがよく言われました。例えば、ドル/円で、そのときのドルの新安値（＝ドルのそのときの底値）をドル売りしたトレーダーは、新安値や新高値に向かうチャレンジャー精神や開拓精神があるという意味と、そういうチャレンジ精神があれば、仮にそこから反発するにしても、感触の悪さから反転買いにも転じやすいという意味のふたつを含んでいると思います。

　この説明の前半の開拓精神とは「安値を売った（あるいは高値を買った）」どころか、そのトレードしたレベルが「安値どころか、底抜けてしまう（高値どころか、上抜けて相場が青天井に入っていく）」という話です。正に勲章に値するポジション構築につながるということを語っていると思います。

　為替では「1ドル＝100円がドルの大底だった」は「1ドル＝100円が円の大天井だった」と同じことを言っています。少しわかりにくいので、ここではドル/円を例にドルを主語に進めます。「ドルの高値やドルの天井（逆はドルの安値やドルの底）」＝「円の安値や円の底値（逆は円の高値や円の天井）」です。

　「ドルの天井」と「ドルが青天井に入る」をイメージ的に説明します。火山の噴火を思い浮かべてください。火山は空に向かって噴き上げます。しかしどこかで地下のマグマが噴き終わるとピークを迎え、噴き上げも沈静化していきます。このピークが「天井」のイメージです。相場で言うとトレンドの成熟期のピークです。

一方「青天井に入る」はまだ噴き出していない地下のマグマが地上に噴き出し始めた「噴火の始まり」というイメージです。トレンドとしては、次のステージ（この例では上げ）への始まりとなります（後述）。

◎こっつん（高値、安値の暗示・出現）

　私がここで言いたい「こっつん」は、底値圏で売った人にはすぐわかる、底値をたたいたときの擬似音から取っています。底値ですから「売った値段（レート）より下で買い戻せないのではないか」と感じるケースです。「ずぼっ」という人もいました。これは売ったら買いに強く吸収され、全然下がらず反転していく感触で、「こっつん」とほぼ同意です。少なくとも、しばらく売り向かってはいけないことがはっきりします。

　チャートに頼らなくとも安値を売ったり、高値を買ったときの感触の悪さを値動きから感じとれるかが、ひとつのセンスです。底や天井を見たと判断して、さらに行動に移れるかが大事なわけです。自分で売ってみないとなかなかわからないですが、「仮に底値になったところを売った目」で相場を見ることが大切です。売ったところより下が買えない感じを強く擬似的に体験することでよいかと思います。

　今は1分足や5分足のチャートもあるので、寝ている間に底をつけたときの値動きを、観察してみるのもよいかもしれません。

　底を感じたときの感触は、売り手の手仕舞いにとっても、買い出動にとっても、とても大切なものです。その底が次の大きな上げの起点となる可能性もあるからです。今は底のほうの話をしていますが、先述したように、為替では「ドルの大底」＝「円の大天井」なわけですから、天井の場合の「こっつん」にも同じようなことが言えます。

　チャートの好きな方にとっては、下値や底打ちを暗示する「たくり

線」とか「包み足」（後述）が出てからという感じになります。これらは「こっつん」がチャートになって現れたものです。このとき、仮に30分足でその形が確定するのを待っていると、行動に移すまでに30分掛かってしまいますが、自分で「こっつん」を感じ取ることができれば、チャート（たくり線や包み足など）の完成を待つことなく、1歩も2歩も早く動けます。

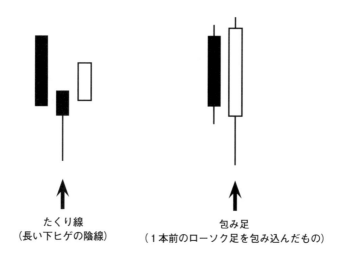

たくり線
（長い下ヒゲの陰線）

包み足
（1本前のローソク足を包み込んだもの）

チャートがお好きな方にとっては、1分足や5分足で長めの陽線が続くことがまずひとつの兆しになると思います。あえて値動きを表現すると、上昇（底値の暗示）では、売り方が買い戻す間もなく、値が上に飛んでるイメージです［この説明をしている時点で、私はあまり短い足のチャートは見ておらず、値動き（レートそのもの）を見てる感じが強いです］。

ただ、1分足や5分足のチャートの陽線続きだけで判断すると、まだ売り遅れている参加者が戻りで大口の売りを浴びせてきた結果、また下げてしまうようなケースに巻き込まれてしまうことも考えられます。したがって、反発してから下げてくる過程で押し目をあまり与え

ずに逃げるように上がってしまう値動き（簡単に押し目ができるようだと、そこで支えきれずにすぐに下がってしまう可能性がある）であるかを判断することになると思います。

　底値で「こっつん」が出たら、売り持ちであればポジションを縮める必要があると思います。わざわざ損切りレベルやミニマムプロフィットレベル（含み益のポジションを守るため、利益がなくならない、あるいはゼロになる近辺に守りのために置く損切りオーダー）まで待たなくても対応できるわけです。

　ここで強調したいのは、「"こっつん"は短期・中期でひと相場の終わりの可能性が高い」という認識や感覚です。次の反対方向への相場の始まりであることもままあります。チャートの知識がある方に向けては「たくり底」＝「たくり線」や「包み足」とかの底入れのサインを待つまでもなく、値動きを見て先に動こうということになります。もちろん、下げ相場で「今日の下げはこのあたりまで」と、いったん利食いや買い持ちの損切りが一巡していわゆる調整としての戻りに入るようなケースもあります。実はこれが多いわけです。

　ここまで、チャートのバイアスが高い説明をしましたが、私自身は「チャートやテクニカルだけでは……」と思っています。例えば、下底に向かう場合であれば、そこに至るまでの「マーケットをリードするロジック」と、その成熟度（底の場合は売り方のポジションの積み上がり具合のあなたの推測、下げでの実需・資本筋の損切りの出具合、値幅や日柄等々）、実際の値動きとチャートなどのテクニカル（ローソク足の並び方、水平線・下降のチャネル、移動平均線、ボリンジャーバンドやRSI等々）の総合力で決まると思います。

　また、「底を打ったかな」と思うときは、「買い方の損切りはあらかた出きった。さらに上がり出せば、底値圏を売った売り方の損切り

やコストの良い売り方も手仕舞い（利確）に動いてきて上げが加速するであろう」という、"次"を読む感触が大事になるわけです。

　なお、底入れ（および天井形成）の暗示にスピード感があり、正に音がするようなケースをここでは説明しましたが、時間の掛かるケースもあります。典型的には下げてきた後、長い時間（ローソク足の数が多い）同じようなレベルでもみ合いを続けた後で、上に戻り始めるケースがあることも書いておきます。私の整理ではこれは「こっつん」とは呼びません。状況説明の用語としては「底固め」で、チャートのお好きな方への説明としては、鍋底（Saucer BottomやRounding Bottom）の出現ということになります（第3章第2節　227ページ参照）

◎Volcano（青天井・底抜け）

　Volcanoは一般的には火山の意味ですが、一触即発や爆発寸前の状態・状況や憤激を指すこともあります。私は、相場のトレンドが次のステージに大きく進んで青天井（底抜け）に入ることを、マグマが地上に噴き出すイメージから使っています。それまでの相場はマグマが地上に噴き出す前、つまり噴火口に向けて火道を進んできたところであり、そこにエネルギーが溜まって一挙に噴火するわけです。私の別の表現である「Super Highway（後述）」に入るところ・入ったところとオーバーラップします。

　Volcanoと言うと、どうしても噴き上がる印象がありますが、「ドルの青天井入り＝円の底抜け」であることは、しつこいですが、ご認識ください。ここではドルの決定的上抜け（青天井入り）を念頭に説明します。

　値動きは、それまでの高値とか、久しぶりの高値を抜けていくわけです。手前で時間を掛けてから上抜けるケースもありますが、多くのケースでは、売り方（手仕舞いたい人）や買いたい人が少しでも良いところで買おうとした結果、（買値が上がって）下値で買えなくな

り、売り方が降参して上値を買ってくる（この場合、ドル売りポジションを損切る・手仕舞う）ことで加速して上放れしていきます。降参する人が増えて、五月雨式に大規模損切りにつながっていくケースです。私としてはこういうときはチャートがどうこうとか、相場のレベル感とか（「上値が重いとか思われるレベル」とか）ではなく、ロジックで推し進めます。本章の第1節で紹介したロジックの中で、どれが「マーケットをリードしていくか」の視点です。

　加えて、損切りが出てきそうかも考えます。頭でわかっていてもなかなか損切りに動けない参加者がいるかです。ここで言う損切りとはFX証拠金取引をしているような人だけを想起しているわけではありません。大口の資本筋等が損切りを含むドル買いに出ると、それが市場に出るわけで、渡された（買われてた）市場は彼らのショートになります。それをカバーするためには、市場で買わなければならないわけです。市場が持たされショートになると表現します。この感じを少し詳しく言うと「皆、持たされたショートを少しでも良い値段（安い値段）で買いたい（買い戻したい）から指し値を入れますが、買えないので買値を上げていく、その横で成り行きで買い出してしまう人たちも出てくるのでますます下が買えないまま相場が上がっていくわけです。さらに超えてはいけないレベルを超えると、新たな損切りが出てくるというスパイラル状態になるわけです。

　最近（2022年）は152円手前までドル高、円安が進みましたが、Volcanoの始まりは120円を超えるところだったと思います（この点は後ほど「サンプルスタディ2」で紹介します）。130円、140円、150円等も切りが良くて、その都度、意識されましたが、噴火が勢いを増していった過程でした。

　なお、こっつんもVolcanoも、本当に大きなトレンド相場でも比較的瞬時に起こることが多いと思います。タイミングを逃すと相場は待ってくれない感じになるわけです。

【1 ドル＝120円を巡る思い出】

　私の相場歴でたびたび分水嶺となったのがこのレベルです。

　1988年の1月の日本の最初の営業日だったような気がします。折からのドル安地合で元々ドルショートを持っていましたが、120円割れを思い、120円40銭あたりを追撃売りしました。

　その後、相場は少しだけ（おそらく10銭ほど）下げましたが、まさに「こっつん」を感じました。以降、ドルは上がり出しました。底値から50銭〜1円くらいのところで下で売った分の損切りを含め持っていたドルショートを買い戻し、ドル買いに転じました（いわゆる「ドテン」）。その日に確か3円か4円くらい上がり、（底値近くで売った分は損しましたが）かなりうまく立ち回れました。後輩に「グリコですね（＝一粒で二度おいしい＝下げでも上げでも儲かったの意味）」と言われた記憶があります。

　また上に120円40銭と書いたレートは正確にはよく覚えていないのですが、どこの銀行のどの人とトレードしたかは鮮明に覚えています。

◆ドル／円＝120円の攻防　1984年〜1995年

1988年の暮れに掛けて再度120円割れへのトライとなりましたので、ここは「夢をもう一度」的な感じでドルを売ってみましたが、ここでも跳ね返されて、ぐちゃぐちゃなトレードとなりました。良い思い出がありません。

　その後、160円台までの戻りを経て４年が過ぎた1992年の暮れあたりから120円割れの動きが再度始まります。米クリントン政権が日米貿易摩擦から円高政策を取ったことが主因と思います。

　また120円を割れたことで新たな損切りも誘発され出したと言えます。1993年２月に120円割れです。正に「底抜け」です。相場はその後、120円台に戻すことなく80円方向に進みます。個人的には４月にはロンドンに赴任する予定だったので、ポジションは軽めでしたが、うまく立ち回れたように思います。

　その後も100円と120円は、私の相場歴でドラマをたくさん作りました。切りが良い数字だからとは思いますが、相場の分かれ目（手前で戻る、突き抜けるの双方）であったと思います。100円を割れれば下

◆レンジだったトランプラリーの後の５年

に行ってしまうし、割れなければ底となって戻るケースが多いというクリアなレベルです。120円を超えたことも何度かありました。

　時間は経ちますが、本書の最初にご紹介したトランプ大統領の時代は100円と120円の間のもみ合い、その後、コロナで乱高下を経た相場が2022年の３月に120円を超えた後、正に青天井入りして152円手前まで上昇していくわけです。この120円超えの過程は、ロジックの組み立ての話とともに「サンプルスタディ２」（215ページ）で説明しています。

4：Super Highway

　私の師匠のF氏の著作の中の「マーケットで勝ち残るために」という章には「相場はトレンド、テクニカル、Super Highway（スーパーハイウエイ）」というものが載っています。

　そこでは「トレンドの域を超えた一方向の過熱相場で」という話を、80年代後半の日本の株式バブルや90年代後半のITバブルを例に説明しています。

　ただ、私の中では、少しニュアンスが違います。そんな大きな相場でなくとも「Super Highway」は始終あると感じているからです。例えば、1〜2週間で5円程度ドル/円が上がるなり、下がるなりするような適度にトレンドがある場合、この5円のうちの2〜3円は割と短期間のうちに動いていることが多いです。正しい方向のポジションを持っていれば「ハラハラすることなく、極めて簡単な相場」となります。これを逃さないようにしたいものです。

　動き出した直後あたりで相場に入ることができると、我慢する必要もなく、比較的平常心で対応できるものです。自分自身と会話しながら「何が起こると反転するか」を謙虚に考えながら、利食い場を探していけます。

　「なぜ、Super Highwayなのか」を説明します。例えば、旅行に行ったりゴルフ場に行くのに80kmの距離を車で移動するとします。このとき、途中の半分強の50kmが「高速」だとします。高速は概してまっすぐなうえスピードが出せるので、通常の交通状態ならば、高速を走っている時間は全体の1/4程度だったりします。残りの3/4の時間は高速に乗るまでと、降りてからの道です。信号待ちをしたり、曲がったりしながらゆっくり進むわけです。

　同じようなイメージで、高速に乗ったらポジションを増やし、出口前にはポジションは縮めて、残りは高みの見物風に冷静に相場を見る

ことができるのが理想のトレードです。なかなかそうはなりません。

　繰り返しになりますが、このSuper Highwayは、損切りを原動力に出現することがほとんどです。もちろん「誰もがドルを買いたい」「円を買いたい」と投資目線で進むこともありますが、圧倒的に損切りが横行するときのほうがスピードや値幅が出ます。

　なお、チャートがお好きな方のために、チャートに則していうと「エリオット波動の3波や5波のスピード感のあるところできちんと稼ごう」という話になります(エリオット分析については3章で説明します)。

　2022年のドル円は、115円〜152円程度の値幅が出ました、100円〜120円程度を行ったりきたりしていた近年のドル/円を見ているとあまり想像できませんが、本当にトレンドがある場合、Super Highwayが何度も現れます。一段落するとまた同じ方向で次のSuper Highwayが出現する、ということを繰り返します。

　Super Highwayの入り口付近で作ったポジションについては、いったん一部を利食いして残しておくと、トレンドが強ければ、その残したポジションがお宝になることもあります。後ほどお話しする1ドル＝240円台で始まったプラザ合意後の10年はそんな感じでした。例えば、1ドル＝130円あたりをやっているときのドル/円のマネジャーポジションは以下のような感じです。

230円台のドルショート　●●百万ドル

210円台のドルショート　●●百万ドル

180円台のドルショート　●●百万ドル

160円台のドルショート　●●百万ドル

130円台のドルショート　●●●百万ドル

Super Highwayをうまく通過し、ときに例えば1億ドル（100百万ドル）を売ったドル/円の半分ほど（あるいは4分の3）を利食いし、四半期の利益を出しつつ、なおもお宝としてキープできたものの集積で、合計のドルショートは常に何億ドルもありました。こういうポジションを24時間体制のチームで守り、作り上げていきました。ドルの戻り局面ではネットのドルショートは思い切って縮め、買ったほうのポジションは両建てにして、買ったほうのポジションを利食い、またショートポジションを元に戻したりしながら増やしました。

　皆さんに誤解されたくないのですが、為替のスペーキュレーション（投機）だけでこんなポジションができたかというとまったく違います。総合商社は、今ほどではないにしても、海外の会社や資源に投資し、海外拠点をたくさん持っているわけで、基本的に外貨ロング（以下ではドルと単純にします）なのです。ですから、会社のドルロング資産を守ろう（≒ヘッジしよう）とするために市場の最前線にいたF氏や私たちがドル売りをしていたらこうなったわけです。見合い（対象）がはっきりした正式なヘッジではありませんが、ドル安トレンドが続く限り、ある程度の期間、ヘッジをキープしてないといけなかったのです。もちろん為替の部分だけで損をしたら、自己責任ですので簡単ではありません。

　良い話を先にしましたが「ポジションを皆で守る」という作業は大変なことで、血尿が出るほどでした。これについは「コーヒーブレイク4」でご紹介します。

....

次ページの＊：決算では時価で洗い替えをし、損益は実現する。実需のものの見合いであるものや一部要件を満たしたものはヘッジ会計が適用され、対象外でオリジナル持ち値でよい。

なお、上に紹介した素晴らしいポジションは1992年か、1993年ごろの時価会計（＊）になったときに、100〜120円あたりですべて手仕舞いされました。

～第4節～
ロジックを育む。そして、機を待つ

1）経済を見る・マーケットを見るベースを作る

　相場を見始めると、目先の経済指標や要人発言、ニュースに翻弄され、チャート分析に時間が取られがちとなります。しかし、それだけでなく、コアとなる経済を見る目を養うことは大切です。

①日本経済新聞はきちんと読む

　皆さんにお薦めするのはやはり日本経済新聞を読むことです。株式投資をする人は、ほとんどの方が熟読していると思います。為替という意味では、限られた期間だけでも構いませんので、少なくとも金融・国際経済・マーケット関連くらいは精読して馴染んだほうがよいと思います。他の日刊紙にはないものが、日本経済新聞にはあります。特集記事で気に入ったものがあれば保存して何度も読むと、底力が付くと思います。新しい経済ニュースが与える影響の分析や過去との比較などは国内では他に類がないと思います。

　ただし、そこで展開されている記事の解釈については、よほどあなたの心に刺さることがない限り、ひとつの解釈として必要以上にとらわれないことが大事です。新聞に書かれた時点で多くの人が知るロジックとなります。「ある見方」に過ぎません。ひとつのロジックとして、謙虚にまずは引き出しに入れておきます。

経常収支の推移とか、それの他の国との比較、コモディティ産出国のランキング、外貨準備の構成通貨を調べたりなど、「為替のトレーディングのためにいろいろ面倒くさいことをしているなぁ」と、皆さんは思うかもしれません。実は疑問に思ったときに、時々、ネット検索して調べる程度でよいのです。日経には、経済統計や指標の解説とともに、その推移や歴史について解説されている記事も出ています。例えば、日米等で金融政策の変更があれば、その背景だけではなく、過去の変更の歴史等も、解説記事として入っています。

　普段から日経を中心に経済記事を読んでいれば、その積み上げで勘が働くようになります。これを生かさないのは本当にもったいない話です。

　また、できれば英国の『Financial Times（今は日本経済新聞の傘下）』や、米国の『Wall Street Journal（WSJ）』も読むとよいでしょう。私は WSJ は読みませんが、どちらかでも、無料のホームページから1面やマーケット面のタイトルだけでも見るとだいぶ違います。

　特に「英ポンド絡みの通貨ペアでトレードしよう」という方には『Financial Times（FT）』と『The Times』については、記事のタイトルだけでも必ず目を通すことをお薦めします。欧州の人の経済や市場の見方を知り、参考にしていくことが狙いです。日本の新聞とは違う見方をしているときが多いものです。

　日本時間の朝6時から8時くらいに『Financial Times』のウェブページを見ていると、早刷りの記事に出くわして得をすることが年に5～6回はあると思います。東京の時間には効かなくても、ロンドンの時間に効いてくることが多いです。

　トレーダーを始めたころ、先輩トレーダーから「すべての記事を読むごとに、それがドル買い材料か、ドル売り材料か、あるいは他の通貨の売買材料かを、その都度考えるように」と言われました。株でよ

く言われる訓練の為替版です。

これは、最初はとても有効です。そのうちピンとくるものだけをピックアップできるようになります。

プラザ合意後は、1ドル＝240円くらいからドル安が始まった後、各国の政府が目指しているレベルが180円なのか、150円なのか、あるいは100円なのか、最初はわかりません。その後の動きも誰にも把握できませんでした。大手新聞各社も、スクープを狙い、大きな動きの後にはさまざまな記事を書きます。具体的には「相場はドル安に行き過ぎているからそれを止めることについて各国が合意した」とか、「意見の相違がある」とか、「米政策当局に近いとされるエコノミストや米国の通商代表関連のインタビューでまだまだドル安が必要と発言した」などです。インターネットのない時代ですから、こういった記事はすぐには出回りません。実際に新聞を見ないといけないわけです。当時の私のような丁稚トレーダーの仕事は、朝早く会社に行き、広報部で取っている主たる日刊紙を素早く読んで必要な部分をコピーして配ることでした。最初は7時ごろ出社していましたが、とても新聞に目を通しきれないので段々出社時間が早くなり、そのうち、会社の近くにアパートを借り、朝5時前にタクシーで会社に乗り付けるようになりました。

ニューヨークに電話をして市場の概況を聞いた後、次の30〜40分で日経以外の日刊紙をタイトルで選別するという作業の連続で非常に鍛えられました。実際、そういう記事を先に知っているだけで儲けられた時代でもありました。見落としや漏れがあれば怒られます。余談ですが、広報部の新聞を拝借して戻すのは倫理的にいかがなものかと思い、最終的には、自分の部で主要日刊紙すべてが読めるようにしてもらいました。

なお、上の部分は昔の話であり、今も主要な日刊紙のすべてに目を通せと言っているわけではありません。ただ、日経は読んでください。

また、今はとても便利になっていて、経済用語や経済情勢関連を頻繁にネット検索していると、Yahoo！等のニュース検索履歴で私の嗜好がわかってくるようで、いろいろな新聞社や経済誌・経済情報会社の関連記事が自然と多く出てくるようになります。

　本当は経済学や財政政策、金融政策も基礎から体系的に勉強するに越したことはないと思います。しかし、必要は発明の母です。新しいテーマや用語が出てきたら集中的に勉強して自分のものにしましょう。今の時代、ネットやYouTubeでいくらでも勉強できます。ただ、YouTubeの場合は、中身の薄い内容も多いので断捨離や選別も大事に感じます。

　少し突き放したように聞こえるかもしれませんが、こればかりは（金融の）流行語大賞にノミネートされるようなテーマや用語を意味しますので仕方がありません。

　例えば、リーマンショックが起きたときまで、日本でサブプライムローン（低所得者向け住宅ローン）という単語を聞いたことがある人はほとんどいなかったと思います。

　最近では、Pivot〔元々は回転等の軸や旋回の意味。テクニカル分析ではピボット値と言って（前日の高値＋安値＋終値）÷３を指したりもします〕という単語が、金融政策の方向転換や路線変更を意味するときによく使われるようになりました。パウエルFRB議長がタカ派（金融引き締め派）から方針転換をすることを表すときに使われています。

　米国のインフレが注目される中で、「Sticky price（粘着価格）」という言葉も使われるようになってきています。これは、家賃や外食料金、医療関係など、いったん上昇し始めるとなかなか下がらない品目の価格を指します。元々ケインズが使い出したようです。アトランタFED（連銀）には、いったん上昇し始めるとなかなか下がらない

品目を集めた物価指標がありますが、用語としては表に出てきたから知るだけです。

　また、FEDや日銀のバランスシートの大きさも普段は注目されません。コロナ後のように、これが膨張した後に、「QT（Quantitative Tightening　量的引き締め、バランスシートの縮小）」という単語が使われ出しました。量的緩和（FEDが債券を買うわけでFEDのバランスシートは拡大）で大いに踊り踊った株式市場は、これをやめていこうということで不安定になると思われるため、注視せざるを得ないわけです。新しい単語・用語を取り入れることで、相場を観るための知的好奇心が深みを持つわけです。

②市況レポートは謙虚に読む

　新聞に加えて、私が特に実践したほうがよいと思うのは「昨日の海外市場」とか、「昨日のニューヨーク市場」などと言われる"市況レポート"の精読です。特に、解説部分を丁寧に読むことが大事です。その狙いは「その日の市場で何が相場を動かしたか、何に注目しているか」「相場を動かした材料で自分が知らなかった大事な点はないか」をチェックするところにあります。値動きのことは一生懸命レビューしているにもかかわらず、意外にも、こちらについてはきちんとレビューしている方は少ないような気がします。

　私は「指標の結果やその内容分析、その他の為替・金利・株価指数や商品価格も書いてある、一覧性のある丁寧な仕事をしているレポート」を好みます。たくさんのレポートを見る必要はありません。証券会社のホームページにいろいろあります。ひとつに絞ればと思います。為替の世界では「Reuters（ロイター。正確にはトムソン・ロイター社）」と「Bloomberg（ブルームバーグ）」がグローバルな経済・金融等の情報提供会社としては老舗的存在だと思います。

　レポート自体は、朝一番には出てこないものなので、朝の経済番組

やYouTube（株が主役のものが多い）を確認するなどして、先行して情報を入れておきます。

　なお、英語が得意な方であれば、早い時間に市場関連の記事やレポートを読むことができます。なぜなら、ニューヨークの記者は早く帰宅したいと考えていて、市場が終わるころにはレポート完成に向けて動いているからです。

　また、同じ市場を見ているのに解釈が違っていたり、同じ値動きを別の理由で説明したりしているようなことがあれば、これも検証や研究のネタとしてよく見ておくべきです。

　さらには、チャートのポイントが切れて下落したり、チャートの形状で、買いシグナルを出して買われたと思われるようなときも、新聞や市況レポートはまずチャート寄りの解釈では書かれないので、どう説明しているかは覚えておくとよいと思います。

　市況レポートを謙虚に読み続けることで、「（明日の朝は）こういう材料があったから、こういう値動きになったと解説するだろう」というイメージが浮かびやすくなります。例えば、市場の注目する重要指標前のシナリオ（予想通りならどうか、予想より悪かったり・良かったりしたときの反応は？）に加え、「どういう論理で、値動きが説明されるか」を考えることがとても大事です。

　特に「予想通り」のときは動かないのか、「期待していた分、利食いが先行するのか（トレンドの反対方向へ行くのか）」「トレンドが確認されたのでトレンドの方向にさらに進み出すのか」を考え出すと、市場のポジションがどうなっているのか、トレンドのマグニチュードや位置はどこにあるのかを自分で整理する良い機会になると思います。

　ちなみに、F氏は、私たちが夜も朝も対面や電話で始終値動きや相

場の材料をほぼライブで報告していたにもかかわらず、必ずReuters
社やBloomberg社（市場情報発信会社）の市況レポートを見ていまし
た。私と同じような理由だと思います。

2）FXストラテジストの人たちの意見　～一人称で考える～

　相場をやるうえで、さまざまな人の意見を聞くと、それが雑音に
なってあまり良くないという人もいます。

　しかし、どちらかというと、多くの意見を聞いたほうがよいと私は
思っています。いかに咀嚼できるか。不要と思う部分は切り捨てるこ
とができるか。今の相場はもちろん、次にやってくる相場に備える意
味でも、良い着眼点は自分の引き出しに入れておくことが大事だと
思っています。

　もっとはっきり言うと、必要な相場観・相場のロジックの「良いと
こ取り」をすればよいということです。良いシナリオ（ロジック）や
相場観の根拠があれば、積極的に自分の引き出しに入れておきます。

　為替は一方だけに動くことも確かにありますが、主要通貨間は遠く
から見れば、行ったり来たりしているケースのほうが多いです。短
期・中期・長期どのケースでも、ひと相場が終われば、別のマーケッ
トをリードするロジックが台頭します。

　例えば、先にCFTCのポジションで出した話を別の視点で見ると、
ユーロはリーマンショックのころからイタリアやスペイン、ギリシャ
などの問題国も抱え、景気も悪く、マイナス金利となり、2020年の前
半まで売りに売られていました。マイナス金利なのでユーロを借りて
ドルなどにしておけばユーロ安・ドル高で儲かるうえに金利差で儲か
るということで取引されていました。世界中でユーロキャリートレー
ドが行われていたわけです。

ただ、ここで大事なことは、「ユーロ圏の経常収支は黒字であった（当時）」という事実です。基本的に外貨は余り、ユーロが不足しています。特に、ドイツのような輸出大国では南欧通貨のおかげでユーロが安い状態にあり、その状況を謳歌していたのです。

　ところが、コロナ相場になり、米国もゼロ金利と量的緩和を実施したところで、状況が変わってきました。どういうことかというと、ユーロ圏ではマイナス金利でも、実質金利で比べると、ユーロのほうが高いという状況が出てきたのです。これは、「世界中で積み上がっていたユーロキャリーのポジションが、きっかけさえあれば弾けて大規模な損切りが誘発される」という仮説が予見しやすかったことを意味します。

　また、ユーロ圏の経常収支黒字のことや、資本収支の動きから「ユーロキャリーポジションが限界的に積み上がっている」という話が出始めてくると相場が動き出すので、いよいよ「マーケットをリードするロジック」となるタイミングが近づいてきたな、と気づけると言えると思います。ここで、引き出しから取り出すタイミングを計るわけです。

　ストラテジストの人たちが"こういう点"を指摘し出すときは、ひとつのサインです。実際のところはこれに加え、コロナ対応で想定以上にユーロ圏が団結して財政出動したこともあります。「ユーロ圏の財政の統一」というのも金融政策以上に大きな課題であり、ここがかなり前進したと見た市場参加者もいたわけです。財政の統一が大きな課題であることを認識していることが肝要だったわけです（実際のユーロの動きやチャートは第4章でご確認ください）。

　昔は、銀行や投資銀行等で為替の取引をすることをディーリング、それを扱う人をディーラーと呼んでいました。今はもう、トレーディングもトレーダーも意味は同じで、使い分けはないと思います。

ただ、銀行などのトレーダーと呼ばれる人には次の３種類のほか、ストラテジストがいます。

①ポジションテイカー（Proprietary Trader）

　自らポジションを取って、為替の方向性で利益を上げます。

②スポットディーラー

　顧客からの注文にプライスを提示し、注文が来れば実際に市場でさばき、ときにScalping（スキャルピング：鞘取り）をしながら、細かく利益を上げることを目指します。

③カスタマーディーラー

　顧客の注文を受けます。ポジションは取りません。顧客との対話や相場観の交換が主な仕事です。顧客から手数料を得たり、顧客注文でスポットディーラーに収益機会を与えたりします。

④ストラテジスト

　相場の見通しを書きます。月次レポート等で顧客に意見を伝えます。

　FX証拠金会社では、今はほとんどネット取引ですから、「①」はビジネスモデルも変わったのでほとんど存在していないでしょうし、「③」もほとんどいないでしょう。「②」も大口が来たときなど、会社のポジションの偏り具合で処理をする程度だと思います。

　平日の朝、ニューヨーク市場の終わりを受けて、テレビ東京のマーケットニュース番組では、その日の為替相場について専門家が話をするコーナーがあります。私としては、現場の人の「生の声」を最新で

聞ける貴重な時間です。そのコーナーを見るときは、話をしている方の仕事の属性を念頭に、（あるいは推測して）話を聞きます。出演者の半分以上は知り合いや会ったことのある人ですが、先に紹介した実際にポジションを取る立場の人や、「①」や「②」の人の話はまさに臨場感があります。おそらく、ライブな情報を取り入れて語ることを求められている関係で、番組の２時間前だけで話す内容を決めていると思います。

　私は、その人が話している相場観やロジックに加えて、話している方向にポジションを持っているか、あるいはその日はよくわからないので「流して」話しているのかなどを思いながら話を聞いています。

　「③」のカスタマーディーラーと呼ばれる人たちは、自身でポジションを取ることはない、顧客へのアドバイザーです。ポジションを持つことによる痛みや悩みは感じられませんが、彼らはポジションを持ってない分、冷静な目でマーケットを見ているという前提で話を聞きます。実際、とても素直に相場を見ています。加えて、目の前で機関投資家や輸出入業者の売買も見えているので、そのあたりも参考にした相場観をもらえます。

　「④」のストラテジストという方々は、銀行の為替ディーリングでトレードをしている人やカスタマーディーラーをしていた人、元々エコノミストなど、バックグラウンドはさまざまですが、実際にポジションを取ることはないと思います。正直、実弾でポジションを取るトレーダーには向いていなかったり、ポジションを取る苦しみが嫌いな人が多いように思います。

　ストラテジストの価値は、中長期で相場の判断要因を出し、方向性を示すことにあります。ですから、市場をリードするロジックを先見すべく、時間をかけて、中期・長期の目線で経済統計やその他の分析

をして、冷静な意見を示してくれます。目からうろこの相場のロジックをもらえることもたくさんあります。

　例えば、米国系の外資金融機関にいる人ならば、（彼らは）本店の外国人のストラテジストたちといつも話をしています。厳密ではないにしても、各金融機関としてオフィシャルな相場の方向性［House View（ハウスビュー）と言います］もあるので、「海外が今後の相場をどう見ているか」を感じ取ることができます。また海外の中央銀行やヘッジファンド他、顧客を回って意見交換をしている関係でシナリオが多様で、最新のロジックも集めていますから、とても参考になります。

　あなたが日ごろから自分のシナリオを持ち、ロジックの優先順位（心の中で、という程度の意味）を付けていると、少しアングルの違う人の話にひらめくことが出てくるわけです。

　ただ、ストラテジスト他の話はいつも正しいわけではありません。「この間まで彼は良いことを言っていたが、少しそのことにこだわりすぎているな？」「これは一発勝負で無理なロジック言ってるだけで、今は違うな？」といった冷めた見方をすることも大切です。そのあたりを感じることができると、取捨選択がしやすいです。

　最近は、相場の方向性について毎日アップデートしているYouTuberが多いです。毎日配信していれば、必ず外すこともありますので、それこそ「良いとこ取り」に徹したほうがよいと思います。ストラテジストにしても、YouTuberにしても、その話をどう取り込むかはあなた次第です。

　大事なのは、必ず自分のこととして謙虚に"一人称で考える（だから・だけど自分はどう考えるか）クセ"をつけることです。「最近、当たらないなぁ」と思うくらいはよいと思うのですが、「言う通りに

して損をした」というようなことを言うのは本当にみっともないと思います。

3）材料を引き出しに入れる。いつ取り出すかが勝負

　これまで、情報の取り方や取捨選択について述べてきました。これは、定期的に整理することが大事です。週末などに特に集中して臨むべき作業です。

　例えば、ある通貨ペアで「実質金利（名目金利－インフレ率）の推移に今までと違う傾向が出てきた」とか、「経常収支や貿易収支の推移に違うトレンドが出てきた」としても、誰かがそれに注目してから為替市場が反応し出し、さらに当該国の為替政策に現れて徐々に次のトレンドとなっていくようなことがあります。

　市場が注目し、ポジションの傾きと逆のシナリオが台頭してくると、それに応じた動きが期待できます。買っても買っても相場が上がらなくなっている感じや、テクニカル分析で天井が近いことを何となく感じているときにチャートの背中を押す（この例では下げの）ロジックが準備されていれば、次の動きに乗りやすいわけです。

　例えば、ある通貨ペアで「ドルの上値が重くなってきた」とか、「底が堅くなってきた」と感じたときに、反転のロジックが手のうちにあれば、そのロジックを取り出すタイミングが計りやすくなります。

　若いころ、銀行のトレーダーと毎日、何十回も相場観の交換をしていました。私はシンガポールで研修していたときの上司に「マーケットをリードするロジックに注目しろ」と言われていたので、常にその視点でいろいろな人の意見を整理していきました。

　銀行のチーフディーラー格の人がたまたま電話を受けてくれたときには、より深い洞察のシナリオ（ロジックの組み立て）を聞けること

もありました。

僭越ながら、そういう方々や、顧客側だと話ができないスポットディーラーの方たちとも積極的に話をしました。その内容をF氏（私よりは20歳以上年上）に電話や対面で報告しました。

特に、F氏が一目置いている人たちの相場観を報告していました。自分が整理して濃淡を付けても「小僧の相場観は必要ない」というような世界だったので、そうせざるを得ませんでした。ですから、私としても、これは良いロジックというもの（経済状況とかだけでなく、市場のポジションが偏っている等も含みます）を整理して報告するわけです。

3年もするうちに、F氏からは好んで報告させられるようになります。もちろん、ロジックを整理して濃淡を付け、自分の相場観も少しずつ滑り込ませます。F氏も気づいていたと思いますが、そこは"あうん"のやりとりでした。私はF氏の引き出に入る材料やロジックの提供とその整理、取り出しのお手伝いをしていたことになります。

個人的には、あまり長期にとらわれず、日替わりメニューとは言いませんが、短期・中期でロジックを組み立てていく為替の周期が自分に合っているような気がします。一定のテーマや材料で相場が進んだ後、調整が入ってさらに進んだり、急変したり、あるいはゆっくりトレンドが終わり、新しいトレンドが始まったりするからです。

先に出した石油WTIはわかりやすい例です。どちらかというと短期・中期でWTIが落ちると思っていたところ、さらに中期シナリオであるサウジアラビアの原油増産という理由が付いて、あえて言うとたまたま長期の大下落になったと思うわけです。

為替では「短期・中期→短期・中期→短期・中期」を繰り返しながらロジックを作り上げ、そして、時に長期の動きが出てくるイメージです。私が、この本で「長期的には1ドル＝50円」とか、「1ドル＝

200円に行く」と決めつけたとしたら、「50円に行くからいつもドルを売っておけ」「200円に行くから外貨預金をしこたま持って放っておけ」という話になってしまいます。それでは、この本の価値はなくなります。

　一方、現実の会社では、この周期がどうも自分に合っていないような気がしだしていました。ある役員の上司がいました。仕事ができる優秀な人でしたが、行動に少し問題がありました。単純に極度のパワハラ体質でした。

　ある日、「彼のパワハラが問題視され、なぜか私も直下の部下として一緒に責任を取らされる」という夢を見ました。「これは神からのお告げかな」と思い、「嫌な終わり方になるぐらいなら自分から会社を辞めようかな」と思い始めていたころ、ロンドンにいた私はある日の夜中の２時か３時ごろに東京のその上司に叩き起こされ、いつものように理不尽に怒鳴られたことがありました。それまでは師匠のF氏にいくら怒鳴られても特に理不尽さを感じませんでしたが、このときは違いました。30代、40代なら我慢したかもしれませんが、その場で会社を辞めることを伝えました。大好きな会社でしたが、30年以上の恋心が一瞬にして冷めてしまったのです。とても残念な経験でした。

　彼のその後はわかりませんが、欧米なら一発アウトの行為の連続だったと思います。

　ここで言いたいのは、「この人は危険人物で、自分の会社人生の残りをともにするには不愉快すぎる（売りだ）」と思っても、現実の世界では時間が掛かります。退職は人生の中の「損切り」みたいなものと感じました。少し早まったかとも思いますが、「良い損切りは次につながる」と考えたわけです。

　為替相場では理不尽なことが起きても自己責任ですから「また頑張ろう」という気持ちになれますが、サラリーマンの巡り合わせは、時に腑

に落ちないもので、残念な巡り合わせが尾を引くこともあります。

　また、相場では「売りだ」と思えば、時期やタイミングを自分で決めることができます。失敗すれば自己責任ですが、現実の社会はなかなかそうもいきません。

4）結局はME TIME

　米英では、リラックスしたり、精神統一したりして、自分の人生や仕事の戦略を立てるような“自分を見つめる時間”を単純に自分の時間という意味の「MY TIME」と区別して「ME TIME」と言います。

　FXトレーダーはこれを常時やっているようなものです。私はこの「ME TIME」の語感がとても好きです。最近のトレードの成績と、相場の動きのレビューを付き合わせて自分と相場のシンクロ具合を測り、「自分の決めたルールを守れたか」「損切りや利食いは適正であったか」などを考えます。日中に別の仕事や人との約束があれば、相場に集中できない時間を考慮して計画を立て、経済指標やイベントのスケジュールを考慮して、相場への取り組み方をプランニングします。また、家族との時間をどのように折り合わせていくかなども考えます。

　特に、相場が動かない週末は大事な時間です。本気で相場に取り組む気持ちがあるならば、まずはその週（月曜から金曜まで）の自分のトレーディングを見直してください。同じ相場は基本的にないですが、似たような相場・値動きはこれからいくらでもあります。この見直しの目的は、将来、同じような過ちを犯さないようにするところにあります。具体的には、以下のようなことになります。

①エントリー関係

・着目して選んだ通貨は適正だったか

・もっと良いエントリーのタイミングがあったのではないか

・そのときの金額はどうだったか（持ったポジションが大き過ぎないか、抑えすぎではないか）

②手仕舞い関係

・決済（損切りも利食いも指します）は適切だったか

・もっと良い損切りができたのではないか（損切りオーダーを置くレベルは適当か、自らもっと早い損切りができたか）

・利食いはもっと待てなかったか

・半分利食って、残りのポジションの利益をもっと伸ばせなかったか

③「マーケットをリードするロジック」に関する自分の感度

④チャートのほか、テクニカル分析が発していたメッセージを感じ取れたか

　このようなことを、短い時間のチャート（例えば10分足や15分足）を見ながら、できるだけ緻密に振り返ります。

　しかし、手数（売買の回数）が多いと時間が掛かります。自ずと、量よりは質で、手数が多いのが良いことではないことに気づくかと思います。

　同時に、相場そのものの見直しもします。イベントや経済指標の発表に際し、自分の判断や思ったことと市場の動きの相違も考えながら進めます。自分で気づいたことは、書いて残して体系化しましょう。

　ここまではトレーダーの仕事で「週間業務日誌」のようなものです。その他に、以下のことも、同時に考えます。

- 短い５日間ながら、それぞれの局面で市場はどのようなロジックで動いていたか
- 自分の考えとの間にギャップはなかったか
- チャートの読み違いはなかったか
- どの時間足やテクニカルが良い示唆を出していたか
- マーケットのポジションは「何」を期待して、「どちら」に「どの程度偏っている」か。基本的な需給の読みに変化はないか（経常収支や金利動向も考慮）。マーケットのポジション調整（損切りの動き）はどの程度のものであったか
- 「こっつん（下値、上値からの切り返し）」はどの程度のものであったか   など

　この後が本当に大事な「ME TIME」です。これからの１週間、１カ月の相場が最終的にどちらに行きたがっているかに思いを馳せます。チャートはできるだけ遠くから眺めるほうがよいと思います。この先、市場をリードするロジックは何か。逆の考えはないか。あまり時間は掛けずに、ゆったりといろいろ考えます。

　私が経験した石油の急落のときも、半ば偶然にインプットされた再生エネルギーの台頭と、１バーレル＝100ドル台のもみ合いが下に離れたことだけが私の判断の主な根拠でした。ポジションの傾きやトレンドの成熟度も含め、ここでいろいろと考えておくことで、仮に逆のことが起こったりしてもシナリオの修正がしやすくなります。週末の「ME TIME」は孤独ですが、優雅な気持ちで楽しみましょう。

　週末のことを中心にお話ししましたが、実は、これは為替相場を自らの判断で自由に売買できる個人トレーダーや、上司の助言なしに一定のトレーディングを任されている方にとっては、普段の日常でも大事なことです。大きな損切りや大きな利食いをしたときに、それがあなたにとって何を示唆しているかを考えます。つまり、「休め」か

「もっと行け」か、ということです。

また「小さな良い損切りは、次につながるのか」についても考える習慣をつけましょう。このあたりは、後で相場の格言や「良い損切りは次につながる」という話で紹介しますが、私も冷静なときにだけできることで、簡単ではありません。

この ME TIME に考えるときに、ひとつ注意する点があります。例えば、あなたが最近の日本の経済情勢や物価情勢、政策の効果等を鑑み「ゼロ金利、YCC 他量的緩和は辞めるべきだ」と考えることと、「（今回あるいは次回の）金融政策決定会合ではゼロ金利や YCC の修正があるであろう」と考えることとは違うわけです。前者はあなたの日本の金融政策に対する意見や考え、信念で、後者はあなたの相場観や相場のシナリオです。同じ一人称で考えるにしても、ある程度、自分の中で区別する必要があります。後者は「日銀総裁や日銀の金融政策決定会合の議決メンバーがどう考えているか」や、「市場は何を期待しているか」なども入れたマーケットをリードするロジック（政策の変更がなかったときのシナリオ等も含む）の中のあなたのメインシナリオであるわけです。政策に変更がなかったときに信念のほうにとらわれると、機敏な対応が取れなくなります。

相場の引き出しの整理やチャート分析をしながら、少し遠くから相場や自分の人生についても考えてみましょう。

後追いに終始しないようにすることです。そのうち、1週間後、1カ月後の経済番組でキャスターが話す内容や、日本経済新聞の見出しを先取りできるときが来るかもしれません。

コーヒーブレイク1
トレードする通貨の国をよく知る

　皆さんには、できることなら、トレードする国の歴史やバックグラウンドなどをよく知ってから取り組んでほしいと思っています。例として、駐在したことがあるシンガポールをご紹介したいと思います。

　シンガポールは、日本人には馴染みの深い国です。私が1985年に研修に行ったときの人口は125万人程度。そのうちの2.5万人は日本人でした。今は人口564万人ほど（2022年6月　長期滞在の外国人を含む）です。

　この国は1965年にマレーシアから独立、リー・クワンユー元首相が引っ張ってきました。人口が増えたのは、外国人を受け入れているからです。経済発展には人口も大切な要素になります。

　外国人を多く受け入れている理由は、もうひとつあります。

　シンガポールは、マレーシアやインドネシアなどの大国に囲まれています。島国の日本では想像できないかもしれませんが、もしも取り囲む隣国に侵攻されたら小国のシンガポールはひとたまりもありません。しかし、アメリカ人やイギリス人、日本人などがたくさん住んでいれば、他国も容易に攻め込むわけにはいきません。"外国人"は盾の役割も兼ねているわけです。

　まわりを仮想敵国に囲まれているという意味で共通の問題

を持つイスラエルとは軍事同盟を結んでいます（イスラエルもまわりをパレスチナ系の国に囲まれていて同じ悩みを持っています）。毎年、合同訓練をしているはずです。

　シンガポールでは、駐在する外国人には高い学歴が求められます。事実、就労ビザを取るには高い学歴が必要です。学歴が低いとビザが下りません。これは、国全体のインテリジェンスを上げる仕組みだと思います。

　一方で、工事現場には、インド等の新興国から多数の労働者が特殊ビザで出稼ぎに来ています。正直、言葉は悪いですが、奴隷です。毎日トラックの荷台に死んだ目をした十数名が乗り込んで現場に連れていかれます。おそらく脱走したら極刑、家族は収監等の契約にサインしているのだと思われます。最近では、彼らの劣悪な環境の宿舎でコロナ感染が拡大したという、シンガポールの闇の部分が表に出ました。ガムは禁止、たばこをポイ捨てすると鞭打ち刑等があります。賄賂等はご法度で重刑となる信賞必罰の国です。近隣の国と違い、大臣や官僚の贈収賄などはあり得ないのです。その代わり、大臣や官僚の報酬は日本の数倍ではないかと思われます。贈収賄が起こる余地をなくすためです。シンガポールが「明るい北朝鮮」と言われる理由です。

　リー・クアンユー元首相は私の尊敬する人です。彼の自伝の中には「日本の占領下で日本兵に無意味に殴られた」という記述もありますが、独立後は急成長している日本の良い面を取り入れて追いつこうとする一流のPragmatist（現実主義

者）です。

　幸いなことに、私は1985年に研修でシンガポールにいたときに彼の演説を生で聞いた記憶があります。

　2004年ごろ、あるセミナーでシンガポールの運輸副大臣のようなポストの女史と席が隣になりました。彼女曰く「これからは天然ガス・LNGの時代になる。シンガポールではアジアのLNGのハブになるべく今大きなLNG船を受け入れられるように港の大拡大をしている」と……。リー・クアンユー譲りのStrategic & Pragmaticなアプローチを感じました。日本が何もしていないわけではないし、LNG受け入れ港はあると思いますが、国単位でStrategicに考えているでしょうか。

　なお、現在の首相のリー・シェンロンはリー・クアンユーの長男、シェンロンの妻ホー・チンは才女として有名です。ホー・チンはテマセク（元々は国営企業の持ち株会社でしたが、国営企業を成長させたうえで民営化、その資金を海外に投資。いわゆるソブリン・ウエルス・ファンド）のCEOです。

　ただ、個人的には、2015年にリー・クアンユーが亡くなってしまったため、シンガポールに少し懸念を抱いています。

　通貨はシンガポールドルです。これを管理するのはMAS（シンガポール通貨金融庁）です。シンガポールは「シンガポールドルの国際化はしない」としています。自分たちの見えない海外で勝手に取引されるような状況を望んでいないということです。固定相場制ではありませんが、複数通貨に連動させようとする通貨バスケットを敷いています。諸説あり

ますが、米ドルが５割程度、円とユーロが２割ずつで、残り
がその他の通貨等と言われています。

　近隣東南アジアの国がドルペック方式（ドルに対する固定
レート制、ここではアジア通貨危機以前の話）で、アジア通
貨危機になったときも影響はあまり大きくありませんでし
た。全体的にドル安ならシンガポールドルもそちらに動きま
すが、さほどではありません。ユーロが上がって、円が下が
るようなケースでは相殺されてあまり動きません。投機筋に
してみればおいしくない通貨となっているわけです。

シンガポールドル/円の為替レートの推移（1980〜2022年）

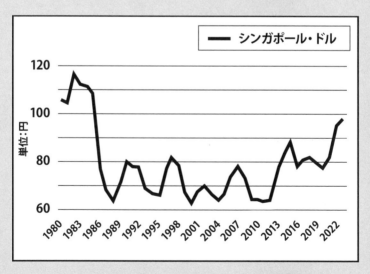

出典：サイト「世界経済のネタ帳」

なお、IMFの統計による2021年の国民ひとりあたりの GDPは、シンガポールが約7.3万米ドルに対し、日本は約3.9 万米ドルです。米国は約6.9万ドルです。今やシンガポール 人は、国や経済規模は小さいものの、日本人よりだいぶ豊か と言えます。

　ちなみに、1990年には、日本が約2.5万米ドルで、シンガ ポールが1.3万ドルでした。当時は日本が対シンガポールで ２倍弱、ところが最近は、シンガポールが対日本で２倍弱で す。ひとりあたりGDPの数値が為替を左右するわけではな いですが、昨今の円安の中で円の安さが最も目立つのがシン ガポールドル/円です（前ページのチャート参照）。

　シンガポールやシンガポールドルについて紹介しました が、皆さん知っていることばかりでしょうか。自分で通貨を 売り買いして収益を得るには、事前に当該通貨の国情や歴史 などを調べることがとても重要だと考えます。

第2章

「機」を見て動くための 心のマネジメント

～第1節～
私の好きな格言・先人の教え

　ここでは私の好きな相場の格言・先人の教えを紹介します。どうして第2章でいきなり相場の格言や先人の教えとなってしまうのかと思われるかもしれません。私が"これ"を最初のほうに持ってきた理由は、**「相場観がいくら正しくても、確信をもってチャート分析をしても、うまくいかないことが時にあるから」**です。

　人生もそうだと思いますが、相場では「紙一重」のことが、ときどき起きます。それを乗り越えてやっていくには自分と市場の距離感を変えたり、保っていくためのメンタルが必要になるからです。

　外貨預金だけを扱っている方、株や債券と合わせ為替に関与している方、輸出入関係の仕事で為替を担当している方などは少し違うかもしれませんが、FXのトレーディングはとても単純です。以下の2つのアングルで、3つのことをしているだけです。

◆トレードをするか、しないか

①エントリーする

（ロングか、ショートのポジションを作る）

②利食いか損切りをする

③何もしない［スクエアー（＊）］

◆買うか、売るか

①ロングポジションを持つ

②ショートポジションを持つ

③何もしない（スクエアー）

　ただし、結果は違ってきます。エントリーについては「どのタイミングでどのレート（値段）で入るか」、利食いや損切りについては「どのタイミングで、どのレートで手仕舞う（反対取引決済する）のか。また、それをいくらの金額で張るか」によって、手にできる金額や損する金額は変わってきます。千差万別です。

　損切りをした後、損した分を取り返そうとして泥仕合になることもあれば、自分の決めた通りに損切りできずに想定外の損失を出してしまうこと、うまくいった後で気が大きくなって、取引金額を上げたら稼いだ金額以上に利益を一気に吐き出してしまうことなど、いくらでもあります。

　また、ずっと調子が良かったとしても、ひとつのトレードからリズムが一挙に狂うこともよくあります。

　こうしたことをできるだけ繰り返さないようにするために、メンタルや、心構えが大事だと思います。そういう理由で、ここに持ってきました。

　次節以降、私が重要だと思うものや私の好きなものをご紹介します。**皆さんも自分にフィットするものを探すことをお薦めします。**今回は日本ものを中心とします。

154ページの＊：ポジションを持っていない状態を指す。英語のsquareの公平な、貸し借りのない、すべてを決済し終わった等の意味で使っている。

　ジョージ・ソロス他、多くの先人が後半部分（しかし、いつも間違っている）については同じようなことを言っています。これはとても大事です。

「今目の前にあるレートは真実だが（正しいが）、10分後、1時間後、1日後、1週間後、1カ月後、同じレートはまずない。今のレートは間違いだ」

　これは、当たり前のことです。例えば、ニューヨーク市場の引けの時間帯に起床したとします。

・今のレートは何を織り込み、どういうセンチメントで動いているのか？
・市場のポジションはどちらに傾いているのか？
・これから今日はどう動くだろうか、どんなレンジで、上がるのが先か、はたまた、下がるのが先か？
・今日は、経済指標の発表があるか？　どういう影響があるのか？

　これらのことについて考えることも、もちろん大事ですが、次のように、少し引いたアングルで考えることもお薦めします。

「明日の朝のレートはどこに？　来週の同じ時間はどうなっているか？　半年後はどうか？」

　別の相場格言で「相場は相場に聞け」があります。これは「流れやトレンドに逆らうな」というニュアンスが強いもので、「相場は常に正しい」側の格言です。それ自体は正しいと思うのですが、ここではより深読みで「今の相場に語りかけて、今の相場の間違い探しをして、明日の朝の市況欄や、1カ月後の市況欄の解説の未来予想をすること」といった感じに発展させたいと思います。

　なぜなら、トレンドがさらに進むのか、あるいはマーケットが出来上がって（matureして）いるのかなど、次のマーケットをリードするロジックも思い描きながら、逆に動き出すことも含んで考えているからです。単なる「相場は相場に聞け」よりも深いと思っています。

　なお、人生訓というか、人生の立て直しや決断のためのコンサルティング本に『10－10－10　人生に迷ったら、3つのスパンで決めなさい！』（講談社）があります。これは、GEの辣腕経営者で著名だったジャック・ウェルチの妻のスージー・ウェルチさんの著書です。男女関係や家族のこと、職場や経営のこと、他のあらゆることの判断に「10分後はどうなるか、10カ月後はどうなるか、10年後はどうなるか」を考えて行うとよいとする考え方の本です。要は「短期・中期・長期で考えろ」という話で、相場にも転用できると思います。トレーディングのスパンによりますが、1時間後－1日後－1週間後がどうなるかを考える。チャートが好きな方は、1時間足－日足－週足を観察しながら今の次の足を考えることになります。

　また、この言い伝え（相場は常に正しい。しかし～～～）の前半部分（相場は常に正しい）は、別のことも教えてくれます。目の前の相

場（レート）は真実なわけで、市場の動きがあなたのポジションや相場観と違う場合、あなたが冷静に「違う理由を探す＝市場とのギャップを埋める」必要があることも意味しています。それは、あなた自身の間違い探しです。

～第3節～
Margin of Safety

ウォーレン・バフェットの言葉の中で好きなものとして、次のものがあります。

「Margin of Safety」

ご存知の通り、彼は株式投資のGuru（神様的存在）で、為替のGuruなわけではないので、私の中ではニュアンスが少し違います。この言葉はバフェットが師と仰ぐグレアムの言葉です。一般的には「その株（企業）の本来の価値よりも、現在の価格が開いている（安い）ものに投資すると同時に、それ以上に下がる余地が少ない現在の株価の位置で投資する」というような意味で使われているかと思います。

為替は、企業価値を示す株とは違い、通貨の交換レートです。例えばドル/円の相場では、ドルを主語にしてドルを買うとするならば、対円では、ドルが割安、円が割高ということになります。バフェットが指すのは長期的な個別株の本源的な価値との比較であって、私が言うのはバフェットの"それ"よりもかなり短期的な意味です。私としては、第1章の第2節や第3節で紹介したようなロジック群から"その時点の周辺環境や材料を見た・感じたときの2つの通貨のバランス"から来るもので、短期と中期の間ぐらいのイメージです。まして

や「ドルや円の本源的価値に鑑みて……」のような大上段の話ではありません。通貨ペアでは、ひとつの上げは片方の下げです。どちらかが大きめに下がったときにひらめく割安感のような感覚と確信の間のようなことを指しています。月に一度くらい出てくると嬉しい感覚です。

また、下がっていなくとも新たに得た指標や要人発言などの材料（その鮮度やマグネチュードによる）によっては今のレベルでも十分安いと感じるようなときもこの Margin of Safety に近い感覚です。

私は、「Margin of Safety」の英語の語感がとても好きです。日本語では「安全域」と訳されているようです。私は、FXトレーディングでエントリーしたときには、「まず大きく逆にいくことはないであろう」という、"自分の心の安心感"が持てるようなポジションかどうかという「相場の位置」の意味で捉えています。大事な感触だと考えています。

ただし、損切りをしないとか、損切りオーダーを置かないという意味ではありません。例えば、これはドル売り・円買い（円が割安と感じた）の例になりますが、ドルに好材料が続き、上昇トレンドとして動いてきたにもかかわらず、いくら買ってもドルが上がらなくなっているとき（相場がアップアップになっているとき）や、市場が「ドルを買うのに飽きてきた（We are fed up with buying dollars）」というようなときなど、ドル売りの時期が近づいていると考えた結果、ドルを売ったとします。このときは、（思惑とは逆に進んで）高値を超えたら損切りです。

損失は出るものの、損幅は限定的（marginal）ということで考えてもよいかとは思います。

~第4節~
偏らない、こだわらない、囚われない

　FXトレーダーは、ポジションを持つときには「ドルが上がるとか、下がるとか」などと考えているはずです。ポジションを取るのだから当然です。

　しかし、「（その確信が）本当に正しいのか」を常に自分に問いかけ、相場に対する自分の考えを整える必要があります。

　特に、自分の思っている方向と逆に動いたときのシナリオを持っておくことが大切です。私は、この3つの言葉（偏らない、こだわらない、囚われない）を自分に語りかけます。なかでも、「こだわらない」は重要です。「こだわる」と、次の相場に入りにくいことがあるからです。

　1994年、私がロンドンでトレーダーをしていたとき、私を大変可愛がってくれた祖母の訃報が届きました。当時、上司にも恵まれていたこともあって、すぐに休みの許可をもらい、東京に戻って葬儀に参列しました。そのときに曹洞宗の方丈様（曹洞宗の和尚さんのこと）から、葬儀後にいただいた話の中で、この「偏らない、こだわらない、囚われない」の話をされました。おそらく「修証義（曹洞宗の経典）」のどこかに似た内容が書いてあるのだろうと思っていました。私としては、祖母からもらった言葉と思い、今でも肝に銘じています。

この葬儀が済み日本からロンドンへ戻ると、当時のドル／円は2桁（100円割れ）が定着し、95年の4月には当時の円の史上最高値79円台を示現したあとでした。葬儀に参列する前にそれまでのドルの下げで、そこそこおいしい思いをしていました。ドル／円相場は自立的に81円台とか82円台に戻り出したときだったと思います。

　さらに「ドルを売ろうか」と思って、少し売ってはみたものの感触が良くない。はたと、この「偏らない、こだわらない、囚われない」が頭をよぎりました。「ドル／円は大底を見たかな？」「ドル売りにこだわってはいけない」と思い、方針転換するうちに、当時の榊原財務官が主導した大規模介入によるドル／円の大上昇相場が始まりました。榊原財務官が市場を味方につけた相場で、ドル／円は同年9月に100円を突き抜けて上がっていきました。ロンドンでは東京にいたときよりポジション枠が抑え気味だったので、金額的にはさほどではないものの、値幅としてはかつてないぐらいポジションをうまく引っ張れました。

　最近、あらためて「修証義」を見てみました。ところが、"似たような内容"は書いていないようでした。方丈様に聞いてみましたが、もうお歳を召されているためか、なかなか話が通じません。そこで、調べてみました。

　当初、方丈様にお聞きしたときの「偏らない、こだわらない、囚われない」のベースにある「三心」は、以下のような内容でした。

①「喜心」
　感謝の心。人の喜びを自分の喜びとして人の為になる行いを喜んでする心、奉仕の心
②「老心」
　敬う心。親が子を思うように他の人を思いやる
③「大心（だいしん）」
　偏らない、こだわらない、囚われない　字の通り大きな心というこ

と。山のごとく、空のごとく、海のごとく大きくゆったりとして、ものごとをありのままに見つめるこだわりのない心が大心

今回、あらためて調べてみると、曹洞宗の開祖道元禅師の『典座教訓』という著書の中で、多くの修行僧に食事を作る食事係の心得として示されたもののようです。料理人の心得であれ、宗教的なことであれ、自分の中で育んだ人生訓だから大切にしようと思っています。

ときに、同じ材料なのに、あなたのひとつの売買のための解釈に対して、海外勢は別の見方をするというケースがよくあります。

例えば、日本の政府筋の人が「1ドル＝100円は割らせない」と言ったとします。これを「1ドル＝100円を背にドル買いと思う」ほうを日本的な見方とします。それに対し、「どうせ今の環境ではドル買い介入や新たな対策は出せない。口先で言っているだけだ。下げの流れだから100円を割れればさらに下がる（損切りが出る）。最後のドルの売り場だ」と見る海外勢がいたらどうでしょうか。同じ政府筋からの発言なのに、異なる解釈や感覚になること（受け取るニュアンスがほぼ逆となる可能性があること）があります。あくまでも、ある材料や発言に対する解釈が国内と海外で分かれるイメージを持っていただくための例です。歴史的には「国内外で解釈が違った」ということは置いといて、「100円は割らせない」のような発言後、100円近辺からドルが戻ったことも何回かありますし、1994〜95年や2008年に当局は「100円を割らせない」というようなことを言っていましたが、ドル／円は100円を割って下げていったこともあります。

国内勢と海外勢の見方の違いというわけではありませんが、1992年のポンド危機も挙げられます。このときは、通貨ポンドを守るために（正確にはあるレベルを守るために）、ポンド買い介入に加えて、

イギリスはどんどん金利を上げて防衛政策を強めました。これを受けて「政府や中央銀行は本気だ」とか「金利が高い」と思ってポンドを買った人と、「流れはポンド安で、いずれ英国の政府や中央銀行は負ける」と思ってポンドを売った人がいたわけです。最終的に政府や中央銀行が金利の引き上げやポンド買い介入を断念したことで、ポンドを買っていた人の大損切りが連続し、ポンドの暴落につながりました（詳しくは第5章のエピソード8で紹介しています）。こういうときは日本の新聞と海外の新聞（FTやWSJ他）で、市場の見方や説明のトーンが違うことがあります。例えば、日本では「防衛の介入や利上げ」を報道するだけ、海外では「介入や利上げには無理がありそうだ」「通貨のレベルを維持するためにする愚かな行為」というトーンで書かれていれば、見方や反応も異なるわけです。

相場には関係ないですが、少し一般的な例を出しましょう。「日本はおもてなしの国」と言われます。しかし、海外の人から見ると「おもてなしで人に誠意をもって接する国なのに、なんであんなに満員の電車に乗るのか」「なぜ朝から昼間から電車で寝ている人がいるのか（普段は人目を気にしないのか）」「どうして自分が通った後のドアを次の人のために押さえてくれないのだろう」など、おもてなしからほど遠い感じを抱いて、不思議に感じるケースがあります。

ロンドンでは適度な満員はありますが、体が触れあうほどの満員の地下鉄や電車に乗ろうとすると、「Pushing kills yourself」と怒られます。欧米やシンガポールでは日本のラッシュアワーのような体の触れあう乗り方は御法度で、皆次の電車を待ちます。

また、どこの先進国でも、夜中に飲んだくれて電車で寝ている人はいますが、昼間に電車で寝ている人を見ることはほぼありません。

さらに、日本では、次の人のために自分の通ったドアを押さえてくれるようなことはあまり多くない気がしますが、ロンドンでは多くの

人が、次の人のためにドアを押さえてくれます。このように、自分が気づかないうちに「偏った」見方や行いをしている可能性がいろいろとあるわけです。

第1章でもお話ししたように、ときには『Financial Times』や『The Times』を読んで、英国や欧州の人の相場に対する見方をチェックし、それをギャップと考えて、シナリオを作っていくことが大事です。

ひとつ、例を紹介します。東日本大震災発生の数日後、シンガポールに駐在していた私はカンボジアにいました。「投資先企業としてカンボジアはどうか」という視察も兼ねていました。幸い、同国財務省のトップクラスの人と面談ができました。最初に「地震は大変ですね、本当にお悔やみ申し上げます」というようなことを英語で言われ、やはりハイクラスの人は礼儀正しいなと思っていたところ、続いて「我が国への援助は、今後、大丈夫でしょうか」と質問されました。「地震からの復興などで、今後は日本も資金が必要になるだろうから、結果的に途上国への援助を減らすとか、やめることになるのではないか」という懸念です。

もちろん、私に聞かれても返事のしようもないのですが、地震からくる心配は日本人とは違うところにあったわけです。同じ材料でも、考えることや反応が違うので注意が必要です。

本題に戻ります。「偏らない、こだわらない、囚われない」とは、相場の行きたがっている方向のシナリオやロジックの組み立てを「素直に見る」という自己検証の作業を意味します。いわゆるファンダメンタルズの組み合わせだけのロジックだけではなく、ポジションの偏りやチャートの形、値動きも加味して行います。

最後にひとつ。大事なのは、揺さぶりをかけられた後、自分のシナ

リオに修正をかけ、最終的な自分のシナリオを持つことです。そうで
なければポジションを取れません。揺さぶりに負ける、あるいは迷わ
されるときはポジションを持たないほうがよいでしょう。揺さぶりが
きた段階で、逆のロジックもすでに用意できていれば、逆に行ったと
しても素早い対応ができるわけです。

～第5節～
風林火山

　風林火山とは、甲斐の戦国大名・武田信玄の軍旗に記されたとされている「疾如風、徐如林、侵掠如火、不動如山」の通称です。「孫子の兵法」から持ってきたようです。

　個人トレーダーの方は「ひとりでやる」わけですから、緩急をうまくつけないと心も体が持ちません。特にそういう方にはとても参考になると思います。

　本節では、この「風林火山」を相場に照らして、私なりの適用をご紹介します。ここも、読み手の方がご自身の失敗や反省をもとに深める形でよいかと思います。

1) 疾きこと風の如く

　時に、相場は待ってくれません。目の前のレベルは二度と戻ってきません。あるいは、当面、戻ってこないかもしれません。特に、大相場では、損切りは迅速に行う必要があります。後で精根尽きて刹那的な損切りをしないためにも……。

　トレンドのある相場なら1歩、2歩遅れてのエントリーも間に合いますが、それを逃すと「Super Highway」には乗りにくく、いや、

乗れなくなります。

　したがって、日ごろからマーケットをリードするロジックの整理
と、値動きに対する感性、チャートの動きへの感度を研ぎ澄ます必要
があります。

　ただし、いつも力んで、やたらにエントリーしてしまうと、概して
良いことはありません。

2）徐かなること林の如く

　サッカー選手ではないですが、"心を整えた"自分がいます。風向
き（相場の流れ）を見定めつつ、エントリーのポイントを探す時間が
典型です。「待つ」に近いニュアンスもあります。

　また「これからマーケットがどちらに行こうとしているのか」とい
うイメージが出てこない、「買いか、売りかの方針」が定まっていな
いようなときは正に林の中で風向きを読む感じです。あるいは、負け
が続き、「自分」を、あるいは「市場との距離」を調える時間のいず
れにも使えます。

　相場では「上がらないものは下がる」「下がらないものは上がる」
ということが起きます。そういうときに反転するロジック（屁理屈か
もしれません）に思いを馳せる時間も大事です。

3）侵掠すること火の如く

　私の中では「Super Highway」に入り出す直前か、入り出した直
後を意味します。ポジションを増やして侵略を開始し、Highwayの
出口に向けてポジションを一挙に縮めます。これで侵略終了です。伸
びそうならさらに追撃しますが、そういう相場はドル/円では年に数
回です。ポンドがらみなどは多いかもしれません。

侵略どころか、Highwayでもなかった場合は、「こだわらず」に値動きで判断して、少なくとも追撃した分は撤退（損切り）します。

4）動かざること山の如し

　負けが込んでいるときやマーケットの動きが悪いときは、やたらに手を出さないほうがよいです。衝動的に動いたトレードではケガをしやすいです。こういうときはあえて自分を縛ります。英語では「Sit on hands」と言います。

　また、材料を待っているときは、こういう状態（動かざるごと山の如し）です。これは、相場を見ないこととは違います。本当に休むのは週末です。ひらめきだしたならば、自分とよく対話をして、「イケる」と感じたら「火の如く」です。

　今ひとつ思うのが、適度に利の乗ったポジションの扱いです。利食いを待って利益を伸ばします。「まだ利食いを我慢するのか」を静かに謙虚に「逆に行く可能性やシナリオ」も自問しながら、時を過ごします。

　次ページの「徳川家康公遺訓」として、広く知れ渡るこの人生訓は偽作のようです。日付は関ヶ原の合戦から３年後、家康が征夷大将軍となったときのものとなっています。

　ただ、真偽はともかく、ある程度、FXトレーディングを極めた人や、社会でそれなりに成功している人は、自分の経験と照らし合わせてみると、この「５行」の深さに圧倒されると思います。

　私の書斎のデスクの前には、日光東照宮の土産屋で買った額縁入りの"これ"が飾ってあります。また、サラリーマントレーダーのときは、この５行の小さいコピーを財布に入れて持ち歩いていました。いつも事前に見ればよいのですが、悩みや危機に直面したとき、すがるように見がちなのが自分の反省、かつ、この人生訓の使い方です。読む人が自分の人生に照らし合わせて噛み味わえばよいのですが、FXトレーディングの観点から私が見ると、以下のようになります。損したとき、損が続いたときの心の整理と、大きく勝って自分に慢心の雰囲気が漂うときの自制用に使っています。

1) 人の人生は重荷を負いて遠き道を行くが如し　急ぐべからず

　ただ儲けようと焦っては駄目。動くのは相場なので「焦るな」とい

人生訓

人の一生は重荷を負いて遠き道を行くが如し　急ぐべからず

不自由を常と思へば不足なし　心に望みおこらば困窮した時を思い出すべし

堪忍は無事長久の基　怒りは敵と思え

勝つことばかり知りて負くる事を知らざれば害その身に至る

おのれを責めて人を責むるな　及ばざるは過ぎたるよりまされり

慶長八年正月十五日　徳川家康

171

うニュアンスを、この一文からは強く感じています。

　また、為替相場は概して行ったり来たりしますので、利益を積み上げることが大事です。急に自分の力量を超えたポジションをとるなど、一発勝負に出て負けてしまうと、人生ゲームの差し戻しのようになります。

2）不自由を常と思へば不足なし　心に望みおこらば困窮した時を思い出すべし

　この一文は、いろいろと解釈できます。私は「今、トレーディングができる状況に感謝し、初心に返ります」と捉えています。丁稚トレーダーとして下積みをしていて、ポジションを持ちたいのに持たせてもらえなかったときのことを思い出します。相場で損を出したら、個人にしろ、トレーディングを会社業務としてやっているにしろ、次の機会があるかはわかりません。今の適正な損切りは次につながります。全滅しないようにして、謙虚にチャンスを探します。

3）堪忍は無事長久の基　怒りは敵と思え

　「堪忍袋の緒が切れる」に使われるように、「堪忍」には「怒りを越えて人の誤りを許すこと」という意味と、「苦しい境遇などをじっとこらえること」という意味があります。

　この「堪忍は無事長久〜〜」については、（微妙に）両方の意味があると思っています。相場で損をしてしまったとしても、それは他人のせいでも、市場のせいでもありません。腹を立てても仕方がありません。突発的な材料や発言で損切りを余儀なくさせられることも、相場で生きている以上、出くわします。でも、そんなときに怒っても仕方がないわけです。心の乱れこそ敵なのです。

4）勝つことばかり知りて負くる事を知らざれば害その身に至る

　相場で損切りをしたとき、自分をなだめるときに使います。うまく儲かった後にすぐに損して、利益を全部市場に返さないように、素直な損切りをして次につなげます。

　私の場合は、たまたま利の乗った良いポジションを持っているときにこのフレーズが視界に入ったり、脳裏をよぎるときには、ポジションを縮めたり、最小限の金額でポジションの一部を利食いします。

　私はこの行為を「お賽銭」と呼んでいます。良い方向に進むと思いつつ、ご利益の一部を市場に献上するイメージとなります。また負けが込んだときも「神様が試練を与えてくれているのだ」と、冷静な自分を取り戻すために、このフレーズを思い出します。

5）おのれを責めて人を責むるな　及ばざるは過ぎたるよりまされり

　前半は明確です。相場は自己責任です。後半は、いろいろ解釈できますが、私の場合は、負けたときに「全滅しないで、この程度の損で済ませたのでよいではないか」と自分をなだめ、納得させるために使います。あるいは、「自分にはゴールがあるので、まだまだ未熟。さらに自己研鑽せよ」といった解釈をしています。

　私は、「機」とか「機会」という意味で、英語の「Opportunity」という言葉を好んで使います。「この人との出会いは自分の人生にとってどうだ」とか、相場に限らず「こういうチャンスを得てどう生かそうか」とか、「このタイミングでこれが起こったことの示唆するものは」など、出会いやタイミングやチャンスを表す言葉です。相場でも「ポジションは持ったけど、自分の感触の良さや悪さを感じさせるものは何か」とか、そのポジションとの"出逢い（巡り合わせ）"

を噛みしめるわけです。

　ここまで、相場に通じる、あるいは相場だけではない"古くからの教え"をいくつか紹介させていただきました。私たち日本人には身近な例として、この手のものはほかにもいくらでもあると思います。皆さんも、相場を通じた自分探しの中で見つけてください。良いとこ取り、自己解釈でよいと思います。主に相場に疲れたとき、迷ったときに自分を整理するために使えばよいわけです。

　おそらく、欧米のトレーダーも、聖書やマックス・ウェーバーの『プロテスタンティズムの倫理と資本主義の精神』やホッブズの『リヴァイアサン』、マキアヴェッリの『君主論』、ナポレオンの教えなどに同じようなものを見出していると思います。イスラム圏の人も、コーラン等で同じようにしているはずです。

　私は、ある意味、信心深いと思います。特定の宗教、宗派への傾倒はありませんが、会社でトレーダーをしていたときはほぼ毎週、浅草の祖父母の墓と浅草寺にお参りに行きました。今でも月に約一度、お参りします。「神様、仏様」でも、「神様、キリスト様」でもなく、「神様、ご先祖様」と唱えています。日本人には私のような人が多いと思いますが、欧米ではバックグラウンドとしてのキリスト教がありますので、相場をやるうえでも、人として付き合うときでも、キリスト教を意識する必要があると思います。

　　例えば、欧米では、クリスマスにトレーディングはする人は本当にいません。日本ではクリスマス、バレンタインデー、ハロウィンはデートやチョコレートを売ることなどの口実になりますが、欧米のクリスマスはとっても「Holy（聖なる日）」で、家族と家で過ごすのが普通です。ロンドンでは、バレンタインデーに、お母さんにバラをプ

レゼントしているシーンを何回か目にしましたが、チョコレートをあげていることはなかったように思います。ましてや彼にチョコレートをあげていることもないと思います。

　とにかく日本人は宗教的なことについては概して勉強不足で認識が甘く、「ノリの軽い」ところがあります。東京オリンピックの関係者が昔、お笑い芸人として「大量虐殺ごっこ」というホロコーストをネタにしていたことで解任されましたが、本当にあってはならないことをやっているわけです。ユダヤ教の人たちは迫害を受けた歴史もありますが、イスラエルを建国し、米国の政界や金融界の要人になっている方もたくさんいます。例えば「Gold……」という苗字にはユダヤ系の人が多く、実際、Goldman Sachs の偉い人にはユダヤ系の人が多いです。日本人にしてみれば、「原爆投下ごっこ」と言われているようなものです。お互い寛容でありながらも、尊重しあうべきです。

コーヒーブレイク2　相場の用語

　網羅的ではありませんが、相場の用語をご紹介します。

1）レートの呼び方

　今は銀行・投資銀行等でトレーダーをした経験のない参加者の方も多いので、YouTube などでは、私としてはあまり聞きなれない表現が多いですが、業界でふだん使われる呼称をご紹介します。例えば「105.00（105円00銭）」は「105円ちょうど」、「105円フラット」、英語では「105Figure」と言います。105円10銭は「105（円）のイチマル（トーセンと呼ぶこともあります）」、105円25銭は「105（円）のニーゴー」と言います。

　また104円台から105円台に上がったときは、「大台」が変わると言います。普通、ドル/円のFXは104円25銭などの銭の桁、あるいはその下の桁も入れて取引しますが、その一般的な取引（ここでは銭）が1から100動いて桁が変わったものを大台と言います。英語ではBig figureです。ドル/円やクロス円で2円大台を変えて動いたら2 big figuresとなります。ユーロ/米ドルのように1ユーロ＝1.1212−（1.12）13ドルというレートがある場合、1.12を大台としてその下の桁（3桁目と4桁目）の12−13というのを取引単位として、1.12台が1.13台になったら大台が変わったことになります。

２）通貨の呼称・俗称

①米ドル（USD）

　FXのプロの世界では１本、あるいは1Dollarというと100万ドルを指します。ときに米ドルのことをBuckということもあります。

②英ポンド（GBP）

　Great Britain Pound, British Pound, Sterling Pound というのが正式だと思います。１ポンド＝○○米ドルと表すときに限り、この通貨ペアをCableと言います。また、英ポンドを取引するときにはQuidということもあります。

③豪ドル（オーストラリアドル　AUD）

　俗称はAussie（オージー）。

④ニュージーランドドル　（NZD）

　俗称はKiwi（キィウィ）。

⑤カナダドル（CAD）

　俗称はLoonie（ルーニー。ただし、米ドル/カナダドルの通貨ペアのときだけ、こう呼ぶと思います）。

３）動きを表す動詞・形容詞・名詞など

　例にすぎませんが、主なものは以下の通りです。

①上がる：rise, rally（回復したとのニュアンスがあります）

②強く上がる：strongly rise, strongly rally,

③暴騰する：surge, rocket, sky-rocket,

④急に上がる：spike

⑤下がる：fall, drop

⑥大きく下がる：collapse

⑦暴落する：free-fall, nosedive

⑧大きく行ったり来たりする：

　volatile, skittish（移り気な、馬車馬のような）, hectic

⑨動かない：

　quiet, calm, doldrum（夏枯れ　summer doldrum）

⑩押し目買い、戻り売り：buy the dips, sell the rips

4）損切りと利食いにかかわる用語

　損切り、いわゆるロスカット（Loss cutting）を表す動詞は、「切る」がスタンダードだと思います。

　個人的な好みとして、ドルを買い持ちしていて損切る場合は「投げる」と言います。買って持っていたものを放り投げるイメージです。売りポジションを損切りする場合は「切る」です。

　通貨ペアで軸になる左側の通貨（1通貨単位当たり「＝」で示される。ドル／円であれば、ドルのほう）を買っている場合は買いポジション（Long position）、売っている場合を売りポジション（Short position）と言います。このうち、Short positionをやめるときには「cover」という動

詞を使います。市況欄に「Short covering（あるいはShort squeezing）で上がった」というような場合は、損切りのニュアンスが強いと思います。

　株の世界からの用語で為替ではあまり使わないと思いますが、売り方（shortしているほう）が値上がりによって損切りを強いられるような状況を「踏まれる」「引かれる/引かされる」「担がれる」などという言い回しで表現することがあります。

　また、売りでも買いでも損切りを強いられるとき、最近は「焼かれる」と言うこともあります。

5）強気と弱気　（Bull と Bear）―ワニとムササビ？―

　こちらも株から来た用語だと思います。相場が上がる（為替の場合、左側で1単位で示されるほうの通貨の方向）と見る向きを強気、下がると見る向きを弱気と言います。英語では強気はブル（bull＝雄牛）、弱気筋はベア（bear＝熊）と言われることが多いです。形容詞は bullish と bearish です。

　また、上がり続けている強気相場を bull（あるいは bullish）market と表現することもあります。為替の場合は、普通、ドルやユーロに対して bull（強気）、あるいは bear（弱気）と言います。

　ドル/円については、日本の経常収支黒字（米国の赤字）をネタに、どちらかと言うと、いつもドルに弱気な人と、金利差（常に米国のほうが高い）をネタに、どちらかというといつもドルに強気な人に分かれます。私の相場の先生のひと

りシンガポールでの上司だったM氏は前者をムササビ（下に向かってしか飛べない）、後者をワニ（上しか見れない）と言っていました。一般的ではないですが、とても気に入っています。

6）Fixing＝決められた時間の値決め（公示レート）

　常にレートが動いている為替市場では、企業は、顧客や仕入れ先との決済や精算に公示レートを使います。企業と顧客双方が誰にでも客観的に確認できる決められた日の公示レートを使って、公正さを確保するわけです。

　生保等の機関投資家にしても、投信などの運用会社にしても、（自社の為替担当者が恣意的な時間に処理することよりも）投資家への公表や公正性の関係上、公示レートが必要になります。

　世界中にはいろいろなFixingがあると思いますが、日本からトレードする方に関係があるのは主に以下の2つです。

①東京市場の公示仲値レート

　銀行等の金融機関が午前9時55分のレートを元に、午前10時に窓口に公示するレートです。これに銀行等が手数料を乗せて最終的なレートが決まります。ドル／円で例をとると105円50銭で仲値が決まると、銀行等はドル買いの顧客には「105.50＋手数料（具体的には○○銭／ドル）」、ドル売りの顧客には「105.50－手数料」で実際の決済をします。

　一般的に仲値でドル買いのほうが多いときに「仲値不足」

（ドルが不足）、ドル売りが多いときには「仲値余剰」（ドルが余剰）と言います。当日はもちろん、各銀行の中ではドルの過不足はわかるのですが、市場全体の過不足は誰にもわかりません。

ゴ・トー日（5が付く日と10の倍数の日）は、仲値不足になることが多いと言われています（おそらく、石油会社等の輸入企業の決済がゴ・トー日に多いからと思われます）。私が相場を始めた1980年台の半ばには、そういう言い方が広く知られていたため、それを期待してドルを買っておき、仲値が決まる近辺の時間で利食いをしようとする市場参加者も多かったと思います。

また、輸入の決済水準の高い日（不足の日≒仲値でドルが上がる可能性の高い日）には、輸出業者がドルを高いレベルで売り予約しようとするケースも多く、仲値の需給が変わる（不足→余剰）ことも間々あるので、あまり当てにしないほうがよいと思います。

東京市場の場合、各銀行の当日の仲値の決済水準（売買いのネット、ドルで言えば「ネットドルの不足」または「ネットドルの余剰」は、顧客の依頼を集計した結果です。しかし、実際の当日の送金や入金がなくても為替のレートを押さえる意味で、仲値の直前まで、仲値で決める分を受け付けます。例えば、仲値の直前までネット1億ドルの不足だった銀行が、直前に輸出企業より「2億ドル仲値でドルを売りたい」と注文を受ければ一転、その銀行は直前で1億ドルの余剰になるわけです。ゴ・トー日に仲値を決める時間に向け、ドルは首

尾良く上がっていたのに、直前から下がるときはこういうケースがよくあります。

「ゴ・トー日に仲値は不足だろう」と単純に考え、ドルを買うトレーダーも多いです。皆、仲値近辺で利食いをするつもりなので、仲値近辺ではドル売りが勝ってしまうこともよくあります。

それでも経常収支の黒字が小さいとか、貿易収支が赤字のようなときは、ドルがトレンド的に足りないことが多いので、仲値近辺からドルが下がり出してもあまり下がりきらないこともあります。マクロ的な視点も大事になります。

近年、仲値やFixingは価格操作の温床とか、銀行の談合的な動きと見られるのを避けるべく変化してきています。昔は、東京銀行の仲値に横並びでしたが、その後、日ごとに輪番の幹事行が決めたレートで横並びという動きを経由して、現在は各行等が独自に決めることになっています。ただ、9時55分近辺のレートが元になるので、基本的に大きな差は出ないと思われます。

東京の公示はすべて対円です。最近では、海外投資家の資金も預かる日本の投資顧問会社などは、次に紹介するロンドンのFixingに移りつつあります。

②WM/ReutersによるロンドンFixing

ロンドン時間の16時（夏時間15時）＝日本時間の25時（午前1時、夏時間24時）に決定されます。この時間に、欧州の実需や世界中の資本筋、運用会社の値決めが集まっている

と思われます。特に月末近辺の日は、通貨ごとの取引が偏り、市場を動かすことが多いです。米国株だけが大きく上昇したような一部の月末のケースでは、海外投資家が米国株の比率（アロケーション）を保つという理由で「（米国株を売った見合いの）ドル売りが出やすい」という日も多いですが、正直、それぞれの通貨ペアで最後の尻（実際の通貨の過不足のネット）がどうなるかはよくわかりません。

　いずれにしても、最近はFixingの時間に向けて事前に動き出すより、その時間帯に突如動きが出るので注意が必要です（詳しくは第4章の379ページ「エピソード7　そして金融規制の時代」で紹介します）。

第**3**章

実践編

~売買のタイミング・ポジションの育て方~

～第1節～
ポジションの作り方・育てるためのサンプルスタディ

　昨今の運用の世界では、フィンテック（FinTech ＊）なども発達しているため、個人の資産も一定の個人の運用の好みや年齢等の条件を指定したうえで、自動で最適運用されるものも出てきています。

　また、プロの年金や生命保険等の機関投資家は、株と債券、その他の比率に関するアセットアロケーションは決めるものの、個別の銘柄を選ぶこと（アクティブに動くこと）による超過リターンを狙う（ここでは単純化して α：アルファと言います）よりも、市場のインデックス等と同じリターン（β：ベータ）を求める色合いが非常に強くなっています。簡単に言うと、放ったらかしにしておいて、銘柄選びの失敗で市場のインデックス以上に損が出ることがないようにしている傾向があります。機関投資家の最近のトレンドは単純化すると、以下のようなものです。

① α は狙わない

　アクティブな運用での市場平均以上の損への嫌悪

② 手数料を掛けない

　日経平均、ダウ、NASDAQ 連動というインデックス型は手数料が安い

③ β を株、債券、商品、不動産等に分散する

＊：金融（Finance）と技術（Technology）を掛け合わせた造語。最新テクノロジーを駆使した新しい金融サービスのこと。

最近では、コロナ禍の株の大幅な下げとその後の強い上昇で、「個人でインデックス連動型のファンド等に積み立て投資をして放っておくと良いことがある」という“米国では当たり前の動き”が、日本でも起こりつつあります。この流れは続くと思います。

　そういう状況の中で人のお金を託される資本筋（機関投資家とほぼ同意）は、為替が関わる点について、機関決定があれば動くことはあっても、為替部分を常に相場観を持ちながら現場でアクティブに動かすことは概して減っていると思います。

　しかし、冒頭でも申し上げた通り、為替では流動性が抜群です。また、インサイダー情報などはほぼなく、平等に情報を得ることができます。為替は、日本人から見ると「ドルコスト平均法（積み立て）でドルを買っておけば」という、資産を外貨に配分する面があるほか、米国人から見ると、「積み立てで円を買っておく」という反対の面もあるわけで、ひとつの通貨ペアのロングとショートの意味するところが、個別株のロング・ショートとは決定的に違います。

　こういう点を考慮し、本節では、為替での「α」狙い（単純にトレーディングで利益を上げること）の実践をあえて試みます。ここでは、機関投資家等がある程度捨てているリターンを、個人が集めようという主旨もあります。

　為替のトレーディングでは、同時に持っている通貨ペアは一般的に多くて3〜4くらいでしょう。身軽で出直しが簡単なので、リスクはあるものの、トータルでαを狙うことができるのだと思っています。本節で話す内容は、FXトレーディングをしているか、もしくは、これからトレードしようという人には理解できるように努力いただくとともに、そうでない読者の方には「そんなものか」と斜め読みでかまわないところです。

サンプルスタディ1

　実際に相場の動きに対してどのようにポジションを作って、利食いや損切りを含め、どのようにしてポジションを育てていくか、サンプルを使って説明していこうと思います。

　なお、αとβについては、かなり単純化して使っています。また、個人的に人に預ける場合（主に投信）は、①〜③の信奉者でインデックス型しかやらないようにしています。確定給付の年金や生保部分は真にお任せなのでどうにもなりません。

　実際に相場の動きに対してどのようにポジションを作って、利食いや損切りを含め、どのようにしてポジションを育てていくか、サンプルを使って説明していこうと思います。実際の相場ではなく、あくまで仮想の相場です。最近（原稿執筆時）はドル高・円安のトレンドが強いので、そういう相場の戦い方は実際の相場を使ってサンプルスタディ2のほうで取り上げます。

【前提】

　ドル／円でドルの下げを見ています（次ページ参照）。105.50近辺に、多くのサポートラインが集中し、その近辺には過去の安値の平行線も来ています。下げへの私のコンフィデンス（確信や自信）は比較的高いですが、105.50を切れ、今日が下放れ相場の日になるかについては、まだコンフィデンスはありません。

　仮に、ポジションとして力まずに持てるのがドル／円の10単位、最大で30単位とします。ここでいう1単位が1000ドルか、1万ドルか、10万ドルか、100万ドルかは皆さんの基準で考えてください（＊）。106円ちょうどを割れて105.80ぐらいに下がってきたところから始めます。

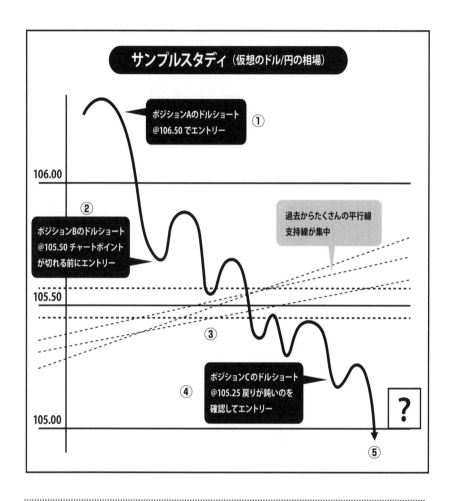

188ページの＊：適正ポジション量は人によって違います。始終相場を見ていられる環境にある
か、為替用の資金量とレバレッジ（FX外国為替証拠金取引の場合は、単純化すると、出せる証
拠金の限界とレバレッジの掛け方）、経験などによって異なります。最近は「資金管理」につい
ていろいろと書いてある本がありますから、それらを参考にしていただければと思います。私は
Super Highwayではポジションを拡大とか「風林火山」の「火」になるときも同じように説いて
いるので、一概に保守的なことだけを言っているわけではありません。

　しかし「徳川家康公遺訓」の「及ばざるは過ぎたるよりまされり」で、とにかく身のほどを超
えた「Over-trading」はいけません。為替の失敗で会社がなくなった例、上場企業でも為替トレー
ディングと手を切らざるを得なくなった会社はたくさんあります。個人の方においても、とに
かく資金が全滅になるようなことがあってはいけません。

①について（189ページ参照、以下略）

　106円台半ばでのドルショートを首尾良く10単位持っています。最初は15単位売っていましたが、下がる過程で利食いをして減っている状態です。私はポジションを作るとき、そのときのコンフィデンスにもよりますが、この例のポジション限度感だと15単位とか20単位など、少し多めに売ったり買ったりします。ただし、その中の5単位、10単位は比較的すぐに利食いをします。心の整理として「持っているもののコストを良くする」トレードです。逆行しはじめたら、そのときの相場付きにもよりますが、多めに売ったり、買ったりした分はすぐにやめ、自分が一番平常心で持ちやすい10単位に戻します。

ポジションA　@106.50のドルショート　10単位

②について

　105.70レベルに下がり、今日にも105.50が切れていくような気がしてきました。

　105.50を明確に切れてから売る方法もありますが、私はまずここで売ります。仮に105.50割れで追撃ショートした後、戻り出してから判断するならば、損切りするところは「105.70」くらいでしょう。仮に105.50割れの「105.40」で売っているとすると、30銭分のマイナスであると同時に、「ポジションAもやめようか」という思いが頭を急によぎるようになります。ここですべてのポジションをやめるような刹那的な判断をしてしまうことが多いのです。これだと、リズムが悪くなります。

ポジションA　@106.50のドルショート　10単位
ポジションB　@105.70のドルショート　10単位

③について

105.50 が割れそうです。こういうとき、私の場合は、少し様子見しながら、割れてくる前も、割れてからもポジションBを2～3単位利食いします。買いの感触を得る（買い方の気持ちや感触を思うという程度の意味）と同時に、ポジションBのコストを上げる作業です（部分利食いで利益を少し確保しポジションも少し軽くなり、気分が楽になる程度の意味です）。

ポジションA　@106.50のドルショート　10単位
ポジションB
@105.70のドルショート　7単位（※上がりそうならやめる）

④について

105.50を割れてきました。値運びを見ます。万が一、戻り出したら様子を見て、ポジションBを減らしていきます。105.50を割れてからもう戻りそうにないと思えば、ここで追撃です。

確信をもって追撃できたのが105.25で、10単位分、売ったとします。

ここで、この最後に売った10単位は大きく負けないように繊細な利食いをします。仮に105.00ちょうどの方向に進んだとすると、この時点で、最後のポジションも3単位、細かい利食いをしていきます。

ポジションA　@106.50のドルショート　10単位
ポジションB
@105.70のドルショート　5～7単位　※持ち値前後には損切りオーダー
ポジションC
@105.25のドルショート　7単位　※持ち値近辺か、105.50～60あたりに損切りオーダー

⑤について

　この後も「Super Highway」の下げへと続いていくなら、理想的なポジションです。合計22〜24単位のドルショートとなります。

　実際のところ、トレンド（相場の方向性）に決着（この例では「下げ」）がついた後のほうが、相場が加速しやすい、すなわち損切りや新しいポジション（この例では売り）を作ろうという動きが加速するので、「Super Highway はここから」ということもよくあります。

　いかがでしょうか。かなり都合の良い例です。これが何時間かで起きたか、2日かけて起こったかなど、議論のあるところです。理想は、最初から30単位売ってひたすら我慢することですが、基本的に「損は小さく、利益は大きく」です。

　もしこの相場が100円を割れる方向とか大きな下げに進んでいて、あなたが先の22〜24単位のうち5単位でも、3単位でも持ち続けていれば、飛躍のチャンスです。あなたは下げの過程で十分利食い（利益確定）できて、そのうえ5円以上のフェイバーな（利益の乗った）ポジションを5単位なり、3単位持っているわけです。緊急 ME TIME です。「単純に利食いする」「追撃のドル売りをする」「ドテンロングにする（利食ってロングに切替える＝買い方となる）」「ポジションは保持し、他に出てきたスターカレンシーのトレードに移る」など、選択肢が増えます。

　127ページの Super Highway でご紹介した1ドル＝100円とか、120円のときに1ドル＝200円以上のドルショートを持ち続けられたのは、この例のようなやり方の繰り返しだったわけです。後で見れば大きなドルの下げ相場でしたが、プラザ合意前の1ドル＝240円あたりから数年で120円などへ進むとは誰も考えていない時代のことです。

　もちろん、途中ずっとドルショートをキープしたわけではなく、両建てしてドルの上げを取りに行った時期も多々あります。

サンプルスタディ２：金利差を狙ったキャリー取引の例

１）前提

　ここでは実際の相場の値動きをもとに金利差、あるいは金利差の拡大に期待してトレードする狭義のキャリー取引、すなわち「金利差を主に狙った取引」を例にして、その戦い方と潮目が変わるときの考え方について、いかにコアとなるロジック、値動きが発するロジック、そして、ときにテクニカル（それもロジックとして加えてもよい）が大事かの視点から見ていきます。

　「通貨を借りて、借りた通貨で別の通貨を買って運用」と言うと、少し難しい感じがしますが、実際には FX 証拠金取引などを例にすれば、ドル／円でドルを買うことで擬似的な効果が得られます。

２）金利差の狙い方はいろいろ

　まず、金利差を享受するには以下の違いがあることは知っておく必要があります。ひとことで"金利差"と言っても、オーバーナイト（１日物）の金利と１年物の金利、10年債の金利の差等、どれだけの期間を対象にするかによって結果は異なります。

①例えば、為替証拠金取引でドル買い／円売りをし、ポジションを翌日に持ち越すときは、毎日のスワップポイントが精算されていくことになります。もしも、あなたが海外旅行に行くために持っている円でドルを買うならば、手持ちの円を直接使っているわけですが、為替証拠金取引では、証拠金を元に、（レバレッジを掛けて）何倍かの円を借りてきて、ドルを買い、そのドルを普通預金に預けているという考え方になります。ここの金利（借りた円、預けたドル）の金利を毎日精算します。これが「（日々、あるいは１日分の）スワップ・ポイン

ト」と言われるものです。2023年の1月末で米国の政策金利である
FFレートは年率で4.25〜4.50%、日本はマイナスないしほぼゼロで
すから、仮に年率で米国が4.25%とすると、金利差は年率4.25%程度
になります。これが日々（日率）精算されるわけです。

　ただし、毎日の両通貨の1日物金利水準とその時の為替レートで精
算額は変わります。

　ちなみにドル売り／円買いをしたときはドルを借りて、円を預ける
方なので、スワップはネットで払う側となります。

②1年物金利で比較すると、米国が4.25%程度、日本がゼロないし0.1%
くらいですから、金利差は年率約4%になります。銀行で1年物の円を
借り、ドルの1年物定期預金等で運用すると、金利差として4.15%の金
利を得られるわけです。円の金利がわずかなので、日本人が手持ちの円
を売ってドルを買い、1年物定期預金をしても同じようなものです。

　この場合、この先1年の精算する金利（円を借りて、ドルを貸す）
は固定されるので、日々の金利変更の影響は受けません。

　また、輸入業者が仮に1ドル＝100円のときに1年物為替を予約す
ると金利差≒4%分なので、1ドル＝96円で予約購入できます（銀行
の手数料や、金利の貸借の借りる方と預けるときのスプレッドはなし
で考えています）。両方の通貨の金利の受払を加味した為替レートです。

③10年債や30年債など、金利差を考えて運用するものには長期的運
用者（年金や生保など）が多い、と単純化して言えると思います。

　上の①〜③のような差には、さらにたくさんのパターンがあります。
必要に応じ、巻末付録1の「金利の期間構造やイールドカーブについ
ての補足説明」をご覧ください。

次に、仮に米国のほうの金利が高いとして、日米の金利差が、期間はちょっとおいて年率3.65％としましょう。これは、日割にすると1年＝365日ですので、日率0.01％になります。ドル／円が仮に100円とすると、ドル買い／円売りだと毎日0.01％、すなわち0.01円（＝1銭）のスワップポイントを受け取れます（ドル売りのときは逆に支払い）。1年持てば受け取る金利は3.65円／米ドルで、10日間なら10銭です。短期的に考えると、10日間で為替相場が10銭（0.1円）は、円高にも円安にも始終動いているわけです。

　何が言いたいかと言うと、比較的短い期間（例えば1カ月など）で見れば、「金利差は為替相場の値動きと比べて小さい」ということです。

　長期（1年以上など）では、複利効果等も手伝って良い面もたくさんありますが、為替相場では、金利差以外のファクターや金利差トレンドの変化で大きく動いて円高になってしまうリスクもあるわけです。

　また、先述しているように、「金利差」をもらえて、さらに為替益ももらえる"ダブル"がいつもあるわけではありません。典型的には、高い金利の通貨が引き締めのし過ぎによって、経済成長やインフレの沈静化で金利差が縮まり出すようなケースでは、それまで金利の高かったほうの通貨が売られ出します。為替のほうの益の吐き出し（為替と金利のダブルで儲かることの転機）になります。

　また、金利差が日本円と比べて圧倒的に大きいトルコリラ等の場合では、トルコリラ・円はほぼ下げているだけの歴史です（新興国については違うアングルも必要になるので第5章で取り上げています）。

3）2021年からのドル/円の上げ相場を例にとって

　前置きが長くなりましたが、以上のようなことを念頭に置いて、ドル／円の円キャリー相場（＝円をドルに換えて持ち続けて、金利差を狙って運用する、FX証拠金で円売り／ドル買いをしてポジションを

保持すること）で「何を考えて行動するか」を実際に示していきたいと思います。実際には日々レビューする（この場合「見直し」に近い意味）ほか、時に値動き応じて瞬間的にレビューをしますが、説明上、単純化しているところが多々あります。

　次ページのチャートは、コロナウイルス禍で乱高下した後、2020年末ごろに102円台を底に上昇し出した米ドル/円の週足チャートに、米国10年債を重ね合わせたものです。チャート上の「③」の時期ごろになると、以下のような「猿でもわかる"金城鉄壁"な米ドル買い/円売りのロジック」が浸透します。

ロジック a. 日米の金利差は拡大する
⇒米国のコロナ禍からの回復成長は日本よりはるかに早い。米国はインフレ抑制に舵を切り、日本は量的緩和政策・ゼロ金利に変更はない

ロジック b. 日本の貿易収支の黒字から来るドルの余剰は大幅減退
⇒石油価格が上昇しており、日本の貿易黒字は縮小や赤字傾向で、当面のドルの需要は対円で高い

ロジック c. インフレ抑制を主として、米国がドル高を歓迎する
⇒通貨高（自国通貨高）には輸入物価抑制効果がある（＊）

　このマクロ的なロジックを前提に、ドル/円の上げ相場を考察します。チャート上の①～④の横にある丸囲みについて、チャート・テクニカル面と、そのときのロジックを簡略に説明していきたいと思います。

＊：例えばドル/円が1ドル＝100円と、1ドル＝150円のケースで、1ドルのものを輸入する場合、為替が1ドル＝100円（円高）のほうが円貨で見れば安く輸入できるわけです。日本国内の物価にはやさしい（物価抑制的）です。逆に米ドル高（円安）なら米国にとって輸入物価抑制的になるわけです。特に米国は貿易赤字なので輸入物価のほうが、為替の影響は大きくなります。

◆ ドル/円　週足　2018年8月〜2021年12月

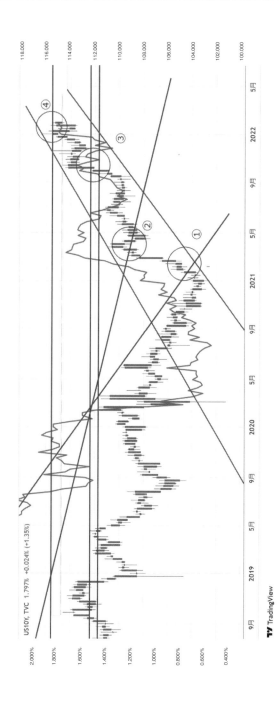

チャートの「①」について

市場がドル高に転換したところです。

2020年のコロナ禍発生後に100円手前と110円超の乱高下の後、方向が定まり、2020年末に向けてはドル安方向に下げていきましたが、年末に向けてはドルを売っても下げの度合いが悪くなっています（＊）。また欧米ではワクチンが普及し出します。

おそらく、この2020年末から2021年年初に向けて100円割れを避けたい日本政府筋は、ワクチン手当（購入代金）のドル買いをこれ見よがしに始めて、上がりたがっているドルの背中を押したのではないかと思います。

結局、テクニカルで見ると①の丸囲みのところでコロナ後の下げ相場の上値抵抗線を上抜け、2020年後半の下げ相場の流列が壊れます。

また、2020年の10月ごろから2021年1月の102円〜104円あたりが鍋底（あるいはSaucer bottom）になっています（鍋底については後述）。これも上放れです。

さらに、相場を追ううえでひらめいてほしいのが、①の円の中の左側です。上値抵抗線を抜いた長めで強そうなローソク足Ａ（注：チャートではわかりにくいですが、このローソク足は陽線）がエリオット波動の第1波を想起させる感じで出現したことです（その後の波動のカウントは短期・中期・長期でいろいろできます）。"これ"をどれだけ早く感じられるかどうかです［詳しくは235ページのエリオット波動（Elliot wave）参照］。

....

＊：「ドルを売っても下がらない≒ドルショートがだいぶ溜まっているのか？」などと考え出すわけです。「あまり下がりたがってない」という値動きから感じる市場のメッセージから「大きなドルショートの手仕舞いが入ると反転するか」「どんな材料が出てくると反転するか」と、いろいろ考えるわけです。それでも下がるロジックがあるかもしれませんし、軽く調整で戻って、その後で再び下がるというシナリオになるかもしれません。

◆ドル/円　週足　2018年8月～2021年12月（再掲）

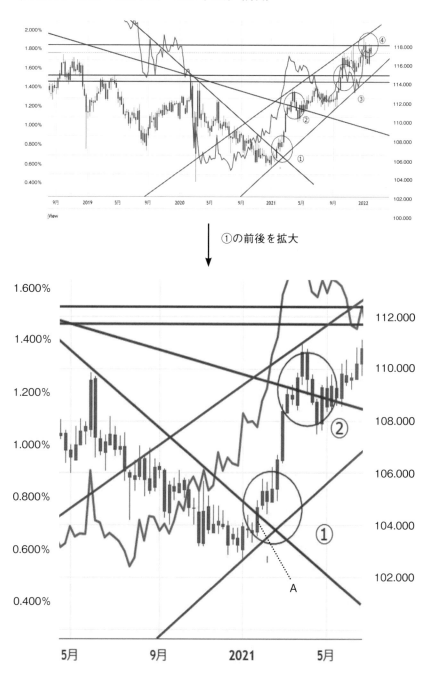

①の前後を拡大

チャートの「②」について

　ここは2015年のアベノミクス相場の高値125円台と、その後のトランプラリーやコロナ後の高値を結んでできた上値抵抗線に触り出したところです。この上値抵抗線は期間が長く、高値の結び方や線の太さでいくらでもぶれると思います。

　ファンダメンタル面では、単純化すると、①あたりから②までは米国の10年債の上げに連動していることがわかります。コロナ後の米国の急速な回復を織り込むステージです。最もわかりやすい上げ相場です。まさに「Super Highway（126ページ参照）」です。こういうときこそ、市場が注目している米国債の動きを見ながらドル買いポジションを膨らますことが肝要です。このとき、マーケットをリードするロジックでも大きいのが米国10年債の利回りの上昇、あるいは米国債の動きです。それらを意識しながらトレードすること（政策金利に変更がない時点では短期金利はあまり上がらないので中長期債が先行します）を市況レポート等から早期に感じとれるかどうかです。もしくは、コロナ禍からの米国の回復を先取りする動きとして感じられるかということになると思います。この章の第8節の②にある「取れる相場でしっかり稼ぐ」ステージとなります。

　その後、米国10年債で見ると、1.7％台でいったん頭打ちして下がりだし、2021年3月には110円を上抜けたものの、その後、9月末まで110円前後の1〜2円を行ったり来たりします。上にあるように長期から来る上値抵抗線を超えてきたのかそうでないのかも判断しにくいところですが、今にしてみれば上昇への時間的な調整時期となりました。こういう時期は基本、ドルロングにしつつも、上がったら利食いでロングを縮め、下がればまたロングを増やすということができると理想的です。パラボリックの1時間足や4時間足作戦が、ひとつの方法として有効になります（詳しくは246ページの「モメンタム分析③　強い味方パラボリック」参照）。

◆ドル/円　週足　2018年8月〜2021年12月（再掲）

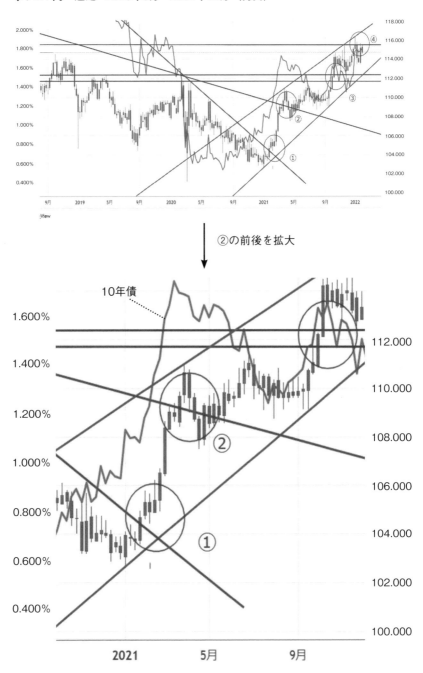

②の前後を拡大

チャートの「③」について

　111 円前後でダブルトップになりそうなところ、過去に何度も上値抵抗線となっていた水平線、特に 112 円台前半を上抜きます。

　米国の失業率も 4 ％台に低下（私の感覚だと歴史的には米国では完全雇用に近いレベルです）、消費者物価指数（CPI）も年率で 5 ％を超え、パウエル FRB 議長も「インフレは Transitory（一時的）」との見方を徐々に変え出します。

　また、バイデン大統領もパウエル議長の再任を決定します。勝手な推測をすると、バイデン大統領は「君はコロナ対策をうまくやったから再任する。今後はインフレの抑制をしっかりやってほしい」と言ったと思います。パウエル議長自身も「コロナ禍から世界を救った FRB 議長」という評価から、「インフレ退治に二の足を踏んだ議長」に評価が下がりそうだとの思いもあってか、経済情勢の数値や各種情勢からの判断もありますが、急にハト派路線に別れを告げ、12 月には Tapering（テーパリング。量的緩和策による金融資産の買い入れ額を順次減らしていく）を決定します。

　その後、私にとっては大きな解釈のきっかけとなる出来事がひとつありました。2021 年 11 月 26 日に 115 円台にいた相場は、南アでのオミクロン株の出現の報を受け、再びコロナ禍によるリスクオフ（Risk-off）で下落します。東京時間の午前中でしたが、私はそのとき相場を見ていませんでした。お昼になって気づいたときは「日銀の量的緩和解除の話でも出たか」と思いましたが、下げた理由を調べて「今さらオミクロン株が原因でこんな落ち方をするものなのか」と思ったものです。

　また、「そこそこ円キャリーのポジションが溜まってきているな」との印象を持ちましたが、今思えばまだ序の口だったようです。その後、数週間が経つうちに、「オミクロン株は感染力が強いが、致死率はさほどではない」ということがわかりました。

◆ドル/円　週足　2018年8月～2021年12月（再掲）

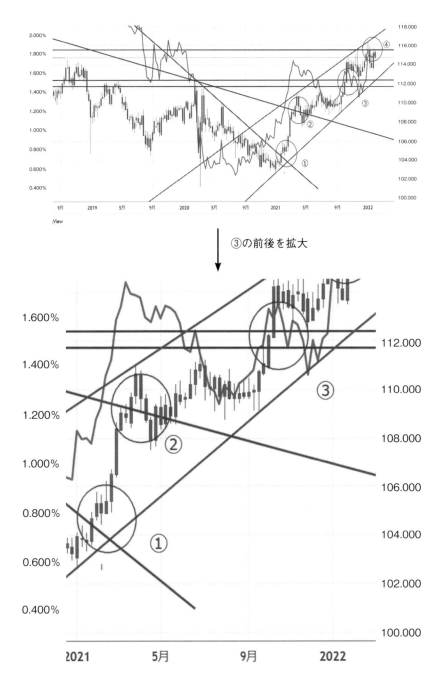

③の前後を拡大

オミクロン株の出現で私が感じた最大のメッセージは、その後の各国対応に「コロナの影響を理由にして、金融政策が再度緩和に動くことはなく、想定外の追加財政政策も出てこない」というものでした。少なくとも金融政策では、コロナ対応策の巻き戻しステージが進んでいるのは間違いないとの確信です。

市場やマスコミはこういう言い方はせず、「コロナよりインフレ懸念」という表現になります。いずれにしても、市場では Tapering や米国の利上げ、QT（Quantitative Tightening　量的引き締め。FRB が積み上げたバランスシートの縮小）が始まるわけです。つまり、これまで流動性で我が世の春を満喫していた株式市場が不安定化するということです。為替ではリスクオフの局面にも気をつける必要を感じました。

その後、オミクロン株での下押しは112円台半ば手前までで、FRB の Tapering 開始、そして2022年からの利上げを織り込んでいきます。

チャートの「④」について

相場は再度上昇し、116円30銭台へと進みますが、そこで一度頭を打ちます。不思議なもので2021年3月の高値や10月、11月の高値を結んでできた右上がりの抵抗線に当たるところで止められて反落します。上げの流列の中での抑止力がチャートに現れました。

当時、いわゆる為替市場のフローがよく見える銀行等のストラテジストが116円台になっても117～118円ぐらいの話しかしないので、「まだ米国が利上げもしていないのに、ポジションが溜まっているとわかっているのだ」と思いました。この感覚も後から思えば違っていたようです。

一方で、120円方向への備えが薄いかもしれないとも思いました（第1章第4節「FX ストラテジストの人たちの意見」を参照）。

◆ドル/円　週足　2018年8月〜2021年12月（再掲）

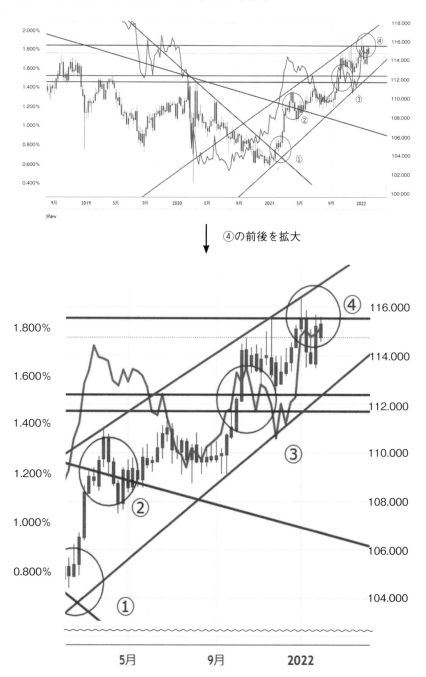

④の前後を拡大

先のような明快な鉄壁ロジック群・シナリオがあると、わかりやすい円キャリー取引では、ポジションが溜まりやすいです（今説明した時期は溜まっていく過程です）。要は、金利差が広がっていくなど、さらなる円安を見ているわけで、日を越えてポジションを保持しないと金利差（スワップ）を取れないわけです。また金利や円安を取ろうと外貨預金を作った人はすぐにそれを崩すわけではなく、新たに外貨預金をする人も増えていきます。

　105円以下からうまくドルロングをキープして1年が経っています。例えば為替証拠金取引で持ち続けていてもオーバーナイトの金利の累積ですが、FEDはまだ利上げしていないので、この時点では、年に多くて0.25％しか金利（金利差）はついていません。金利面でのゲイン（スワップポイント）はわずかです。

　すると何が起こるかと言うと、サンプルスタディ1のように普段は「10」、最大「30」というポジション枠（各自が設定するもので、ここの10が1万ドルか100万ドルかは人によります）とすると、物足りないので、ポジションは積み上がりがちになります。

　仮に①で10、②で10を追加して5を利食って計15、③と④でも同じことをしてネットで5ずつ加えると計25となり、フルポジションにかなり近くなります。特に、円キャリーはスワップポジションももらえる（上の説明の現状ではわずか）のでキャリーしやすいです。

　また、外貨預金をする人も、まだ上がるなら積み増しということになります。特に、外貨預金や外債投資は、速報性や可視性のある形でポジションはつかみにくいので、CFTCのIMMの円売りポジション以上に市場のポジションが積み上がっているケースが多いと思います（第1章第2節の「コアロジック5：トレンドのマグニチュードと相場の位置・トレンドの成熟度」、97ページを参照）。だからこそ、ショック的なことが起きて下げ出すと深くなることも多いので、ロング

は保持するものの、ある程度回転させること（細かく利食いしたり、ポジションを適正化すること）が肝要です。

　ここで、コアとなるポジションを持ったうえで追撃（買い増した）ポジションのメンテナンスをどうしていけばよいかというと、本音はケースバイケースですが、できるだけ具体的にルール化してみます。いわゆる、デイトレードをなさる方にも、こういう市場参加者がたくさんいると思ってお付き合いください。

　円キャリー相場で鉄壁ロジックがはっきりしていて（＝トレンドがすでにある）、市場のポジション（ドル買い／円売り）が溜まってきているときにどうするか。そこを考えていきましょう。具体的には、以下の項目をひとつひとつ確認していきます。

A）常に鉄壁ロジックに揺さぶりをかける

B）当座の上値の目処を検討する。追撃分の利食い場を探る

C）少なくとも、追撃ポジションの損切りは浅め（近いところ）にする

D）調整（下げ）のシグナルを考える（ファンダメンタルズ、値動き、テクニカル）

E）すべてを諦めないといけないレベルを確認する

それでは、次ページのチャートを使って、それぞれ見ていきます。例えば「④」の116円台で上値抵抗線に当たったあとの115円台で考えていたようなことです。

A）常に鉄壁ロジックに揺さぶりをかける

　例えば「ロジック a（196ページ参照）」で日本だけがいつまでも量的緩和をやめないことがあるか。日本は何十年も量的緩和、ゼロ金利・マイナス金利を続けているが、今後もそうか。

　「ロジック b」で石油価格が低炭素化社会に向かうことなどで、再度、反落していく可能性はあるか、産油国に増産の動きがあるかなど。

　「ロジック c」では海外主導でインフレが懸念されだしているが、日本側から円安に対する懸念やけん制が出てくるかなどです。

　このように、可能性は低くとも、常に逆のロジックも用意しておきます。特に、日本経済は恒常的なゼロ金利・量的緩和のぬるま湯につかった蛙のようなもので、金利の上昇でいつ「茹で蛙」になるかもしれません。日本銀行の生え抜きの人たちが物価の情勢を気にしていなければ、それはそれでおかしいですし、インフレが前提の社会に戻ることを合理的期待として織り込ませてくる政治もあるかもしれません。不発弾に終わりましたが、実際116円台から下げ出した114円台で日本の利上げが取り沙汰される話も出てきました。

　いろいろ書きましたが、「米国の金利が上がっていく」というさらなる確信が持てたならばまだドル買い、石油が下がらないならまだドル買い、日本の金融政策に変化がなければまだドル買いだとしても、「日本に緩和の微調整の話が出てきたらどうだろう。そういう状況の中、市場のポジションの円売り／ドル買いの積み上がりはどうだろうか」という整理をしていくわけです。時々整理することで、何か出てきたときに「ひらめき」やすくなるわけです。

◆ ドル/円 週足 2018年8月〜2021年12月 (再掲)

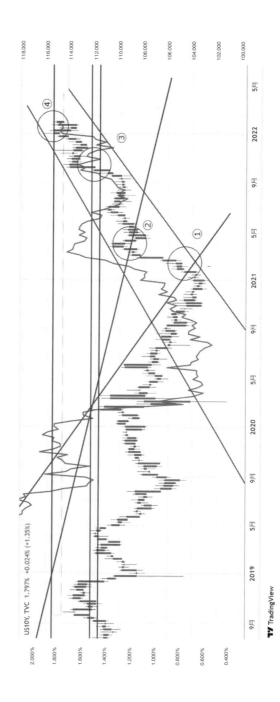

US10Y, TVC 1.797% +0.024% (+1.35%)

B）当座の上値の目処を検討する。追撃分の利食い場を探る

◎ 2021 年の④では見事に上げの流列の上値抵抗線（116 円台半ば）
　ではじき返されました

◎あらかたの過去の戻り高値は抜いているので、次はトランプラリー
　時の 118.60 台や、象徴的な大台である 120 円など

◎ボリンジャーバンドがお好きな方は、上げ局面では日足の 2σ あた
　りで上げのバンドウォークをしていると思うので、そこで当たりが
　つきます(ボリンジャーバンドのバンドウォークがわからない方は、
　ネットや書籍に話が出ていますので、調べてみてください)

◎フィボナッチ数列を使った、下げた分の 1.382 倍、1.5 倍、1.618 倍等

◎過去の値動きで高値や安値になっているところからの水平線

◎月足の一目均衡表の雲等の位置　　等

C）少なくとも、追撃ポジションの損切りは浅め（近いところ）にする

　なぜ「特に浅くするか」です。浅くしておけば、突発的な材料にも
対応できますし、下がったときにドルを買い直す余地もできます（フ
ルポジションに近いままだと買えない）。次ページのチャートは先の
③と④（2021 年 11 月〜 22 年 2 月）を日足にしたものです。左の実
線円は 11 月 26 日にオミクロン株が出現したころで、右の実線円は
22 年 1 月 4 日に頭を打ったころのあたりです。いずれも高値から 3
円程度、3 ％程度の調整（下げ）をしています。

　一方で、まだ FRB（米国中央銀行）は利上げもしていませんので、
キャリーで見込めるスワップは多くても年率で 0.25％ です。少なくと
も、トレーディングとして間尺に合わないと思います。この下げを「ネ
ットショートして取れ」とまでは言いませんが、調整に備えることは
必要です。上値追いをして追撃した部分は 30 銭とか 50 銭で損切りし
ていれば、また下に行ったときに買い直せますし、損切りしてもやは
り下がらないとなれば、そこで買い直せばよいわけです。

◆ドル／円　日足　2021年10月〜2022年２月

116.000

115.000

114.000

113.000

112.000

111.000

110.000

109.000

108.000

107.000

10月　　　11月　　　12月　　　2022　　　2月

具体的な損切りについては、値幅でもよいのですが、例えば、パラボリック（後述）の１時間足や４時間足（パラメーターの設定で形は変わります）の買いシグナルが上がってきている点線を下回る（売りシグナルに変わる）あたりにオーダーを置いておくとか、30分足や１時間足の50期間や100期間の移動平均線を下回るあたりとかに損切りオーダーを入れておくなどがあります。どの方法を採用するのかについてはご自分に合うものを検証したほうがよいと思います。

　次ページのチャートは、同じ期間を４時間足のパラボリック（パラメーターによります）付きにしたものです。このチャートを見るとわかるように、丸印のところで少なくとも上値追い分を撤退（損切りかもしれないし、遅れた利食いかもしれない。ポジションを落とすことを指す）しておけば、２～３円下げてから買いで再エントリーできるわけです。

　これを２～３円下で損切りするとなると、いわゆる「刹那的な損切り」になり、トレーディングがぐちゃぐちゃになります。特に、右の丸印で下げた後は114円台の前半まできて、日銀の利上げが取り沙汰されました。とにかく、「良い損切りやポジション調整は次につながります」（この後の第７節　損切りの考え方を参照）。ただじっとアゲンストを我慢しているより、時間も有効に使えます。

D）調整（下げ）のシグナルを考える（ファンダメンタルズ、値動き、テクニカル）

　また211ページの日足のチャートに戻ってください。右側の円を見ると、あまりきれいではありませんが、酒田五法の三羽烏（232ページ参照）が出ています。酒田五法では「１カ月以上も相場が上伸したところで陰線３本が"ツタイ"で連続する形。崩落の前兆、１カ月程度は下落するとされる」とあり、このときもそうなっています。

◆4時間足チャートとパラボリック　2021年11月22日〜2022年1月28日

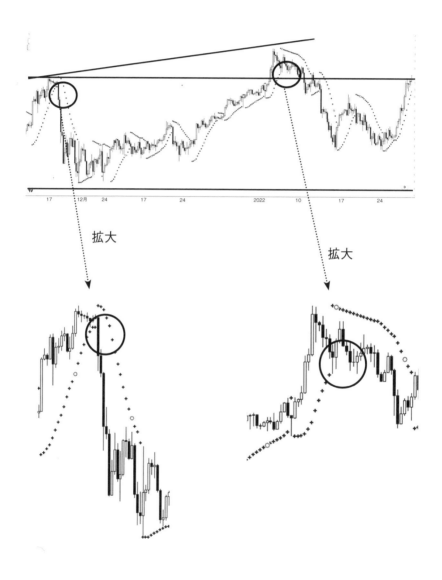

拡大

拡大

ただし、これは日足でないとあまり利きません。1時間足等では重用しないほうがよいと思います。

　この例では三羽烏が確定してから売っても115円台の半ばでは売れますので、上値をつかんだ分だけでなく、さらに下から持っているドルロングを減らすことも可能かと思います。ただし、「金城鉄壁のドル買い/円売りロジック」なので、どこかでまた買い直すことを念頭に置きます。

E）すべてを諦めないといけないレベルを確認する

　週足に戻ります（209ページ）。過去に何度も抵抗線となった112円台前半を突破して、③で次の上昇に進みました。またオミクロン株騒ぎでの下げも112円50銭手前で止まりました。よく言われるように、それまでのレジスタンス（上値抵抗線）が、それを上抜けると今度はサポート（下値抵抗線）になるレジ・サポ転換をしているように見えます。

　また、上げのバンドを作っている2本の線の下のほうも切り上がっています。本来、バンドが平行線だと、さらにそれらしい感じとなります。これも何となく今では112円台の半ばあたりに来ています。

　結論を言うと、112円～112円台半ばあたりを下抜いてくると、相場はトレンドが変わってくる可能性があるということになります。

　最後に、この話で112円を割り込んで損切りが横行、一挙に109円台などへ1日で行ったりすることがあるかもしれませんが、1日でそれだけ落ちると「何かの間違い」だったかのように、翌日は113円台に戻ってしまうようなケースもあります。ですから、1日で何円も動くアクティブ相場では、悪い形で巻き込まれないように損切りは早めにきちんとすることをお薦めします。上げるにしても下げるにしても、次のチャンスに乗りやすいからです。

長くなりましたが、こうして「マーケットをリードするロジック群（チャートなども含みます）」「マーケットをリードするであろう可能性のあるロジック群」を考えて整理する時間は、自分のお金を守り、育てるための「ME TIME」です。決して無駄にはなりません。「偏らず、こだわらず、囚われず」と考えて最終的にコンフィデンスの高いものに絞りこんでいくわけです。また逆に行ったとしても、考えたことから出てくる「ひらめき」が助けてくれるように……。

4）2022年のさらなるドル/円の上昇を例にとって

　ここまでは相場の様子を見ながら、「ドルロング／円ショートのポジションをどのように維持しながら、狭義のキャリー取引をしていくか」についてのお話をしてきました。

　もちろん、外貨預金を持ったままの人（＝レバレッジのない参加者）はドルロングを持ち続ければよいわけですが、レバレッジを掛けていたり、会社の運用ルールに損切りのルールがある人はそうはいきませんので、少し細かいところを説明しました。

　ここからは、2022年のロシアによるウクライナ侵攻後のFRBによる急激な利上げの相場を扱います。2022年の年初は、先に示した116円台がいったん高値となってからは、113円台半ばまで2度下げました（すべてを諦めないといけないレベルまでは下げませんでした）。その後は114円〜115円台でもみ合いを続けます。

　そして2月24日、ロシア侵攻が材料となってユーロが急激に売られます。一時はリスクオフの円買いのような動きもありました。しかし、侵攻に伴う石油や穀物の急騰も手伝って物価高となり、インフレが進行（当時、米国の消費者物価指数は前年比7％台増）しました。FRBが年内に5〜7回利上げをし（中には1回に0.5%の利上げをす

るとの話も出た）、またQT（Quantitative Tightening）の話も出たりなど、ドル高・円安が勢いよく進みました。

　特に印象深いのは、3月11日です。「ロシアの北方領土での軍事演習」や「津軽海峡をロシアの軍艦が通過」というニュースが流れました。市場はあまり材料視しないというか、マスコミはこの話題に触れたくないようでしたが、私の中では"これ"が決定的でした。

　ロシアにとって西はウクライナですが、東はまず日本です。円の地政学リスクのほうが大きいため、有事あるいはリスクオフのときには円買いはなく、むしろ円売りになりやすいと思いました。ただ、「（ウクライナ同様）日本もロシアに攻め込まれる」というリスクを考えた人が多いとは思えませんので、私の勝手なロジックだったのかもしれません。

　私が"このニュース"を意識したのはドルの高値116.30〜40を上抜ける寸前でした。その当日である「金曜日」のニューヨークの引けは「117円台であろう」という確信や、買っても落とされないMargin of safetyを感じたわけです。

　ここでピンときていないと、その後の相場を見誤ります。私の「ひらめき」の根拠や懸念は幸い誤りのようでしたが、この日あたりからロシアから離れた国や資源のある国の通貨が選好され、円は軟化に拍車が掛かります。もちろん、米国は引き締めで、日本は量的緩和の解除などまだしないという金城鉄壁ロジックではあるのですが、とにかく3月は円の独歩安となっていきます。

　私がこの本を書くにあたって非常に参考になると思ったのは、120円を抜けた3月22日の動きです。少し詳しくお話しします。

　3月18日（金）に日銀の金融政策決定会合後の会見で、黒田総裁は「大規模緩和は継続、円安はさして気にしていない」とのトーンを貫きます。過度な円安になっても政府・日銀はいくらでも対応できるとも発言しています。良くないインフレであっても、黒田総裁は彼の最大の

ミッションであるデフレ脱却にまっしぐらというわけです。

　ただ、これは少し古い相場を知っていると納得のいく話です。WTI原油の100ドル台や110ドル台は2011年〜14年にもありました。そのときは、タイミングが少しすれ違い気味でしたが、2015年のアベノミクス相場でドル／円に120円〜125円への円安の動きが見られました。ただ、このときはデフレ脱却には至らず、その後、また円高気味になっていきました。黒田総裁にとっては、デフレ脱却のための今回の120円超えの円安は、円安のレベルとして2度目のチャンスだったわけです。

　この黒田総裁発言のときの相場（2022年3月18日金曜日）は118.70〜80レベルから、ニューヨーク時間にかけて119.30〜40レベルまで、約60銭上昇します。その後は119.00〜30でもみ合いを続けます。週明け21日（月）の日本は休日（春分の日）でしたが、もみ合いを続けます。そして同夜、パウエルFRB議長が「インフレ抑制が正当化されるとの結論に至れば、0.50ポイントの利上げに踏み切り、意図的に景気を減速させる水準に引き上げる用意があるとの認識」と、どちらかと言えばFRBの中ではハト派と見られていた彼の発言で、119.40〜50まで上伸してニューヨーク市場は引けます。ニューヨークでの値上がり幅は30銭程度です。黒田発言で60銭程度の上昇をしてからのこのパウエル発言で30銭程度の穏やかな上昇です。それなのに（新たな目立った材料もないのに）、明けた22日の東京時間には120円を突き抜け、121円手前まで上昇します。

　「なぜ18日（金）や21日（月）の海外市場ではそんなに上がらなかったのに、東京で大きく上げたのか。それも120円という象徴的なレベルを超えて」というところを、この本の各所で触れているロジック群と合わせ、少し洞察してみようと思います。所与として18日以前にトランプラリー以来のドルの高値118.60〜70を超えてレンジブレイクの地合があったことや、22日（火）の米国の株式市場はパウエル議長の発言でもさして下げずにリスクオンの地合が整っていたこ

とがあります。

　3月22日〜23日の値動きの15分足チャート（次ページ）を見ながら、以下を読んでください。第1章にある「値動きが発するロジックについて（第1章第3節)」に主に沿って説明します。

①損切りが相場の原動力

　勢いのある上げが東京時間に起こったことに力点を置きます。私の想像ですが、日本の機関投資家（特に年金や生保筋）がヘッジ付き外債投資のヘッジ部分のドル売りを買い戻したことと関係があると思っています。FFレートが0〜0.25%である限りは、米国の長期債を、例えばコロナ・パンデミックで一番利回りが低い1%で買っていても、1年のヘッジコストが0.25%であれば、その差の「0.75%程度」が常に為替リスクなしで得られることになります。

　しかし、FEDは3月2日に0.25%の利上げをしていましたから、次に0.5%の引上げをすると、政策金利は0.75〜1.0%となってしまいます。ヘッジ付き外債投資をしている参加者としては為替のヘッジコストを考えると、何をやっているのかまったくわからなくなるわけです。

　こういうヘッジ付き外債投資の為替ヘッジ部分（ドルを売っている部分＝考え方としてはドルを借りている部分）は、大手生保ならば、各社当たり数億ドル、あるいは数十億ドルはあったと思います。この買い戻し（一種の損切り）が同時にたくさん出たと思われます（必要に応じて、巻末付録1の「金利の期間構造やイールドカーブについての補足説明」のヘッジ付外債についての記述をご覧ください）。

　特に機関投資家の場合は、昔は現場のトレーダーに任せる部分も大きかったと思いますが、今はより機関決定が必要なため、東京の時間帯や決定された日の夜のロンドン時間のFixingに出たりすることになります。このときは、黒田発言やパウエル発言を受け、休日明け・週明けに緊急会議をしてヘッジ外しを決めたであろうと推察されます。

◆ドル/円　15分足　３月22日〜23日

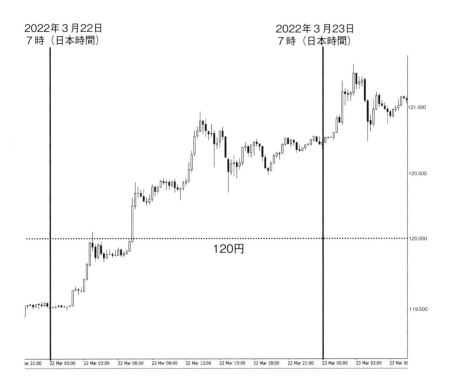

2022年３月22日
７時（日本時間）

2022年３月23日
７時（日本時間）

120円

また、大きなドル買い（あるいは大きなドル売り）が出ると、市場全体がドルショート（大きな売りが出た場合はドルロング）のようになります。大きくドルを買われた銀行(＝大きくドルを売った銀行)は、それを処理（Cover）するために市場につなぎ、またそれを受けた先がどんどん「持たされショート」になります。相場がどんどん上がっていくのでその損切りを強いられるわけです［このあたりの話は320ページの「コーヒーブレイク3. 為替市場の仕組み（ポジションは巡り巡る　為替の世界はババ抜き？）」をご覧ください］。大きな買いを入れたと推される機関投資家たちも気持ちは損切りで、売り返し（ヘッジのかけ直し）をすることはすぐにはないと思います。ただし2022年全体について、57ページの日銀の年報の国際収支についての説明（「要旨」）の中に「対外証券投資について、国際収支統計とあわせて『対外及び対内証券売買契約等の状況』を見ると、ヘッジコストの上昇等に伴う売却が指定報告機関以外にまで広がっていた様子がうかがわれる」とあるので、その後の円安の過程で、米金利上昇で含み損を抱えた米国債などを為替の利益と併せる形で処分した可能性があります。

②スターカレンシーは明らかに円

　欧米各国がインフレ対応で引き締め方向に動いているのに、黒田日銀総裁が円安を容認気味で、（日本は）量的緩和を粘り強く続けていることに加え、この時期に下げた世界の株式市場も反発気味であったことで、あらゆる通貨に対し円安がトレンド化し「Super Highway」が出現します。市場の動きを加速させているのはそれまでの円ロング（＝円買い）の損切りです。

③Volcanoの始まり（チャートが利いたり利かなかったり、ロジックと値運びの大事さ）

　2021年年初から始まったドル／円の高値116.40 ～ 50レベル、2016

年のトランプラリーの高値 118.60 ～ 70 も抜けてチャート的にはほぼ青天井に入り出します。こうしたときに上値の目処やドルの売り場（利食いと新規ポジションを含む）を探るには、2021 年の例のチャートの④を説明したＢ（210 ページ）にあるようにいくつか方法があります。

しかし、どれも近場に印象的なものはありません。こういうときほど目の前の値動きが大事になります。219 ページの 15 分足チャートを見るとよくわかるように、22 日当日は 119 円台半ばを超えると、一挙に動き、東京の仲値前に一度、120 円をわずかに超えると、その後は反落します。119.80 レベルで膠着を 3 時間ほど続けたあと、120 円を再び軽やかに超えていきます。実際に、この 3 時間ほどの攻防では、市場がドルショート気味で、下値が堅い＝ショートポジションを買い戻したい人だらけの値動きでした。あまりポピュラーではないですが、私たちはこれを「くちい（満腹＝ショートでこれ以上食べられない＝売れない状態）」と表現します。120 円なら一度ドルを売っても大丈夫だろうと考えた人、あるいは前日以前からドルショートの人、あるいは先述した「持たされショート」の人がたくさんいそうなわけです。基本的には 120 円台をしっかり上抜ければ、普通は 120.10 あたりに損切りが集中するわけです。当日は、まさにそのような状況になり、121 円直前まで行ったわけです。

値動きに加えて、やっぱりロジックです。FRB はこれから金利を上げていく、ロシアのウクライナ侵攻で石油価格が上がり日本の貿易収支や経常収支の黒字は激減する、インフレ退治のため FRB がドル高歓迎とドル買い／円売りのロジック満載で、ドルの売り方（ショート筋）は兵糧攻めにあっているようなものです。相場は、これからが噴火の始まりであったわけです。

④トレンドのマグニチュードと相場の位置・トレンドの成熟度（97ページ）

　私が上の解説で青天井とか、Super Highway と言っているので、まだ円安トレンドの最中です。FRB はまだ一度しか利上げをしていませんし、黒田総裁の発言でお墨付きを得た金城鉄壁ロジックですから、とりあえず「死ぬまで円売り／ドル買い」といったステージです。120 円も超えたし、125 円あるいは 130 円という少し遠いレベルまでいくことを、このとき強く思えることが大事だと思います。円キャリートレードをできるだけうまく（直接的にはたくさん）保持（Keep）したいと考えるわけです。

　ただし、値動きが発する天井示唆、例えば買っても買っても上がらない、勢いよく上げるが天井っぽい動きとなるとき（118 ページの「◎こっつん（高値、安値の支持・出現）」の発見）には、謙虚に注意しつつ進める必要があります。

　また鉄壁ロジックに変化が出るシナリオも用意しておきます。例えば、黒田総裁の任期中、（極端に言えば、悪いインフレであれ、デフレからの脱却を成し遂げたいが）政府筋が「悪い円安」と言い出す可能性はないか（為替介入を決めるのは日銀ではなく財務省です）など、バランス良く、自分のメインのシナリオに揺さぶりをかけておきます。値幅が出た後は調整的な動きも大きくなるので、そのあたりも考えながら進めます。

　最後にひとつ思うことがあります。この 22 日は「119.40 ～ 50」から「120.90 ～ 121.00」までの値動きで、その値幅は約 1 円 50 銭です。これは、この後にお話しする「第 4 章　第 4 節中のエピソード 3　相場商品のリスク管理の時代」にあるドル／円の VaR が 1 円 50 銭あたりという私の思い込みに合致するものです。

　また 23 日は小休止で、翌 24 日も「120.90 ～ 121.00」から「122.40 ～ 50」まで約 1 円 50 銭の上昇でした。金城鉄壁のシナリオで動いて

いる限りにおいては、サプライズな追加材料がない限りは勢い付いても１円50銭くらい。軽やかにそれ以上行くときは、もっと行くということになります。実際、同月28日には日銀の指し値オペと、それを月末まで続けるとの報もあり、122.10レベルで始まった市場はロンドン時間に１円50銭程度上がった123円台半ばを超えると、一挙に125円台に進みます。これは、３円の動きとなりました。

　この章を書いていて、「長期」的な相場観やマーケットをリードするロジックはあるにしても、やはり「短期⇒中期」「中期⇒短期」を積み重ねる、謙虚な姿勢が成功につながるような気がする、とつくづく思いました。

◆ドル/円　15分足　2021年11月〜2022年５月

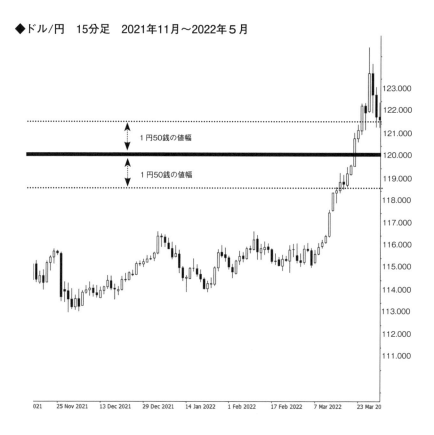

　ちまたには株やFX、コモディティの相場に関するチャート分析について書いた本は山ほどあります。また、ネット上にもいくらでも書いてあるので、ここでは軽く触れる程度にしたいと思います。

　チャート分析やテクニカルアナリシスは「アート（芸術）」と言う人もいるぐらいで、見る人や描き入れるラインの引き方によって結論も異なります。YouTubeなどでチャートを使い、相場の解説や予想をしているチャンネルを見ていると、そのYouTuberが意図していない線やチャートの形が私には見えてくることがあることも、それを表していると思います。正直、私が自分の相場観作りの順序をあえてつけると、次のような順番になります。

①ファンダメンタルズや直近の金利・株などの周辺金融市場の
　動きにポジションの偏りを加味したストーリー（シナリオ）
　　→　コアとなるロジック群
②値動きが発するロジック群＋実際の値動き（値運び）＝底堅い、
　上値が重い、値が飛ぶ等
③チャート等のテクニカル分析

　ただ、チャートを中心にやる人たちは、「チャートがすべてを表している」と言うはずです。このあたりはもう神学論争だと思います。

私が言う「②」の値運びの細かなところは、1分足や5分足のチャートを見ながらトレードすることと同じで、自分の感性を値動きに頼るか、チャートに現れるもので対応するかの違いでもあるわけです。私にはこだわりがないので、上の①～③で、どれがマーケットをリードするかなど、総合的に考えて相場に臨むわけです。

　ここでは私の使い方・好みを紹介するので、細部やわからない用語があれば、ご自身で調べてみてください。テクニカルも、そのときの相場や通貨ペアによって「マーケットをリードするテクニカル」があると思うので、そういう目で研究することをお勧めします。テクニカル（チャート）は、皆（その通貨ペアを取引する多くの人）が見ているものなので、自分も見ておいたほうがよいわけです。

　大事なのは、自分の好みの、自分に合ったテクニカル分析手法を見つけることです。ここでも断捨離が大事です。皆さんのマイブームでよいと思います。

　繰り返しになりますが、個別の株式はトレンドがつけば100円の株が200円、300円と比較的に短期間に上がることがありますが、先進国間の通貨ペアでは概してそういうことは起こりません。かなり大きい動きでも数日かけて10%強程度なので、その違いについては認識しておく必要があります。

　私は主に「15分足、1時間足、4時間足と日足（右に行きローソク足の期間が長くなるものを上位足という人がいます）」を見ます。時に繊細に"近く"から、時に週足や月足も見ながら"遠く"からです。通貨（厳密には通貨ペアごと）の癖も、チャートに表れていると思うので、そういう目で見ましょう。

　今は、為替では4時間足を使っている人が多いです。私も90年代の後半にテクニカルアナリシスが容易にできるようになり出したころ

に4時間足に出合い、虜になりました。1時間足だと細か過ぎるし、日足だと変化が穏やか過ぎになるからです。

　また私は「スターカレンシーは何か（あるいはスターカレンシーペアは何か）」と考えながら、さまざまな通貨ペアを、さまざまな時間の足（15分、1時間、4時間……）で見るため、基本のチャートと分析ツールはシンプルにしています。

　例えば、ポンド／ドルやポンド／円を狙うときはドル／円、ユーロ／ポンド、ポンド／豪ドルのチャートも少し観察して（それぞれのトレンドと、どこかで大きな動きの前兆がないかや、触ってはいけなそうなレベルにないか等）から進むので、基本チャートの設定はできるだけシンプルにします。具体的には、以下となります。

・ローソク足
・一目均衡表
・移動平均　（50、100、200）
　1時間足の100時間と200時間は欧米でも見ている人がとても多いです。これは必ず入れることお薦めします。
・パラボリック
・MACD（メインチャートの下段に配置）
　日足、週足、月足以外はほとんど見ません。

　以下に、主なテクニカル分析を紹介します。皆さん、ご自分のものにするには、研究と好みを通貨ペアごとに検証したほうがよいと思います。正直、私はボリンジャーバンドやRSIはほとんど見ない（あえて見ない）ようにしています。

ローソク足の形状分析（フォーメーション分析）

　まずは、酒田五法と言われるローソク足の並び方からの相場分析手法についてです。これは、FXトレーダーだけでなく、株やコモディティの方も使っていると思います。

　代表的なものとして、三尊（Head and shoulders）や三山、包み足（Engulfing）、下落相場後に底値を這い、もみ合って反転する鍋底（Rounding bottom、Saucer bottom カップ・アンド・ソーサーのソーサーの型です）などがあります。英語のものは元々の発祥は違うかもしれませんが意味するところは同じです。海外でも一般的になっていると思うので、必ずマスターすべきです。

◆三山と三尊

三山（トリプルトップ）

三尊（ヘッド・アンド・ショルダー）

◆包み足

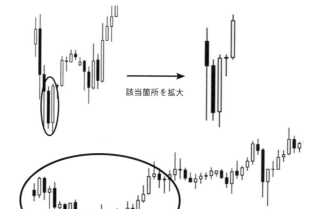

該当箇所を拡大

◆鍋底

フォーメーション分析については、日本証券新聞社の『酒田五法は風林火山—相場ケイ線道の極意』がバイブルと言えるでしょう。簡易版のようなものはネット上にいくらでもあり、YouTube 等でもたくさんあります（すべてのテクニカル分析に言えることです）。

　ただ、「酒田五法」については、書かれている内容の基本は、取引所が開いている時間が決まっていた時代のものであるという点には注意が必要です。

　例えば、24 時間動いている FX では、高値圏で天井を示すといわれる「首吊り線（後述）」などは利かないことも多いです。実際、天井と思ってショートをして痛い目にあったことや、さらなる上昇のチャンスを逸した経験が少なからずあります。

　またバーチャートでも可能な「過去の高値や安値が同じようなところにある」場合に引く水平線、過去の高値を結んだ上値抵抗線（Resistance Line）、その逆の下値支持線（Support Line）や、チャートの中のバンドを見つける斜めの平行線、また上値と下値の抵抗線からできる三角持ち合いや旗（Flag）などの形もあります（次ページ参照）。

　それらが実際に利くか否かは、皆さんに研究していただくしかありません。これは「お絵かき」なわけです。右肩上がりの平行線バンドが引けるならばアップトレンド（上げの流列）にあるということ、右肩下がりならその逆というだけです。むしろ、バンドから外れてくるならば（トレンドから外れるようならば）、「ロジックの変化があるかもしれない」と感じることのほうが大事だと思っています。もちろん、単にチャートがバンドから外れたからという理由で飛びついたとすれば、そのときは良くても、翌日に元のバンドに戻っているなんてことは頻繁に起こります。私の場合は、"切れた・切れない" というよりも、どちらかと言うと、ロジックが固まればという条件付きで、バンドから外れるほうに先に賭ける感じです。チャートでトレードしている人

◆水平線＆上値抵抗線（下値支持線）

水平線（上値抵抗線）

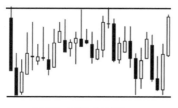

水平線（下値支持線）

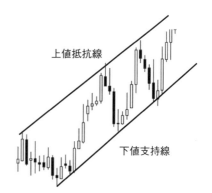

上値抵抗線

下値支持線

◆三角持ち合い＆フラッグ

三角持ち合い

フラッグ

の損切りが出てくる前に、です。

　また、水平線のバンドや三角持ち合い、フラッグはローソク足が何本も同じようなところでもみ合うので（時間があるので）、その間にポジションの偏りも含めた「次にどちらに離れるか」というロジックを育む時間となるわけです。「抜けたら飛びついてくる人、損切りしてくる人がいるほうはどちらか」という視点が大事なわけです。

　なお、これらチャートの形から言われるものの多くは、日足や週足に限らず、1時間足や4時間足でも有効です。三尊やダブルトップなども日足にこだわる必要はないと思います。

　高値圏で天井を形成したとされる、ダブルトップ、トリプルトップや三尊などは、いわゆるネックラインが切れてはじめて天井圏であったことが確認されるわけです（以下の図）。私も、ネックラインが切れてから追撃売りをすることはありますが、切れる前に売り出すことのほうが多いです。

◆例：トリプルトップや三尊（の考え方）のイメージ

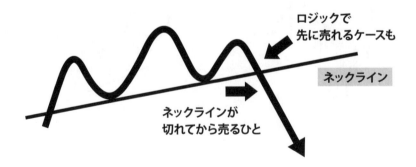

ロジックで
先に売れるケースも

ネックライン

ネックラインが
切れてから売るひと

ネックラインを割り込んでいくかどうかの確信は、チャートの形からの連想と、割れて相場が離れていくときの「マーケットをリードするロジック」を探す作業からきます。例えば、その日の相場が下放れた場合、新聞やテレビ、ネットの市況解説は「トリプルトップになったから」「三尊になったから」とは説明しないで、例えば「（ドル／円は）輸出筋の売りに上値も限定的で反落した～」というような理由を付けてくるはずです。それを、あなたが事前にシナリオライトできるかが、良いコストのポジションを作れるかどうかのポイントとなります。

　また、最終的に三尊になりそうな右肩（shoulder）を作りに行っているとき、「その上値トライが頭（head）を超えていかない」と、市場のポジションやファンダメンタルズの観点から確信が持てれば、右肩形成の上げに対してショートで臨むのは「Margin of safety」にも当たる（頭の高値を超えれば損切りすればよいだけ）ので、良いコストのショートポジションを作るチャンスとなるわけです。

　一方、もみ合いを上に放れてからそう言える鍋底やソーサーボトムなどは、ローソク足が何本も同じようなレベルで続くわけで、その形が出現する（完成する）までに時間が掛かります。私はどちらかというと、もみ合いとかレンジと感じたときは、風林火山の「林」や「山」のイメージで、レンジから離れる前にあまり動かないことが多いです。あえて考える時間に充てます。「なぜ動かないでレンジになるのか」の洞察や、「売りポジションが溜まっている？」「売っても落ちない＝ We are fed up with selling（売り飽きてきた）」という市場の感触など、逆に行く（あるいは反発する）ロジックを持っておくことが大事なわけです。そこで、ひらめきが来るようなら動きます。

　首吊り線とは、高値圏で窓を開けて高く寄り付いた後に、長い下ヒ

ゲをつけて陽線となった状態のローソク足です（次ページ）。上放れ
て寄り付いたものの、買い方の利食い売りが殺到して、大きく下押し
します。その後、押し目待ちなどの買いが一斉に入って、値を戻し、
高値引けで終わった形です。下ヒゲが実体の３倍以上あるものが首吊
り線と言われています。まだまだ買い方優勢で上昇エネルギーは残っ
ているようなチャートに見えますが、翌日は軟調になるケースが多く、
いったん利食いしておいたほうがよいと言われています。

　三羽烏とは、安寄りした陰線が３本連続で出現した状態のチャート
のことです。１カ月以上も上昇相場が続いた後、前日の引け値を下回
った位置から陰線が３本続けて出現したら、売り圧力が強まっている
と考えられます。こうなってくると、今後、下落が続く可能性が高く
なります。
　似たような形に「押さえ込み線」というものがあります。押さえ込
み線は、陽線となっている前日の終値よりもひとつ目の陰線が高い位
置で始まるのが特徴です。市場が連続している為替では、この特徴は
普通ありえないので柔軟に解釈します。同じ陰線が３本並んだ状態で
あっても、押さえ込み線の場合は「上昇途中の押し目」と見て買いチ
ャンスと考えます。

　紹介し始めると切りがないので、酒田五法とローソク足の形状はこ
のあたりにします。

◆首吊り線（天井圏で出現）

◆三羽烏

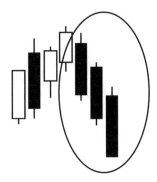

◆押さえ込み線

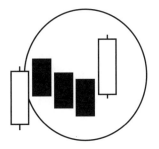

一目均衡表

　一目均衡表については、私も日足や1時間足、4時間足でよく見ます。雲の形などは当然ですが、私が好んで見るのは「遅行線が実線に絡んでくるところの感じとタイミング」と「雲がよじれているときは良いタイミングや地合で、近づけば突き抜ける可能性がある」というところです。

　下のチャートはひとつの例です。右側の点線枠を見るとわかるように、26本足前にある遅行線が実線を下に抜けてきたときに下げ幅が大きくなっていることを観察できます（いつもそうとは限りません）。

　同じチャートの左下の点線枠の雲がよじれているところを見てください。4時間足チャートが上抜けていく様子がわかると思います。4時間足や日足で近く（現在より先に）よじれが目についたら、そこに引きつけけられる可能性があるかを他のロジックとともに考えます。

　日足で「三役好転」「三役逆転」と言って騒ぐ人がいますが、このときはもう、日足チャート的には当たり前の買いトレンド、売りトレンドがついた後の状態です。後付けです。三役好転で追撃買いをした結果、高値をつかんでしまうこともよくあります。

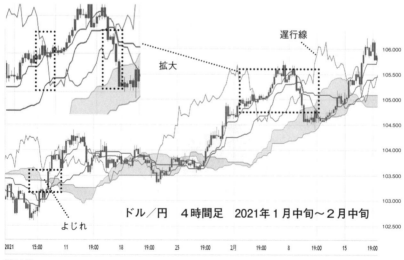

ドル／円　4時間足　2021年1月中旬〜2月中旬

エリオット波動

　細かく言えばいろいろとあるのですが、基本形は、相場が5波とその調整からなる流れの中で作られるという考え方です。上げ相場では3つの上げの波と2つの下げの調整波からなる2つの山と、最後の上げがある5波が基本です。

　私はこの理論の背景にある考え方をよく理解しておくことが大事だと思っています。下図に従って説明します。

・下げ相場の最後に少し急な上げが入ったり、下げにくくなって上がり出したりします。まとまった利食いや何か反対の材料が出て大きな買いが入ったようなケースです（①の上昇波）。
・売り方の再度の売りや、買い方の遅めの損切りの売り、下で買えた向きの利食い売りが入りますが、下がりきりません（②の調整波）。
・売り方の少し遅めの損切りと、底打ちで新規に買いと思った向きの買いが入る比較的わかりやすい上げがあります（③の上昇波）。

◆2016年のトランプラリーのドル／円の日足
　（選挙結果が出て下押しした101円台への下げが第2波に見える）

・一度、買い方の利食いが入ります（④の調整波）。これが①波のてっぺんを下回るようなら、買いも続かずエリオットの5波動のカウントはいったん中止。

・割り込まない場合は最後の上昇（⑤の上昇波）が出ます。誰でもわかる買い相場です。

　私の場合は、ある程度の下げ相場から、適度に大きく勢いよく戻り出したときの動きが、次に始まる上げの第1波となるかどうかにすごく興味があります（売り買い逆のケースも同じ）。こういうケースは1時間足、あるいはそれよりも短い時間足で見ることが多いです。

　例えば、しばらく下げ相場が続いた後に大きな買いや利食いが入ったときは、数分や数十分で大きく反発することがあります。「こっつん」です。下値の暗示であることが多いです。仮にショートしていたならば、あまり考えずにまず閉めます。同時に買いに転じるロジックの組み立てに全力を尽くします。もし大きく戻るなら明日の朝、市況レポートはなんと解説するでしょうか。

　そして、これが上げの第1波となることが少なからずあります。大きな下げの中の調整かもしれませんが、最初の下値を割り込まない限り、調整の上げだとしても、5波動を描いて上がっていくケースが多いような気がします。

　私は日足でエリオット波動のカウントをするほどの信者ではないので、通常は1時間足や4時間足で見ます。

　仮に、下げトレンドのときに調整（correction）の上げがいったんの底入れとして出現してから2〜3日、あるいは数週間続くようなときも意外に有効に使えます。また1日のうちで比較的大きな上げなり、下げなりの中で、不思議と、この5波動の解釈のような動きがよくあります。

エリオット分析の中で使われる黄金分割比率（黄金比、0.382、0.618）も市場の参加者が意識するので、これも知っておいたほうがよいと思います。ある高値から安値まで落ちた後、その後の戻りの目安として半値戻しの50%に加え、38.2%や61.8%がよく取り沙汰されます。

◆2023年6月26日〜7月3日のドル／円　15分足
（短いチャートにも5つの波が見える）

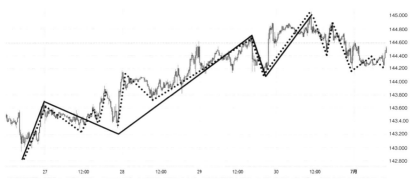

移動平均線と移動平均線が関連するテクニカル

①単純移動平均線（Simple Moving Average：SMA）

　1時間足、4時間足、日足、週足などで気にかけます。私は基本的に「50期間」「100期間（あるいは90期間）」「200期間」の平均線だけを活用しています。

・50期間

　50期間の移動平均線はトレンドを表していると考えられています。上げトレンドであれば、50期間の線が上に向いているので、それに向かって下がってきたら押し目買い。逆に、簡単に割り込むならば、慎重にいく必要があります。特に、上げのロジックに変化はないかと考えつつ、トレードすることになると思います。

・100期間と200期間

　上げ相場の中で、下げ・上げだしたとき50期間の移動平均線の次の支え（サポート・レジスタンス）となるのは100期間線、200期間線になってくるだろうという見方をします。

　また、相場が100期間線と200期間線の間を行ったり来たりすることも多いです。

　特に100時間線、200時間線は、欧米の参加者が注目しています。

・ゴールデンクロスとデッドクロス

　期間の短い線、例えば50期間線が長い移動平均線（例えば100期間線）を上に抜けるような場合はゴールデンクロスといって、強い買いの続行シグナルと言われます。逆はデッドクロスと言って売りのシグナルです。期間については日本株では5日移動平均線と25日移動平均線を使っていることが多いので、対象とする移動平均線の短期・長期の選定に決まりはないと思います。

ただし、為替は1時間足や4時間足を見ている人が多いので50、100、200が重用されます。ただ、100日や200日ではちょっと期間が長すぎるような気がします。移動平均線に関する「グランビルの法則」と言われているものがあるので調べていただければと思います。ネットや本などに紹介されています。

　単純移動平均線だけでなく平均を出すときに加重を掛けたり、統計学的要素を加えたもので特によく言われるのが、この後で紹介するボリンジャーバンドとMACDになります。

◆ドル／円　日足　2022年6月〜2023年6月

②ボリンジャーバンド

　テクニカルアナリスト協会のガイドブックの説明をそのまま引用します。

——日本テクニカルアナリスト協会「はじめの一歩　テクニカル分析ハンドブック 3（初級編②）より引用——

　ボリンジャーバンドは、米国のジョン・ボリンジャーが 1990 年頃に発表した方法です。株価は移動平均値を中心としてその上下に正規分布すると考え、株価の標準偏差を求めます。その移動平均線に標準偏差の 2 倍の値を加算した補助線と減算した補助線を引きます。理論的には 2 本の補助線の間に約 96% の株価が入ります。通常の相場であれば、株価は移動平均線を中心として推移し、下の補助線に接近もしくは割り込んだら反騰に転じ、上の補助線に接近もしくは突破したら反落に転じます。この場合、株価が補助線の近くで方向転換することを前提として投資を行うことになりますが、これはオシレーター的な使い方といえます。

　一方、長期間上昇もしくは下降が続いた後は、2 本の補助線の間隔が狭くなり、その後、トレンドが反転すると、片側の補助線を押し広げるように推移することがあります。この場合には、株価の推移に追随する投資を行います。新しいトレンドの発生が示唆されるからで、これはトレンド指標としての使い方といえます。ボリンジャーバンドは、移動平均線を応用した手法なので、トレンド分析に含められることがあります。

——引用ここまで——

　上の説明では 2 標準偏差（2 σ）で説明していますが、算式は以下

となります。計算期間を決めたうえで（通常は 20 期間等）、a 倍は任意（1 〜 3 あたりが標準）。

「移動平均線とその期間に用いた期間データの標準偏差の a 倍をその上下に加減したもの」

　ボリンジャーバンドについては、信者ではないのであまり見ませんが、上の説明の順番に従うと、次の 2 つの視点では月に数回程度見ます。
　ひとつ目は大きく動いた（暴騰、暴落をしている）ときに、「どの程度のものか」とチェックし、今後の高値、安値の目処として参考にします。主に日足や週足の「2 σ や 3 σ が今、どの水準にあるか」を見るだけです。
　2 つ目は、値動きが悪くなってきて、日足などで 2 σ も、3 σ も上下で作られるバンドが収束して（狭くなって）きているときです。近々、相場がどちらかに離れる前兆として、「マーケットの弱いほうがどちらか」との視点で、日柄（後述）なども考慮しつつ、シナリオを作るときに使います。

◆ドル/円　日足　2022年6月〜2023年6月

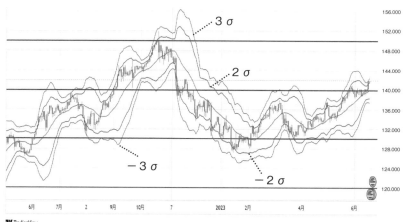

③ MACD（移動平均収束発散法）

この手法について、参考文献（＊）から説明します。

●

<概要>

MACD（Moving Average Convergence and Divergence 移動平均収束発散法）は 1970 年代後半に確立された手法だが、2 つの加重平均もしくは平滑移動平均（＊＊）の間の差を計測するものである。一般的に、短期の移動平均線は長期の移動平均線よりも現在の市場価格に近い位置で推移するものであり、相場が動き始めた場合、短期の移動平均が早めに反応するため、長期の移動平均線と大きなギャップを形成する。MACD はこのギャップを計算するものである。

<解説>

MACD は通常、日足、週足における 12 日（週）EMA と 26 日（週）EMA の差をもって表示される。MAD の移動平均のことを MACD シグナル、あるいはシグナル線と呼び、通常は 9 日（週）平均が用いられる。MACD とシグナル線のクロスオーバーをトレンド反転の確認指標とする。

MACD は日足、週足のほか、5 分足や 15 分足といった短い時間枠でも、月足などの長い時間枠でも利用可能である。また、使用する期間の組み合わせは、前述の（12、26、9）の組み合わせを基本とするが、（9、17、7）あるいは（5、25、5）など、市場の状況により任意の組み合わせを利用できる。

本来の MACD の利用法とは、市場価格が天井を打ったか、または

＊：参考文献　『アペル流テクニカル売買のコツ MACD 開発者が明かす勝利の方程式』（パンローリング）。
＊＊：昨日や今日といった直近の価格の比重が重い加重移動平均（本書著者による注）。

大底に至ったかを確認するものである。もし市場が高値を更新しながら推移しているのに、MACD が高値を更新できない場合は「発散売り」（Divergence Selling）となる。また、その時点において MACD がシグナル線より下にクロスして下落していくと特に強い売りサインを形成する。この逆のケースとして市場価格が安値を更新しながら推移しているのに MACD が安値を更新しない場合は「収束買い」（Convergence Buying）となる。またその時点において MACD がシグナル線を上回った場合は、特に強い買いサインを形成する。

　上記の如く、MACD は練達のトレーダーにとって、トレンドが自分のポジションに対して逆向きに転換するという予兆を察知するための強力なツールである。再述すれば市場価格が新高値を付けたにもかかわらず MACD やモメンタムが同様のペースで上昇しなかったり、もしくは市場価格より早くピークを付けた場合は、現在のポジションを手仕舞う準備をする警告となる。

●

　上の説明の使い方でおおよそよいと思うのですが、私は基本的には日足と週足くらいしか見ません。特に短い 15 分、30 分、60 分などは短期的には正しいことも多々あるのですが、期間の短いものが先行的に方向を必ずしも表しているとも言えないと感じるうえ、それぞれが違うシグナル（例えば 15 分は底打ち暗示、30 分はまだ下向きのトレンドのまま＝ 2 つの線が開いたまま、60 分は少し底打ち暗示）を出して混乱させられるだけとの印象があるからです。

　また説明では、どちらかというと、売り方や買い方が底打ちや頭打ちのシグナルとしてポジションを手仕舞うためのような点が強調されていますが、それだけでなく、新しいトレンドの始まりとしてポジションを作っていくときも参考にします。より実戦的には日足などでは 2 本の線が交わってなくても、交わりそうな形ならば、別のロジックを根拠に交わるであろう方向に見切り発射でポジションを取ることも

よくあります。

　実際のパラメーターは、FX証拠金業者やチャート業者の規定値で
よいと思います。2社ぐらいで比べてみて違っていることが多い（具
体的には短期で反応するか遅めか）なら、既定値のパラメーターを自
分で検証してみて良いほうを選べばよいと思います。私は時に見比べ
ながら使います。

◆ドル/円　日足　2022年11月〜2023年６月ごろ

強い味方パラボリック（モメンタム分析）

　細かい定義はよくわからないのですが、私の中では、モメンタム系は「過去の市場価格（特にその差異）を計量処理して数値化し、主に相場の売られ過ぎや買われ過ぎの判断に使うものであって、トレンドの反転予測をするものの、どちらかというとトレンドレスやレンジ系のときに効力を発揮するテクニカル分析（トレンド系と言われる分析とは違うもの）」と整理しています。

　モメンタム系と同じようなカテゴリーで扱われるものとして、オシレーター（Oscillator）があります。オシレーターとは、振り子や振り幅を指す英語です。そこから派生して「買われ過ぎ」や「売られ過ぎ」を示すテクニカル分析手法として、一般的に認識されています。モメンタムとオシレーターの厳密な用語の使い分けははっきりわかりません。

　先に移動平均線の応用的なものとしてボリンジャーバンドやMACDを紹介しましたが、これらもモメンタム系やオシレーター系に分類されていることもあるようです。

　一般的にレンジ相場（例えばドル／円で2〜3円行ったり来たりするなど）に強いとされています。レンジ系か、トレンドが表面化してきた相場かによって、自分の中で使い分ける必要があります。

　先にお話しした「Super Highway」に乗っている相場では、モメンタム分析系はあまり見ないほうがよいと思っています。「Highway」を降りたと感じた後の追加の勢いやその勢いの劣りを探すとき、反転を感じるときには役立つような気がします。

　モメンタム分析系に分類されるものでは、ROC（Rate Of Change）やRSI（Relative Strength Index）やRCI（Rank Correlation Index)などが挙げられますが、私として過去に断捨離しているので対象外とします。

　ほかには、ストキャスティックス（Stochastic Oscillator）も自分ではほとんど見ませんが、1時間足や4時間足では、比較的優れてい

ると思っていますが、日足や週足では MACD のほうがよいと思っているので、これも割愛します。

　ただ、この2つ（ストキャスティクスと MACD）が反対のシグナルを出すことも結構多いです。通貨の性格、例えばあまり動かず急に動くドル／円と、日中通して上にも下にもよく伸びるポンドなどを見て、使い分けたりする必要があると思います。概して、MACD の週足・月足のクロス（売りシグナル、買いシグナル）には重きを置いています。

【強い味方となるパラボリックの使い方　※ Trading View 社の初期設定値を使用】
　今回、このテクニカル分析の中で、皆さんにとって最も新鮮な項目かもしれません。

　パラボリックは「どてん」のシステムと言われています。例えば、パラボリックが前回の高値からゆっくり下がってきて売りシグナル（売りポジションを保持することを示唆）を出して推移しているときに、安値を探った後、上がってきた値が下がってきているパラボリックを超えると、今度は買い転換で買いシグナルとなり、直近の安値からパラボリックが上がっていきます。つまり、パラボリックが下向きのときは売りを保持、上向きのときは買いを保持ということです。

　私の使い方とはだいぶ違うのですが、基本的な説明を参考文献（＊）から紹介します。

●

<概要>
（前略）このシステムはトレンドを確認してから、それを後追いするトレンド追随型のテクニカル手法で、相場のトレンドが持続する場合

＊：参考文献　ワイルダーのテクニカル分析入門　オシレーターの売買シグナルによるトレード実践法。

に利益を大きく出すことができる。

<算式・作成方法>
SAR1 ＝前日の SAR ＋ AF ×［EP －前日の SAR］

・SAR
ストップ・アンド・リバース（Stop And Reverse）。この値はチャートに沿って描かれている。このプライスに「どてん」のオーダーを置く。売りから買いに変わった場合、売っていた期間中の最安値の価格が SAR の初期値となる。

・EP
エクストリーム・プライス（Extreme Price）。持ち越している期間の最大値、または売り持ちしている期間の最安値。

・AF
アクセラレーション・ファクター（Acceleration Factor ＝加速度因子）。0.02 から始まり、0.02 ずつ増加し、0.2 を最大値とする。0.2 増加されるのは EP が新たな値、すなわち、最高値または最安値が更新されたときだけである。
つまり、パラボリックにおけるパラメーターは AF の値である。感度を良くしたければ、大きな値を、鈍くしたければ小さな値にするとよい。

<解説>
パラボリックは「どてん」のシステムである。つまり買い、または売りポジションを恒に持つことになる。買いポジションはチャート（価格推移）が SAR の上に位置している期間であり、反対に売りポジションはチャート（価格推移）が SAR の下に位置している期間である

（①）。算式の EP には上昇している期間は最高値、下落している時点
は最安値を代入する。AF（加速因数）は売り、または買いが逆転し
たときに 0.02 ずつ加算していく。したがって、売買タイミングはチ
ャート（価格推移）と SAR の位置が逆転したときである。<u>SAR はポ
ジションが変わった初期段階ではゆっくりとチャートに追随するが、
そのトレンドが続くに従って加速され、みるみるチャート（価格推移）
に近づいてゆく（②）</u>。つまり、AF（加速要因数）は新高値または新
安値を更新する度に大きくなるため、チャート（価格推移）に接近し
ていくことになる。<u>相場がトレンドに追随すればするほど調整の可能
性を高めていると考え、トレンドの終点時点を一定水準に決め、利益
を確定する一方で、加速していくトレンドに追随する狙いがある（③）</u>。
運用は転換の初期段階では多少の「ゆらぎ」は無視し、トレンドが持
続し成熟してきたならば、早く転換を察知してできるだけ山の近辺で
売る。また谷の近辺で買うこともある。注意したいのはトレンド性の
ある相場展開には利益が大きく出るが、トレンド性のない相場では損
を積み重ねるだけで役に立たない。

＊下線および（①②③）は本書著者による

●

　大変よく書けた説明です。少し整理すると、2 つのことを言って
います。まずは、時間軸（ローソク足）の区別なく読んでください。

<u>◎トレンドを示す、トレンドに乗る（本来はポジションをキープする）</u>

　　買いの場合：パラボリックが実際の値段のチャート（価格推移）の
　　　　　　　　下にある。
　　売りの場合：パラボリックが実際の値段のチャート（価格推移）の
　　　　　　　　上にある。

◎ポジションを作る（エントリーする）ときの基本

　買いの場合：下がってきたパラボリック（売りトレンド）を実際の
　　　　　　　値段が「触る、あるいは上に突き抜けた（以下 Hit し
　　　　　　　たと表現）ところ。
　　　　　　　⇒買いのパラボリックが直近の安値から上向きに発生
　売りの場合：上がってきたパラボリック（買いトレンド）を実際の
　　　　　　　値段が「触る、あるいは下に突き抜けた（Hit した）
　　　　　　　ところ。
　　　　　　　⇒売りのパラボリックが直近の高値から下向きに発生

◎トレンド転換を示す＝エントリーと同じ＝「どてん」と言われる理由

　買いから売りの場合：右上がりの上向きパラボリック（買い）を
　　　　　　　　　　　実際の値段が下に向かって Hit する
　売りから買いの場合：右下がりの下向きパラボリック（売り）を
　　　　　　　　　　　実際の値段が上に向かって Hit する

　以上が基本です。次に時間軸(ローソク足の期間)を意識して考えます。
　例えば、下げ相場で 60 分足が下げのパラボリック（下向き）であ
るけれど、少し上昇に向けて反発し出したときには、15 分足のチャ
ートのパラボリックは上げ［＝買いのパラボリック（上向き）］に変
わっていることがあるだろう、と直感的に想像できるわけです。
　ここでは 15 分足や 30 分足、60 分足、4 時間足で考えます。チャー
トは 4 つ必要だと思います。
　仮に、今は適度な下げ相場で、あまり戻りのないまま、4 つともパ
ラボリックが下向き（売りトレンドを示唆）だとします。ここで相場
が反転し出すと、まずは 15 分足のパラボリック、次に 30 分足、そし
て 1 時間足という順番で買い転換していきます。当然ですが、途中で

下げ出せば1時間足は転換せず、15分足がまた売り転換に……といったことは間々あります。

　この例で、私が諸々のロジック群（ファンダメンタル的な環境や材料、ポジションの語り具合の考察、値動きの感じ等）から「少し底打ったようだと感じた（＝軽いこっつんを感じた）」ことを受け、15分足のパラボリックも上に向けて「Hit しそうだ（あるいは Hit した）」という理由で買い出動したとします。このとき、ターゲットとして、「例えば30分足の下向きパラボリックで半分くらい利食い、残りはできれば60分足のパラボリックに Hit した（パラボリックの買い転換）ところで利食い」のようなことを考えます。4時間足については「4時間のパラボリックはまだ下向きの角度がゆるいから、今日は届かないであろう」などと考えるわけです。念のためにお話ししますと、このポジションの取り方の場合は、原則的なストップロスは15分足の上向きになったパラボリックの起点（直近の安値）にするか、より保守的にいくならば、上がってくる15分足のパラボリック（に Hit ＝売り転換）で行います。

　もう皆さんお気づきになっていて、疑問に思っているかもしれません。「私がなぜ30分足や60分足のパラボリックが買い転換すると利食いをするのか」と……。本来、相場つき（モメンタムやマグニチュード）や、「中期的な買場だ」と思って買うか、あるいはそうでもないかによって違います。ここでは「そうでもなさそう」のときのイメージでの説明です。一般的には「今日のところは30分や60分のパラボックにはさわりにいけそうだ」ということが多いからです（30分や60分でパラボリックが変換してシグナルを出してもそこから逆に戻ることも多々あります）。もちろん、相場が中期的に良い買場と思っていれば1/5ずつ利食って、3/5は持ち続けることもあります。

パラボリックは万能ではありません。私がパラボリックだけを頼りにポジションをとることはありません。実際、日足や週足のパラボリックでは買い転換したところが「すっ高値」、売り転換したところが「ど安値」のようなことがよく起こります。一般的には、パラボリックの角度が穏やかなとき（時間軸によりますが、起点から上がり出したり、下がり出してからの期間が短いとき）は、特にそういうことが多いように感じます。

　より具体的に見ていきます。私はどちらかというとトレンドがあって、アクティブに動く市場の方向にポジションを作っていくことは得意でしたが、レンジ相場（ドル／円で2〜3円行ったり来たりなど）では、押し目買いや戻り売りの逆をやって苦労することが多かったのです。「（その状態を）何とかしよう」と思っていたときに出合ったのがこのパラボリックでした。紆余曲折を経て、本来とは違う使い方にたどり着いた“そのやり方”を紹介します。

（レンジ相場でのパラボリック戦略）

　主に1時間足や4時間足を使います。レンジ相場の下限、もしくは「下げも良いとこまで来たな」と感じた（軽く「こっつん」したと感じた）ときに、1時間足、4時間足ともに下向きのパラボリック（一応、下げ相場を示唆しています）で、1時間足のパラボリックが少し角度（下向き加減）が出ている状態で発生しだしたら、様子を見てロングをとります。首尾良く1時間足でパラボリックが逆になったら半分利食い、4時間足で残りを利食います。

　このパラボリック戦略は、レンジ色が強いときにうまく働きます。目先のロジックに決定打がなく、想定レンジを大きく超えないと思うときです。

　253ページのチャートを見てください。下向きの矢印の近辺で売ります。より具体的には、上値で適度に「こっつん」を感じたときです。

パラボリックに固執するなら5分〜15分あたりのパラボリックが売り転換したときなどになります。上向きの矢印はレンジの下限と見て、その近辺で買います。

その後は、次ページのチャートの「★（1時間足のパラボリック）」を突き抜けたときに半分利食い、254ページのチャートの「☆（4時間足のパラボリック）」を突き抜きたときに残りを利食います（待ちきれなければ、その手前で手仕舞ってもまったく問題ないわけです）。

売りで入る場合は、上値でこっつんを感じたうえで、1時間足、4時間足ともに「直近安値から上向きの新しいパラボリックが始まっていて、かつ、少なくとも1時間足のパラボリックは角度を持って上に向いてきている」ことが条件です。このとき「今回は1時間足の反転で終わりかな」と思えば、いったんスクエアーとします。

またしばらくレンジといえども「最終的には下落すると見ていて、売りで回したい」と思えば、買いで入るほうは見送ればよいわけで、売り急がずに待てるわけです。

もちろん、実際の相場はそんなに簡単ではなく、レンジやもみ合いと判断できることがポイントなので、実戦で使うときは「良いとこ取

注：パラボリックのレンジ戦略の説明で使うチャートは、本来、2〜3円を行ったり来たりする例が好ましいのですが、2022年に1ドル=120円を超えてから相場の振れが大きい一方で、同じようなレンジにいることが少なくなりました。皆さんのお使いになるチャートを考慮したとき、「あまりに古いものは1時間足、4時間足では検証が難しい」と思い、比較的最近の時期の事例を使いました。具体的には2023年の6月2日〜6月15日の約2週間です。6月16日の日銀の金融政策決定会合では「緩和政策には変更ない、維持であろう」と見られていたときです。このころは、140円を超えてドルを買い進むほどには「政策に変更がない」という確信がまだなかったり、円安進行に対する政府筋のけん制も警戒されていたりなど、139円割れと140円台前半でレンジをなしていました。最終的には6月16日の決定会合で「政策維持」が発表されて上（ドル高方向）に抜けていきました。

◆2023年6月2日〜6月15日　1時間足

◆2023年6月2日～6月15日　4時間足

り」ができてラッキーぐらいの感じがよいかと思います。今はレンジであってもいずれはどちらかに抜けるので、そのときの授業料（損失）は極力少なくするよう心がけてください。

（トレンドがあるときの使い方）

またパラボリックはレンジ以外でも、意外に役に立ちます。

例えば、売り目線で相場を観察しているとき、「天井を打った」と感じたら、パラボリックの形を確認します。

このとき、天井を打つくらいですから買いを示すパラボリックは上向きだけれども、実線（ローソク足）と距離が縮まりそうなこと（買いの流列が壊れそうになること＝下にあるパラボリックを Hit しにいくこと）をイメージできるか、となるわけです。

うまい具合に下がり出すと 15 分足、30 分足、1 時間足、4 時間足（1 時間足ぐらいまでが、とりあえず多いです）と、次々に右肩上がりの買いを示すパラボリックに Hit して（触りにいって）、売りシグナルに変えていくわけです。

相場がそれほど大きくなければとりあえず 1 時間足まで、本当に大きければ 4 時間足、そして日足へと一挙にいきます。

このとき、首尾良く進めば、それぞれの時間足のパラボリックを Hit するあたりでポジションを縮めていくわけです。これは買いのパラボリック（上向き）を利用して、買いの流列が崩れるところを売りで狙うときの例です。

257 ページのチャートを見てください。上段が 2023 年の 2 月 3 日 〜 27 日にかけてのドル／円のチャートの 1 時間足です。ほぼ同じ期間で下段が 4 時間足。値動きは 128 円から 138 円手前までで、見るからに上げ局面です。ローソク足にパラボリックを表示してあります。

このときの値動きでのファンダメンタルズ的なロジックは、主に次

の2つでした。

・2月3日発表の米雇用統計が失業率3.4%（53年ぶりの低水準）、非農業雇用者増加数は前月比51.7万人増と事前予想（20万人弱の増加）を大幅に上回る増加を示したことを受け、3月で利上げを打ち止めにする可能性も織り込んでいた市場が「FRBはまだまだ手綱を緩めないぞ」との考えになった（＝新たな方向性を出すことになった）こと

・ゼロ金利解除やYCCの変更等を期待していた（円買いをしていた）市場参加者に対して、次期日銀総裁である植田氏はその就任前の聴取で、「（とりあえず）現状の日銀の政策を維持する」ような発言をして、ドル／円の売り方（円ロング＝ドル／円でのドルショート）が降参せざるを得ない状況を作ってしまったこと

　結局、128円から138円くらいまでが少なくともドル／円のアップトレンドであったことは、その前の円高方向への相場観が強く、円ロングやドルショートが溜まっていたから（損切りの円売りやドル買いが出たから）と説明しやすいわけです。

　ここからは、後講釈です。テクニカル目線で1時間足について、例えばエリオット波動的に見ると、パラボリックの①の左側の実線（ローソク足）のあたりが上げのエリオット波動の第1波で、その後、②が始まるところまでが第2波の調整波、そこから上がりだしたところの②や③が第3波の上げと見られます。その後、134〜135円でもみ合いがあり、これが調整で④が第5波となっていくのか、3波の上げが続いているのかは、その後の相場によると思われます。

　また、チャートには示していませんが、2月27日には100日線、200日線が137円近辺に来ていて、上値も少し警戒され伸びが悪くな

◆2023年２月３日～２月27日　１時間足

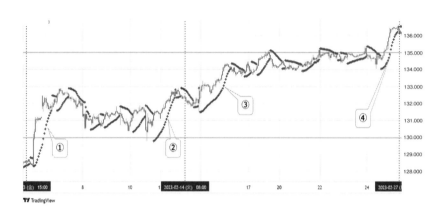

◆2023年２月３日～２月27日　４時間足

っていきました。

そこで、本題のパラボリックを1時間足で観察します。この間、何度も買いシグナル（上向きのパラボリックの発生＝売りシグナルを上に突き抜けると発生）と、売りシグナル（下向きのパラボリックの発生＝買いシグナルを下に突き抜けると発生）を繰り返していたことがわかります。この期間はどう見ても上げトレンドなので上向きの買いシグナルが長く続く感じとなります（次ページの例①〜④のそれぞれの部分）。

また、①〜④も、それぞれの上げの最終局面で買いのパラボリックを実線（ローソク足）が割り込むと、程度の差はありますが、調整の下げ局面に入っているわけです。私としては上げトレンドの前提で買うわけですが、買いパラボリックがせり上がってくるのに対し、実線が下がってくる、あるいは下がってきそうと感じたら、買うのをやめたり、買っているポジションを減らしたりするわけです。場合によっては（この場合は上げの調整として）、ドルショートも試してみるわけです。

260ページは同じ期間の4時間足です。1時間足と比べると、パラボリックの買い・売りシグナルが変わる回数がはるかに少なくなっているとわかります。

また、上げシグナルから下げシグナルに変わったとしても、すぐにまた買いシグナルに変わっていく（①や②）部分があります。例えば、1時間足では買いから売りシグナルへ転換している途中の②と③は、4時間足では買いシグナルのままで転換を見せていません。やはり上げトレンドですから、トレンド転換的にはやたらに使わないほうが良かったというケースです。

なお、15分足、1時間足……週足（場合によっては月足）まで、す

◆2023年2月3日～2月27日　1時間足

売りシグナル（一例）

買いシグナル（一例）

① ② ③ ④

136.000
135.000
134.000
133.000
132.000
131.000
130.000
129.000
128.000

3（金）15:00　　　8　　　10　　　17　　　1 2023-02-14 (火) 08:00　　　20　　　22　　　24　　　2023-02-27

TradingView

◆2023年2月3日～2月27日　4時間足

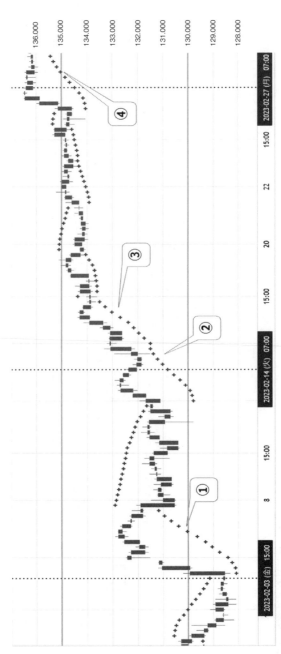

べてパラボリックが買いシグナル（あるいは売りシグナル）の場合は
「青天井に入っている（あるいは底抜けている）」と言えますが、少な
くとも新たな買い(売り)はしないように自重します。下げだしたら(上
げだしたら)1時間足のせり上がりだした・上向きの（垂れ下がりだ
した・下向きの）パラボリックをあっという間に付けに行く可能性が
あるからです。少なくとも15分足や30分足でパラボリックが転換す
る程度の調整はありそうだからです。実際はSuper Highwayの最中
かもしれませんし、相場の到達点（大天井や大底）の近くかもしれな
いですが、追撃は自重するわけです。

　ここからは少し難しいうえ、感触・感覚の話なのでわからない人は
無視してください。この例では"あるパラメーター"によるパラボリ
ックで説明したわけですが、当然、パラメーターを変えれば、反応の
早さやパラボリックの形も変わります。
　いずれにしても買い・売りシグナルは出ます。もしかすると移動
平均のデッドクロス・ゴールデンクロスや、ストキャスティック、
MACD、RCI、RSIなどの買い・売りシグナルも、期間をパラボリッ
クに対し少し調整を加えたり、パラメーターをいじることで同じよう
な買い・売りのシグナルを出すのではないか、と感じているわけです。
それぞれを作る計算式は違うにしても、結果が似通うことがあるので
はないかと感じるわけです。
　この点を掘り下げるつもりはまったくないので、結論から言うと、
モメンタム系などの手法は、好みとか、自分へのフィット感だという
ことになるわけです。
　ですから、私はパラボリックと移動平均線（1時間以上の長い期間
のもの）の一部と、MACD（日足より長い期間のもの）以外はほと
んど見ないということになります。
　ここまで、いくつかのモメンタムを紹介しました。実際には複数の

モメンタム系のアナリシスをいろいろ試して絞り込むことが大切だと思います。1分足、5分足、10分足等でボリンジャーバンドや移動平均線を併用するのが好きな方の例もよく見ます。私の場合は、**いろいろな期間のローソク足のパラボリックで「上げ下げの流列」の具合とその乱れ具合いを観察する**ことが他の人より好きだなと思う次第です。

　例えば、５連騰（５日連続の陽線）や７連騰になるほど上がり続けていると、「そろそろ売ってもいいか」と誰しもが感じるかもしれません。

　しかし2022年にはドル／円が９週連続陽線となったことが２回も出ました。そういうことは間々あるわけではありませんが、「そろそろ調整が来そう（陰線が出そう）」と思いつつも、そうなる市場環境なのか（マーケットをリードするロジックなのか）」をよく整理することです。

　私自身としては相場の出来上がり度（Mature度）は、市場のポジションやマーケットをリードしている材料に加え、ロジックを十分加味して判断すべきと思っていますが、日柄を気にする市場参加者もいるので、その点は意識しておいたほうがよいと思います。具体的には、同じトレンド（上げや下げ）が３日も続いたならば、一休みや反転の可能性も単純にシナリオに入れておくことも大事です。

　一目均衡表では「時間」も大切な要素です。基本数値は「９」「17」「26」「33」「42」となっています。特に、26日ぐらいでひと相場終わる感じはあります。

　ただ、私は、他の季節要因のほうが大事な気がします。日欧米の決算期末である３月末や12月末に関わるポジションの調整、あるいは新しい期が始まった後の新規ポジション作りのほうに注目するほうがよいと思います。

　また、日本人にはわかりにくいかもしれませんが、クリスマスの時期、具体的に12月23日〜26日にはクリスチャンはスクエアーか、その期間は動かさないと決めたポジションにするので、その前に調整（利食いや損切り）が出る可能性が高いと見ておいたほうがよいでしょう。

アノマリーとは、論理的には説明できない法則や、偏った季節性のある結果を一般的に指すと思います。とはいうものの、意外に論理的根拠があるものも多いので、それなりに注目します。これをテクニカルと呼ぶかどうかは別としても、統計的にある程度言えるからそう言われるわけです。

　アノマリーにもいろいろあると思うのですが、以下のようなことには論拠があります。盲信は御法度ですが、念頭に置く価値はあります。

◎2月前・中旬と8月前・中旬〜下旬は米国債の利払いがあるので円高になりやすい
◎3月末に向けては日本の輸出企業が翌期の想定レートを確定するため、ドル売りの先物予約（輸出予約）をするので、円高になりやすい
◎4月は生命保険会社など機関投資家が新年度の海外投資を行うため、円安になりやすい（4月の中旬から下旬が多いと思います）

　またポンドでは昔から Budget Speech［財務大臣（the Chancellor of the Exchequer）が、普通、10月か11月に行う］の後は、（ポンドが）強くなるとよく言われます。

　カナダドルは毎月25日近辺で石油輸出国であるカナダからの石油輸出決済（カナダドル買い）が出るので、カナダドル高になりやすいと言われています。

　こういう話は、インターネットや書籍で紹介されていると思うので、ご自身で調べていただければと思います。

　ただ、最近はアノマリー自身を市場も先に織り込みにいくので、その時期のメイン・トレンドや織り込みによるポジションの偏りには注意が必要です。

ポイント＆フィギュアと４回目のブレイク

　ここまでテクニカルアナリシスの話をしてきましたが、最後に２点、追加したいと思います。

①ポイント＆フィギュア

　今、使っている方はほとんどいないと思いますが「Point & Figure（ポイント＆フィギュア）」というチャートがあります。これは、時間の概念がないチャートです。方眼罫上に、上げを「×」、下げを「○」で表し（※一般的な例）、10by30という場合には、マスは10pipsでひとつ、３マス以上上げたら「×」を付ける、さらにもう１マス上げたら、さらに「×」を付けていきます。

　例えば、105.40台で底を打ってから上がり出すとして105.71以上になったら105.50—60のワクから「×」が３つ付き、105.81以上にいけばさらにもうひとつ「×」を付けることになります。105.80台で頭を打って105.60未満が出会えば今度は改行して105.70—80のマスから「○」が付き出すわけです。

本文説明部分はグレーの部分

時間は関係ないですが、市場が行ったり来たりする様子がよくわかります。私は2000年代の初めまでドル／円やユーロ／ドルなどでは自分で付けていました。値動きをかなり緻密に追っていないとできないのですが、今でもときどき、頭の中にこのP&Fが出てきます。先の例の場合では、105.80台で頭を打って下がり出したとき、エントリーにしても、利食いや損切りにしても、105.60台でドルを買おうかと思ったとします。この地合では○が付きそうだと感じたら105.50台が来ることを意味するので、105.59とかちょっと待って少しでも良いレートで買えるように工夫をします。本来の使い方ではありませんが、ちょっとした節約になります。ご興味のある方がいたら調べてみてください。

◆ボンド／円　2014年ごろからのPoint & Figure（ひとマス１円３マス変換＝1Yen by 3）

②4回目のブレイク

　もうひとつは、4回目のブレイクです。トリプルトップやトリプルボトムを形成した後、4回目に同じ方向に行ったときは、仮に「上げ」だとすると相場が強いので、そのまま上に抜けるとレンジが変わる可能性が高いと思います。

　私は、テクニカルアナリストの国際資格用の論文に「4回目のブレイクは決定的」と書いたところ、見事に玉砕しました。それでも水平線ではかなりの確率なので、上値抵抗線や下値抵抗線等の斜めの線では、その時の地合にもよりますが、4回目はいつも緊張して見ています。単にトリプルトップやトリプルボトムが崩れたケースです。トリプルトップやトリプルボトムが利いてしまうケースのほうが圧倒的に多いのであまり見かけることはないです。今になってみれば、トリプルトップやトリプルボトムを壊す形となるチャートなので、それなりの材料があって突き抜けるのは当たり前といえば当たり前です。

実例を使って、テクニカルとロジックをどのように考えながら進めるかについて説明します。

次ページのチャートはオーストラリアドル／円の週足で2020年くらいから2023年6月（2023年3月）までをカバーしています。以下の判断は2023年3月上旬にオーストラリアドル／円を下げで狙いにいったときのものです。3月上旬で言えることはざっと以下の通りです。

・2020年3月コロナショックで株が急落する中、リスクオフに弱いオーストラリアドル／円は59円台まで下落したが、その後はFRB他の大緩和政策の中、リスクオンでオーストラリアドルが買われ、順調にアップトレンドに入った。

・チャートでは右肩上がりの平行線チャネルの中をきれいに上げの流列を保持した［平行線の引き方とかは適当です。私はお絵かきと呼びますが、あまり厳格に安値や高値を結んでもきれいな形にはならないことが多いです。時々ローソク足の実線（この場合、寄付か終値）で妥協して形を優先することもあります］。

・途中（2021年の3月〜5月ごろ）に85円台に上昇しますが、その後、80円割れまで調整します。しかし、このときは下の太い平行線のサポートが利いて再度上昇します（下の平行線に押し返されます）。この上げはロシアのウクライナ侵攻で資源関連株であるオーストラリアドルが選好されたことと、円売りが加速したことの結果です。

・2022年9月、ドル／円が152円手前まで上がった時期にはオーストラリアドル／円も98円台まで上昇しましたが、その後は日銀のドル／円でのドル売り介入などもあって太い平行線の下の線を割り込み始

◆オーストラリアドル円 週足 2020年〜2023年3月

100.000
96.000
92.000
88.000
84.000
80.000
76.000
72.000
68.000
64.000
60.000

A

2022年3月7日を含む週

2019   6月   2020   6月   2021   6月   2022   6月   2023   6月   2024

TradingView

め、上げの流列も少し崩れて来た感じです。また98円台をてっぺんにした三尊＝Head and shouldersっぽい感じも出ています（A部分）。取りあえずネックラインの候補と思われる90円半ば（太い水平線）を割り込む時期もありますが、行ったり来たりしています。

チャートとロジックの結論としては「上げの流列は決定的ではないが崩れている。もしかしたら天井形成かもしれない」という感じです。

次にチャート（オーストラリアドル／円　日足）に移ります（次ページ）。こちらは、2023年1月の初めごろからこれからお話しする日の3月7日と、その後8日間（8営業日）を含むチャートです。
中国が2022年12月にゼロコロナ政策を解除したことから、貿易で中国と強く結び付いていること、かつ、オーストラリアの鉄鉱石への需要も回復すると期待されること、また1月に発表された前年12月のオーストラリアの消費者物価が前年同月比7.8%との報などを受け、オーストラリアドルは上がります。
しかし、上がりはするものの、93円あたりで、それ以上に上がりにくい感じになります。オーストラリア準備銀行も利上げをしますが、「まだまだ利上げだ」というより、「いずれ物価も頭を打つ」というようなトーンが強く、オーストラリアドルを買い進む決定打に欠けていました。オーストラリアドルのロングも溜まっているように見えました（＊）。

────────────────────────────────

＊：このオーストラリアドルのポジションについては材料からして買っている人が多いとか、何度も何度も買っている様子（値動き）等から推しているので、CFTCのポジションや、FX証拠金業者の顧客ポジションには現れにくいと思います。オーストラリアドル／ドルを見る限り、2022年からずっとオーストラリアドルショートが保たれていました。一方、FX証拠金業者の集計データでは、日本の人たちは、金利が付く通貨が好きなので、オーストラリアドル／円は豪ドルロングが勝る状況が恒常的です。

◆オーストラリアドル/円　日足　2023年1月～3月

また3月に入ると、年後半には利上げ見通しがあった米国での雇用状況が堅調で、インフレの沈静化にも疑問が出てきて、FRBによる利上げ再加速との思惑が台頭しました。その際、ドル／円の上げも激しかったのですが、FRBの利上げ再加速の思惑もあるなか、米株式市場も不安定となり、同じドル高でもオーストラリアドル／ドルの下げのほうが、ドル／円の上げより目立つようになります。

　また日銀は、3月10日の黒田総裁の任期最後の金融政策決定会合をするという背景の中、次期総裁のYCCの修正やゼロ金利解除の思惑などから、安心して円売りという環境でもなくなります。

　以上のことを踏まえ、「オーストラリアドル／円は売り目線で行こう」というロジックでの、正直、何となくの結論です。

　マーケットをリードするロジックの変遷を象徴的なことを中心に整理してみます。矢印はオーストラリアドル／円の方向の解釈です。

・中国のゼロコロナ政策解除：↑
・2022年12月のCPIが高い、強い利上げ思惑：↑
・オーストラリアドルを買っても買っても上がらない、ポジションの積み上がり？（相場の位置）：→ or ↓
・中銀（オーストラリア準備銀行）はそのうちインフレは収束するとのトーンが強い：→ and ↓
・米国の利上げ再加速、豪ドル安（ただしドル／円でも円安）：↓
・米利上げ思惑で株が下落の模様（リスクオフ気味）：↓
・黒田総裁は現在の緩和を続けるだろうが、日本の物価状況を思うと次期総裁は違うであろう。円安のキャリー取引はいつまでも安定的とは思えない：→ and ↓

　このような状況で3月7日の朝、オーストラリアドル／円の日足（前ページのチャート）を眺めます。チャートの横矢印（←）で指してい

る91円40銭あたり（この日のローソク足の実体の一番上）が、朝の
レベルです。

　このとき、テクニカルで主に感じたことを紹介すると次のようにな
ります。チャートを見ながら読んでください。

①何となくダブルトップを思わせる山が93円手前に２つある。１月下
　旬と２月中旬。これが切れるとダブルトップが確定すると考えられる
　ネックラインは、先に週足で引いた太い水平線のあたり
②右下がりを指している矢印（←のように直近の10日間は上値が切
　り下がっているように見える
③一目均衡表の遅行線（現在の26本前）がローソク足の下側に出て
　いる（本当はローソク足にかかる寸前のタイミングで遅行線の下に
　出たり、上に出ていくのを想像するほうが好きです）
④下になだらかな上向きのパラボリックが待っている。いかにも「触
　りに（売り転換に）来てくれ」と言わんばかりに
⑤一目均衡表の雲が翌日３月８日によじれている。これにも呼ばれてい
　るような気がする

　結論から言うと、オーストラリアドル／円を売るわけです。ターゲ
ットはまずパラボリックに触るところ、次に雲のよじれのあたり、さ
らに「よじれを抜ける」（上にも下にも）と伸びることが多いので、
伸ばせるポジションがあれば「Super Highway」系の動きに乗れる
可能性もあります。

　チャートに興味ある方に対して、この機会に少し補足します。

・週足のほうで太い平行線の下のほうを割り込んだあと、また細い線
で３円くらい下に太い線と平行の平行線が引けた（お絵かきです。週

足そのまま、日足も同じ）。これも結果から言うと切れてきたので（3月10日に結果を見て）、オーストラリアドル／円の買い方には辛い感じになってきていると見て取れる。

・日足のほうで2月の初めに少し長い陰線が出現し、91円あたりでもみ合いを6〜7日間続けたあと（①と①の間）、2月に上放れして、鍋底に近い形となって上がっていった。

　しかし、そのあと上伸力に欠け、93円を手前に2月後半は92円近辺でもみ合い後（②の過程）、たれてしまった。鍋底の形が底固めの象徴と言えるが、このケースでは2〜3日は上がったものの、その後、鍋底だった部分をあっさり底抜けた。鍋底が次の大きな上げにつながるとは限らない。鍋底としては底値を作る日数が少な過ぎたのかもしれない。鍋底形成は絶対ではないという話です。

　実際の相場はこの後、3月24日には1オーストラリアドル＝86円程度まで下げますが、その後、急激に切り返していきます。植田新日銀総裁には緩和解除の様子がない、オーストラリアは利上げをやめるかと思いきや利上げを再開、株式市場は米国や日本も堅調でリスクオンなど、最初にいろいろと考えたロジックの逆を次々に進む様子から、「（売りではなく）買い転換だ」とひらめきやすいわけです。このように、マーケットをリードするロジックが二転三転することは始終あるのです。

　この例では、「オーストラリアは昔のように経常収支が赤字ではないので、オーストラリアドル売りも続かないな」というようなことも考えます。このように、コアロジックを噛みしめたりしながら次のシナリオ作り、マーケットをリードするロジック探しをします。

～第3節～
通貨ペアのクセを知る

　ここでは何か鉄則めいたことはハッキリと言えないのですが、私が常々思っていることや通貨を扱うときに気に掛けていることを紹介します。本題に入る前に、まず2つ、皆さんと共有しておく必要があります。

1）前提

①空（から）の為替取引

　ひとつは「空（から）の為替取引」の存在です。実際にこういう用語があるわけではありません。私がつけた"為替取引だけを取り出して利益を出そうとしている人の取引"を指すあいまいな言葉です。少なくともFX証拠金取引をしている人たちは正にこれに当たるわけです。

　簡単に言うと、ある通貨ペアを「売ったら買わないといけない。買ったら売らないといけない（手仕舞い＝反対決済をしないといけない）」という参加者の取引です。デイトレーダーとか、スキャルパーと言われる人はその最たるものです。スイングトレードする人もこれに含まれます。

　いわゆる実需（輸出入業者、旅行者等）は、貿易取引や旅行の結果としての、ある通貨の売り切り・買い切りです。資本筋の投資や直接投資の場合は株や債券投資の一環としてその通貨を買うわけで、少な

くともそれをすぐに売ろうとは思っていないわけです。

　また、それらに伴う利金や配当金の受取りに際しては、基本、その通貨を売り切るわけです。外貨預金をする人は、短期的ではないということと、自分の資金を移動させている（円ではない通貨に通貨ポートフォオを入れ替えている）ということの意味で「空(から)」と「空(から)ではない」の間ぐらいのイメージとなります。

　第1章97ページの「トレンドのマグニチュードと相場の位置・トレンドの成熟度」で紹介しているCFTCが発表する「IMMの投機筋（Non-commercial）ポジション」は、正にこの「空」の為替取引をする参加者の縮図と見られているわけです。

　実は、為替市場では、本当に取引をしなくてはいけない参加者よりも、この「空」の取引のほうが多いのです。例えば銀行等にしてみれば、ある顧客にある通貨を別の通貨の対価として買われたら、それを市場につなぐ必要が生じ（いわゆるカバーに行く取引）、それを受けた銀行がまたカバーに行くという状況(コーヒーブレイク3を参照)が次々と生まれる結果、取引量がどんどん膨れ上がるわけです。

　本当に買わねば・売らねばならない実需や資本筋等を除けば、「空」の参加者のポジションが「（例えば通貨●●に対してドル）ロングに傾いている」とか、「ショートに傾いている」と取り沙汰されながら相場が動いているわけです。これは「空の取引」の人が総体としてどちらにポジションを傾けているかを対象にしているわけです。実際にネットポジションがどちらに傾いているかの正解（事実）はあるはずですが、正直、誰にも正解はわかりません。IMMのポジションや値動き（いくら買っても上がらないから、だいぶロングであろうとか）などから推測するしかありません。

②通貨ペア間の裁定

　2つ目は極めて初歩的です。通貨ペア間の裁定は原則として瞬時に働いている、ということです。以下の式を見てください。カッコ内はサンプルの数字です。

ユーロ / 円（143 円）
＝ドル / 円（130 円）×ユーロ / ドル　（1 ユーロ =1.1 ドル）

カナダドル / 円（100 円）
＝ドル / 円（130 円）÷ドル / カナダドル　（1 ドル＝ 1.3 カナダドル）

　クロス円のレートは以下のように計算された、あるいは裁定が働いた結果とも言えます。

1 通貨＝●●ドルの場合
→ドル / 円のレートに掛け算
例：ユーロ、ポンド、オーストラリア。ドルなど

1 ドル＝●●通貨の場合→ドル / 円のレートを割り算
例：カナダドル、スイスフランなど

　上の等式で掛け算のケースで考えると、1 ユーロ＝ 1.1 ドル、仮に1 オーストラリアドル＝ 0.7 ドルとすると、1 ドル＝ 1 ÷（1.1 ユーロ）＝ 1 ÷（0.7 オーストラリアドル）で、1 ユーロ ≒ 1.5714 オーストラリアドルとなります。これを例に、よく感じる錯覚のようなことを説明します。

錯覚のようなこと（1）

　上の例では、ユーロ / 円はドル / 円に 1.1 を掛け、オーストラリア
ドル / 円は 0.7 を掛けますが、掛ける数字が 1 より大きくなればなる
ほど動きが大きく感じ、掛ける数字が 1 より小さくなればなるほど動
きが穏やかに感じます。

　ただ、値動きの％が同じ場合は、実はこれは値幅が違うだけです。
なぜなら「100 円 = ●●ユーロとか、●●オーストラリアドル」と表
示すると、同じ％の動きなら値幅が逆に感じるからです。

錯覚のようなこと（2）

　当たり前ですが、同じ％の動きの場合は張っているポジションの金
額をそろえないと同じ結果が得られないわけです。1 ユーロ / 円と同
じ％の損益は約 1.5714 オーストラリアドル / 円のポジションを持っ
ていないと得られないわけです。

　今はアルゴリズムも使われて、平常時であれば、それぞれの表示レ
ートで等式が成り立たないことはほとんどないわけです。

　しかしプロの世界で言うと、ユーロ / 円にはブローカーがいるので
すが、ポンド / 円にはないと思うのです。どうするかというと「ドル
/ 円でドルを買って、そのドルでポンドを買って、ポンド / 円の取引
にする」わけです。なぜかというと、ポンド / 円を恒常的に取引する
「空」ではない参加者が少ないからだと思います。

　基本的にクロス円では、ユーロ / 円以外ではブローカーはいないわ
けです。ポンド / 円に例に取ると、ソフトバンク G の ARM 買収のよ
うな大きな買収案件でもない限り、大きな輸出入はなさそうです。実

際のところ、過去20年くらいでは、英国は日本の貿易相手国のトップ10からはずっと姿を消しています。日本の資本筋も英国への証券投資を毎年一定額することはあっても、「追加でどんどん……」ということはないと思うと、納得できるわけです。証券投資を増やしたにしても、余程の額でない限り、過去投資分の利金・配当の受取りもあるので、その差が為替に大きな影響を与えるようには思えないのです。

　また日本の金融機関は、すでにロンドンに拠点を築いていますから、今後、新たに支店などを作ることもほとんどないでしょうし、製造業の会社が大きな工場を英国に作るイメージもありません。むしろ、銀行の拠点は毎年の利益部分を日本に送ってくる程度と思います。

　このように、考えれば考えるほど、ポンド/円という通貨ペアでは、実需や資本筋、直接投資などが他の主要国のクロス円と比しても「取引が恒常的か」という視点では大きくありません。要するに、ポンド/ドルやドル/円、さらに他の通貨ペアで取引された値動きの結果を受けながらも、ポンド/円を直接取引する参加者だけをとれば、「空」対「空」の仕手戦という色彩が濃いと言えると思います。

　だから、ロンドンの時間になると、特に新たな材料がなければ、まずは近くにある損切りオーダー（売りでも買いでも）を付けてから始まり、次はその反対側に動いたりして、「腰がない」（実需や資本取引が取引量に対して少ない）動きをするので、それぞれの動きの伸びが良くて（値幅が出て）人気があるのです。このリズムが合っている人にはたまらないわけです。

　2つの前提を説明したので本題に進みます。通貨のクセについては言い出せば切りがないのですが、いくつか念頭に置いておいたほうがよいことがあるので、次ページ以降で整理します。

2）その通貨のコアペアを把握する

　以下は私の勝手な見立てではありますが、大きな反論は受けないと思います。

①ドルとユーロ

　本来であれば、貿易関係や資本の動きの指標が有効かもしれませんが、ここでは単純に 2022 年の名目 GDP（IMF 統計の数字を兆ドル単位に丸めてある）をひとつ判断のベースとします。

　　第 1 位　米国　　　　約 25.5 兆ドル
　　第 2 位　中国　　　　約 18.0 兆ドル
　　第 3 位　ユーロ圏　　約 14.1 兆ドル
　　第 4 位　日本　　　　約 4.2 兆ドル　（国別では 3 位）
　　※参考までにインド 3.4 兆ドル、イギリス 3.1 兆ドル、カナダ 2.1
　　　兆ドル、オーストラリア 1.7 兆ドル、スイス 0.8 兆ドル、ニュー
　　　ジーランド 0.24 兆ドル

　中国を横に置くと、米国とユーロ圏が圧倒的に大きいわけです。したがって「ユーロ／ドルという通貨ペアは、為替市場で圧倒的な存在感がある」と言えることになります。

　また、ドルは基軸通貨とされているので、米国外でもドルで取引されています。ドルでの取引の売買需要（ドルを買う需要のほうだけを指していません）はとても大きいわけです。このドル全体の動きを見るにはドルインデックス（＊）を見ます。

＊：いくつかありますが、インターコンチネンタル取引所（ICE）の作っている略称 DXY が最もポピュラーです。DXY で検索すると値動きやチャートを簡単に見ることができます。ここでは DXY を使います。

DXY というドルインデックスでは、対象とする加重平均の比率は
ユーロが 57.6%、円が 13.6%、英ポンドが 11.9%、カナダドルが 9.1%
等となっています。ユーロの比重が圧倒的に大きいことがわかります。

　DXY のチャートを眺める参加者はとても多いと思います。ユーロ
インデックスや円インデックスもありますが、私はほとんど見ません。

　ブローカーがあるくらいなので、「ユーロ／円」も重視します。

②円

　ドルとユーロに次いで注目されるのはやはり円です。1980 年代後
半から 1990 年代にかけては日本の貿易黒字が大きいことから、常に
他国からの円高プレッシャーが取り沙汰されました。1990 年代後半
でバブルが弾け、日本の金融不安等も手伝って、「日本売り」という
ことで円売りが加速した時期もありました。その後、リーマンショッ
クでリスクオフとなり、市場を席巻して円高となることもありました。

　2010 年代になると、日本の超金融緩和が強化されていったことか
ら、世界の Funding 通貨（円を借りて、他の通貨や他の通貨の資産
に投資する）として注目され続けています。

　いずれにしても、日本の金融政策の行方はとても注目されます。ま
た、概して、すべての主要通貨に対して円安、円高双方に一方的に動
くことが多いという特徴があります。

　当たり前ですが、「ドル／円」がメインの通貨ペアです。

③英ポンド

　ポンド／ドルとユーロ／ポンドです（282 ページ）。よくユーロ／ドル（あ
るいはユーロ／円）は上がったのに、ポンド／ドル（ポンド／円）は下
がったという現象が起こります。これは、ユーロ／ポンドの仕業です。
ユーロ圏と海を隔てたポンドの取引は、貿易にしても、資本取引にして
も、かなり大きいと思われます。ユーロ／ドル、ポンド／ドル、あるい

◆ 2000年からのユーロ/ポンド（ローソク足）　ユーロ/ドルとポンド/ドルは2000年からの%表示（ライン）

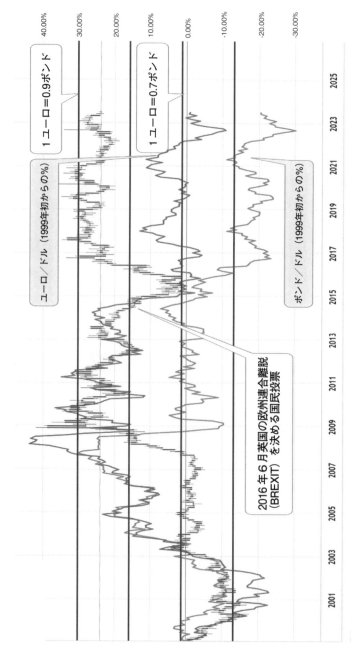

1ユーロ＝0.9ポンド

ユーロ/ドル（1999年初からの%）

1ユーロ＝0.7ポンド

ポンド/ドル（1999年初からの%）

2016年6月英国の欧州連合離脱（BREXIT）を決める国民投票

40.00%
30.00%
20.00%
10.00%
0.00%
-10.00%
-20.00%
-30.00%

2001　2003　2005　2007　2009　2011　2013　2015　2017　2019　2021　2023　2025

TradingView

はユーロ / 円やポンド / 円をトレードする方はユーロ / ポンドのチャートやポンドを取り巻く材料を見ておくことが肝要になります。「1 ドル＝ 1 ユーロ＝ 1 ポンド」に向かっているとの見方も根強くあります。

④カナダドル

米ドル / カナダドルです。

北米大陸の地続きの大国の 2 国です。取引の厚みは圧倒的にニューヨークの時間帯にあると思います。逆に言うと、それ以外の時間帯の動きが嘘のように、翌日のメインの北米市場の時間になると前日引けのレベルに戻ってしまうとか、ニューヨークの時間帯になって一挙にトレンドのある動きが出てくるという印象が強いです。

カナダドル / 円については日本の資本筋の動きもあると思いますが、まとまって出る時期は期初や期末付近に集中していると思うので、やはり米ドル / カナダドルとドル / 円の結果との印象があります。

また資源国通貨であるカナダドルは、オーストラリアドル同様、方向性（＝トレンド）が付くとその方向に半年とか、あるいはそれ以上の期間で動き続けることが多いような気がします。

なお、カナダは、資源についてはオールマイティですが、オーストラリアの場合は、石油の産出がほとんどないのが特徴です。

先に酒田五法の「首吊り線については、株では取引時間中の日足、為替は連続している 24 時間の日足という違いがあるため、必ずしも天井とならないことが多い」と申しましたが、米ドル / カナダドルでは日足でも週足でもかなりうまく使えます。なぜかというと、おそらく米ドルもカナダドルも為替の日足の最後を作る時間（24 時間の終わり）がマザーマーケット（その通貨の国の一般的な日中取引時間）となるため、「最後の力を振り絞って買い方が無理して買う」という首吊り線本来の解説によく合う動きをするからではないかと思います。円やオーストラリアドルでは、日足の最後を作るニューヨーク時

間に、その通貨の国の人たちは寝ていたり、オフィスに向かっている時間となります。

⑤オーストラリアドル

　オーストラリアドル／米ドルとオーストラリアドル／円です。オーストラリアは中国との取引、特に鉄鉱石の輸出などが大きく、中国の景気等に影響を受けます。為替に関する限り、オーストラリアドル／中国元というものも考慮しないといけないかと思いますが、実際はオーストラリアドル建てや米ドル建てで商取引していると思われるので、オーストラリアドル／米ドルがメインになります。

　日本の外務省のウェブページによると、2020年のオーストラリアの貿易総額の相手国の順位は1位が中国（30.7％）、2位が米国（9.1％）、3位が日本（8.3％）となっています。

　しかし、英国が旧宗主国であるため、国別で見ると分散してしまいますが、ユーロ圏とも相当の取引量があると思います。特に近年、米ドル、ユーロ、円に続く、グローバルで流動性の高い通貨になったと思います。日本とは為替の視点では以下のような取引があります。

・輸出：鉄鉱石や石炭　輸入：自動車や石油製品
・資本筋も一定のパーセント（％）を同国にアロケートしていると思われます
・鉄鉱石や石炭の利権や運営会社に投資することのほか、それからの配当等もあります
・日本では外貨預金や投信の形の債券投資に根強い人気があります。第1章と重複しますが、鉄鉱石や金の価格に連動して動くことが多いです。ただし、前述の通り、石油の産出はほとんどないのが特徴

　また、同じオセアニア圏のオーストラリアドル／ニュージーランド

◆ 2000年からのオーストラリアドル／ニュージーランドルの月足

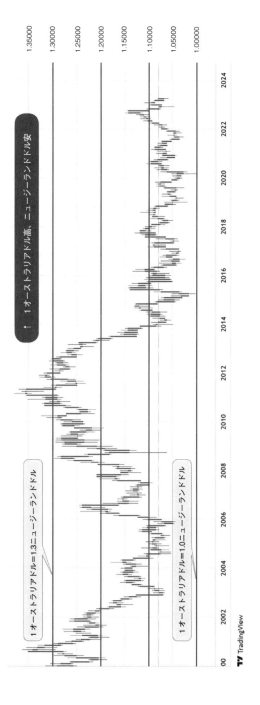

↑ 1オーストラリアドル高、ニュージーランドドル安

1オーストラリアドル＝1.3ニュージーランドドル

1オーストラリアドル＝1.0ニュージーランドドル

1.35000
1.30000
1.25000
1.20000
1.15000
1.10000
1.05000
1.00000

ドルには強い結びつきがあるので、ときどきレベルをチェックすると
よいかと思います。

　なお、ニュージーランドドルですが、ここまで主要通貨の一部の前
提にしてきましたが、英や豪州に比べても GDP や市場の規模ははる
かに小さいので少し注意してください。記憶が定かではないですが（90
年代と思います）、同国の国債の５割だか６割とか相当の部分を日本
人が保有していて身動きが取れない、いわゆる「池の中の鯨（whale
in the pond）」状態となり、資金の流れが逆流したときに被害を被っ
た機関投資家などが多かったと思います。

　ニュージーランドドル／円は中期的・長期的に金利差狙いで、ジク
ジク上げで稼いだあと（金利差等も享受したあと）、一挙の下げで取
れるチャンスがあることも多い通貨です。

⑥スイスフラン

　ドル／スイスフランとユーロ／スイスフランです。

　スイスは基本的に貿易収支の黒字を主因に恒常的に経常収支黒字の
国です。ユーロ圏の国々に囲まれています。国際的にはドルでの取引、
陸続きではユーロとの関係ということで、この２つの通貨ペアという
ことになります。

　スイスフランも円も長らく「安全通貨」「逃避先通貨」と見られて
きました。恒常的に経常黒字であったからだと思います。スイスフラ
ンは、ユーロ圏の不安定要因やドルに不安定さが出てくると強くなる
ことが多いです。

　スイスは永世中立国であることもあってか、多くの国際機関の本部
が置かれています。また 21 世紀の初めごろまでは、顧客保護のため、
徹底した秘密口座制度を持つスイスの諸銀行に資金が集まりました。
その資金を背景に為替等で大がかりな投機を仕掛けていました。彼ら
のことは「チューリッヒの小鬼たち」と呼ばれ、為替の世界では「ス

◆ 2000年からのユーロ／スイスフラン

↑ ユーロ高、スイスフラン安

1ユーロ=1.4スイスフラン

1ユーロ=1.2スイスフラン

1ユーロ=1.0スイスフラン

スイスフラン・ショック

1.7000
1.6000
1.5000
1.4000
1.3000
1.2000
1.1000
1.0000
0.9000

2001　2003　2005　2007　2009　2011　2013　2015　2017　2019　2021　2023

TradingView

イス勢」とか「スイス筋」と呼ばれる一大投機筋の総称でした。20世紀までは、ヨーロッパではロンドンの次に大きな金融都市はチューリッヒであったと思います。

しかし、マネーロンダリング（＊）や、ロシアの富豪の秘密資金への規制も強化される中で、金融市場や投機筋の拠点としての地位はかなり下がっているように見えます。

産業的には大手の薬品会社の本店があり、医薬や化学品、また電機関係の大手企業もあります。これらの会社が貿易黒字・経常黒字に貢献しているわけです。

前ページのユーロ / スイスフランのチャートを見ていただくとわかるように、2011 年の 8 月に 1 ユーロ = 1.0 スイスフラン近くまで下げ、翌月に 1 ユーロ = 1.2 スイスフランを超え、その後、1.2 スイスフラン近辺で 4 年ほどもみ合っています。中央銀行である「Swiss National Bank (SNB)」が輸出産業や観光業のことを考え、極端なスイスフラン高を回避すべく、1 ユーロ = 1.2 スイスフランを守る（ユーロ買い / スイスフラン売りでスイスフラン高を食い止める）と宣言したからです。

それでも 1.2 以下に行こうとする圧力が強いので中央銀行である SNB は 2014 年の 12 月にマイナス金利の導入を始めます。その後の 2015 年の 1 月、SNB は「1.2 でのユーロの買い支え（スイスフランの売り）をやめる」という声明を突如出します。市場は大混乱となり、急激なスイスフラン高となります。20 〜 30 分くらいの間の話です。どちらもチャートには現れていませんが、1 ユーロ =0.0015 スイスフランまで出合ったという説もあります。

次ページのスイスフラン / 円でも、チャートには現れていませんが、

＊：Money Laundering（資金洗浄）。麻薬取引や犯罪で取得した不正資金など、違法な手段で入手したお金を、架空口座や他人名義口座などを利用して移転させることで出所をわからなくして、正当な手段で得たお金に見せかけること

◆2002年ごろからのスイスフラン／円のチャート

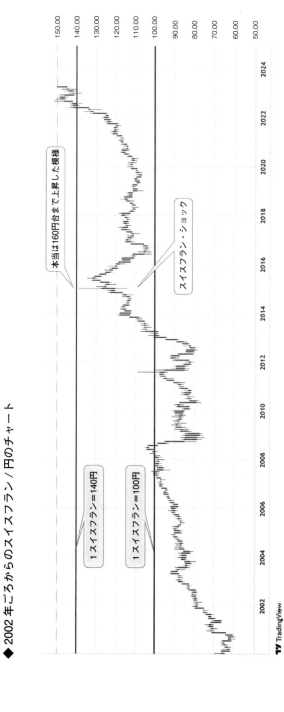

本当は160円台まで上昇した模様

1 スイスフラン＝140円

1 スイスフラン＝100円

スイスフラン・ショック

TradingView

1 スイスフラン＝ 160 円台まで上昇したと言われています（40 円ほどのスイスフランの急騰でした）。

　これが為替市場の歴史に残る「スイスフラン・ショック」と言われるものです。スイスフラン売りをしていた向きは想定外のレートでの強制損切りがそこら中で起こったことで致命傷を受け、撤退した参加者も大勢いたようです。

　「ゼロ金利導入のとき」と、「1 ユーロ＝ 1.2 スイスフランの上限撤廃でスイスフランショックが起きたとき」の日本経済新聞の記事を引用しておきます。

　なお、SNB はコロナショックからの回復やロシアのウクライナ侵攻後のグローバルなインフレと利上げの流れの中で、2022 年 6 月に 15 年ぶりの利上げ（－ 0.75％から－ 0.25％へ）を実施、2023 年 4 月時点の政策金利は 1.5％となっています。

　これは、スイスフランだけの話でありません。「為替レートを一定に固定する」「金利差を取りに行く」という行為は、多くの場合、どこかで破綻します。特に前者の「レートを（対ドルのあるレートに）ペッグさせる」ことは、そのレベルがかなり合理的でない限り、ほとんどのケースで中銀などが降参して大きな動きとなります。第 4 章でお話しする 1992 年の英ポンド危機、1997 年からのアジア通貨危機などはこの典型です。

——日本経済新聞（2014 年 12 月 18 日）より引用——

「スイス中銀がマイナス金利導入　フラン買いをけん制」

　スイス国立銀行（中央銀行）は 18 日、マイナス金利を導入すると発表した。金融機関がスイス中銀に持つ支払い用の口座について、預入金が一定額を超える分に 0.25％の手数料を求める。外国為替市場で

は原油安（＊）を背景に資源国通貨を売り、安全資産とされるスイスフランを買う動きが強くなっていた。一段のスイスフラン買いをけん制し、デフレ回避を図る。

　マイナス金利は 2015 年 1 月 22 日から適用する。欧州中央銀行（ECB）の次回理事会に合わせたとみられる。スイス中銀のヨルダン総裁は 18 日、最近のスイスフラン上昇について「ロシア情勢の悪化が大きな要因だ」と語った。スイス政府は 1970 年代にマイナス金利政策を導入したことがあるが、対象は国外から流入する外国人の金融資産のみだった。

　マイナス金利の対象は 1 千万スイスフラン（約 12 億円）を超える預入金とする。政策金利はロンドン銀行間取引金利（LIBOR）3 カ月物でマイナス 0.75% からプラス 0.25% に設定する。これまではゼロから 0.25% とすることで実質ゼロ金利を続けてきたが、マイナス金利の導入に合わせて幅を 1% に広げる。

　スイス中銀は通貨高対策として 11 年に対ユーロでスイスフランの上限を設定。欧州債務危機のさなかに「無制限介入」を実行して 1 ユーロ =1.20 スイスフランの防衛ラインを維持してきた。ただ、ユーロ圏経済の停滞を受け ECB が本格的な量的緩和に踏み切るとの観測が広まったことに加え、新興国通貨の急落もスイスフラン買いの材料になった。

　スイス中銀は 11 日に金融政策決定会合を開いたばかり。金融市場ではかねてマイナス金利を導入する可能性が高まっているとみられていたが、11 日の会合では見送っていた。原油安を受け、その後にスイスフラン買い圧力が急に強くなったことが背景にあると見られる。

．．．

　＊：ここの原油安は本書の冒頭のほうで紹介した 2014 年の下げを指します

スイスは永世中立国であることなどから、有事の際に通貨が買われやすい。12年には金融大手のクレディ・スイスやUBSが自主的に決済用口座でマイナス金利を導入したこともある。ただ、ウクライナ情勢（＊）などを受け、引き続きスイスフランの上昇圧力は強い。

——引用ここまで——

——日本経済新聞（2015年1月15日）より以下引用——

「スイスショックで市場混乱　とばっちりはドルと円」

　スイス国立銀行（中央銀行）が15日に突然発表した新たな通貨政策は外国為替市場のひんしゅくを買った。対ユーロで従来、1ユーロ＝1.20スイスフランに設定していたスイスフランの上限レートを撤廃し、無制限のフラン売り・ユーロ買いの為替介入をやめると決めたことでフランは重要な売り手を喪失。ユーロ・フラン相場の価格形成機能は一時は大きく損なわれた。そのとばっちりを受けたのが、「基軸通貨」のドルと、主要国の通貨でドルとユーロに並ぶ存在感を示す円だ。

　日本時間の15日18時30分ごろ。スイス中銀の施策内容が伝わるとスイスフラン絡みの市場はパニックに陥った。フランを恒常的に売る「ビッグプレーヤー」が消えるのだから、他の売り手も歩調をあわせて手を引く。フランは対ユーロで買い一色となり、しばらくは値段のつかない状態になった。

　市場の参加者の多くが利用する電子取引システム（EBS）では「異

＊：このウクライナ情勢は2014年4月にウクライナ東部3州では親ロシア派勢力が行政庁舎の占拠を進め、同年3月にロシアが編入を決定したウクライナ南部・クリミア半島の例が繰り返されると懸念を指す。

常値」が頻発し 18 時 32 分、ついに 1 ユーロ =0.0015 スイスフランという奇怪な取引成立レートがあらわれた。EBS はのちに「このレートは誤り」と明らかにしたが、しばらくはユーロが対フランでほぼ無価値と認定されていたわけだ。市場の混乱ぶりがよくわかる。

とりわけ、スイス中銀のフラン売りを当てにしてユーロの買い持ちを膨らませてきた投資家や、ユーロ建てで決済をしているスイスの輸出企業はとても困ったはずだ。フラン上昇のリスクを回避（ヘッジ）したいがユーロ・フランは既にまともに取引できない。そこで「ドルや円をユーロの代替通貨として売り、フランを買う取引に傾いた」（外国銀行のストラテジスト）ようだ。

ドルは対フランで一時 1 ドル =0.7360 スイスフラン近辺と 2011 年 8 月以来、約 3 年 5 カ月ぶりのドル安・フラン高水準を付けた。円の下げもかなりきつく、外為証拠金取引（FX）大手の外為どっとコムによると認定安値は 1 フラン =161 円台半ば。15 日の高値である 115 円ちょうど挟みの水準と比べると 46 円超も円安・フラン高が進んだ計算になる。ひょっとすると日本の FX 勢にも、代替為替ヘッジの円売りのニーズが生じていたのかもしれない。

スイス中銀の「変節」について市場では、「欧州中央銀行（ECB）の量的緩和政策はほぼ間違いなしとの前提で、無制限のユーロ買い介入に伴い外貨準備の価格変動リスクが高まる事態を避けようとした」との解説が出ている。事実とすれば、中銀が投資家としての顔を優先し、相場からさっさと逃げ出した格好になる。禍根が残りそうだ。〔日経 QUICK ニュース（NQN）　今　晶〕

——引用ここまで——

⑦ 24 時間の通貨の強弱

　この 24 時間、この 1 週間、この 1 カ月に各通貨がどのくらい上がったか下がったかを％で表示する「通貨の強弱」の表やグラフ、チャート化したものは、「日々の通貨の強弱」などのワードで検索すると、チャート業者や FX 証拠金業者、証券会社等で同じようなものが多数出てきます。これを見る習慣を付けておくと、通貨間のバランスの変化が客観的かつ定期的に掴めるので、マーケットをリードするロジック作りのための感度が上がるかもしれません。私の場合は、NY の引け（あるいはその日の始まり＝日足チャートのクローズ＝日足チャートの翌日のオープニング）やロンドンの始まり、NY の始まりで市況レポートを眺めていると、その中にそれまでの 24 時間等の通貨強弱の棒グラフやチャートが出てくることがあるので、それを参考にしている程度です。

●

　また、私なりの節制なのですが、カナダドルとスイスフランについては、売りにしても買いにしても、これらが明らかに「マーケットをリードする通貨」と考えられるときや、目の前で中央銀行関連の発表・発言や指標等の材料で方向性がハッキリしたとき以外は、トレードする金額はかなり抑えめにします。

　先にサンプルスタディ 1 で出したように、普段は 10 単位くらいの金額で、時に 20 単位くらいの金額が普通だとすると、明らかにマーケットをリードする通貨と思うとき以外は 2 〜 5 単位くらいのサイズでポジションを取って少し長めに構えます。

　損切りのオーダーも広く構えて、例えば 100pips くらい（カナダドル／円やスイスフラン／円で 1 円くらい）にして臨みます。緊張が少なくて済むロットにして、仮に損切りになっても、他のメインの通貨で 10

単位や 20 単位くらいの金額でトレードして取り返せばよいと思いなが
ら、ポジションを取ります。バタバタせず、ロジック通りにトレード
すると、不思議とうまく値幅が取れることが多いように思います。

　なぜポジションを抑えるかというと、ロジックを組み立てるうえで
のインプット、あるいは引き出しの数が少ない、要は情報が取れない
からです。プロのときであれば、カナダ系やスイス系の日本の支店の
トレーダーの人の話も聞けるし、それらの銀行の本店のストラテジス
トのレポートや意見も取れました。ロンドン時間にはロンドンのトレ
ーダーからスイスの話も聞け、ニューヨークのトレーダーからはカナ
ダの話も聞けたわけですが、個人になると情報量が少なすぎるのです。

3）最善の通貨ペア

　ここではドル以外の A 通貨が B 通貨（仮に円と考えるとわかりや
すいです）に対して強くなるケースを考えます。ドルを中心にすると、
以下のような 5 つのケースが考えられます。矢印（→）の先がドル・A・
B の 3 通貨の中で最も効率の良い通貨ペアとなります。

①ドルは A に対してドル高だが、B に対してはさらにドル高

　　→ドル買い /B 売り

②A に対してドルはフラットで、B に対してはドル高

　　→ A 買い /B 売りと、ドル買い /B 売りの効果は同じ

③A に対してドル安だが、B に対してフラット

　　→ A 買い /B 売りと、ドル売り /A 買いは効果が同じ

④ドルは A に対してドル安、B に対してはドル安が対 A に比し穏やか

　　→ドル売り /A 買い

⑤ドルは A に対してドル安だが、B に対してはドル高

　　→ A 買い /B 売り

何を言いたいかと言うと、Ａが買われるとかＢが売られるとか、ＡなりＢがスターカレンシーであるとき、どの通貨ペアでトレードするのが最も効率が良いか（儲かるか、リスクリワードが良いか）を考えることがとても肝要なわけです。

　例えば、⑤はクロス円が動くときの典型です。ドル／円は下げて（上げて）、ドル／●●通貨は上がり（下げて）、クロス円（対●●通貨）が大きく下落（上昇）するパターンです。

４）経常収支の影響

　経常収支が赤字の国では、一般的に赤字分を補うべく、金利を高めにして海外の資金を呼び寄せようとすることが多いです。「恒常的に経常赤字の国の通貨は、高金利等で人気化している間や売られ過ぎの反動、その巻き戻しで強くなっているうちは強いのですが、その宴が終わると、腰砕け的に弱くなる」と、かなりハッキリ言うことができます。また、長期的には経常収支の黒字・赤字の推移が為替市場の通貨の趨勢に反映されていると思います。

　297ページの表は、上に説明してきたドル、円以外の通貨国・圏の経常収支（この10年強）の推移です。ユーロ圏（除く2022年）とスイスは黒字基調、英国は赤字基調、カナダとオーストラリアは長らく赤字でしたが、ここ数年は資源価格の上昇などを主因に黒字化や小幅の赤字になっています。

　この視点でいくと、経常収支の赤字額がダントツで大きいのは米国です。基軸通貨（決済に使われる量や外貨準備に占める割合が高い等による）であることや、最近（2022～2023年）は特にインフレ対応の高金利であることから値持ちをしていますが、第5章で紹介するように、1980年代前半の米国の高金利時代のあとには、経常収支の大

きさに対して米国自身が望んでドル安に導いたプラザ合意のようなこともありました。要はドルに Over-hang（ドルに寄りかかり過ぎの意味で使っています）な部分があるわけです。歴史的には、ブレトンウッズ体制（後述）が崩壊する前の状態を、米国の金の保有額以上に海外で所有されるドルが多かったことを指して「Dollar overhang」と表現されていたようです（第4章　学び2参照）。ただし、現在は米国が石油の純輸出国となっています。この点が過去とは違います。

◆ 2010 年からの経常収支の推移（ユーロ圏、英、加、豪、スイス）

（10億ドル）

名目GDP2022年	14,057	3,071	2,140	1,702	807
経常収支	ユーロ圏	英 国	カナダ	オーストラリア	スイス
2010年	▲ 40.8	▲ 71.9	▲ 57.6	▲ 45.8	77.7
2011年	▲ 47.9	▲ 48.1	▲ 48.6	▲ 45.2	44.6
2012年	124.3	▲ 89.0	▲ 64.6	▲ 68.2	60.9
2013年	274.3	▲ 133.1	▲ 58.0	▲ 50.9	68.1
2014年	314.4	▲ 158.0	▲ 41.9	▲ 44.1	50.4
2015年	317.0	▲ 148.8	▲ 54.4	▲ 57.0	61.6
2016年	360.1	▲ 148.7	▲ 47.2	▲ 41.2	50.0
2017年	394.9	▲ 96.9	▲ 46.2	▲ 35.3	37.2
2018年	382.6	▲ 117.3	▲ 41.0	▲ 31.0	41.0
2019年	302.6	▲ 80.9	▲ 34.1	5.1	28.4
2020年	209.5	▲ 86.6	▲ 35.5	29.9	3.1
2021年	337.6	▲ 46.9	▲ 5.4	50.1	63.3
2022年	▲ 102.3	▲ 170.4	▲ 8.3	20.4	79.4

「IMF統計　ⓒ IMF, 2023」より2023年7月5日取得

～第4節～
Don't catch a falling knife ?

「Don't catch a falling knife.」は、世界的にも有名な相場の格言です。「相場が暴落しているからといって、下落中に買うのはとても危険だから"買い急ぐな"」という意味だと思います。

私自身は必ずしもそうとは思っていませんが、確かに、下げている最中に売られ過ぎのオシレーター系のテクニカルを主たる根拠にして相場に入ることはお薦めできません。

ひとつの目安として、あなたが暴落の一部でも下げで取れている（儲けている）ならば、ある程度、相場とリズムが合っていると言えるので、金額を抑えて買いで飛び込むことは決して悪くないと思います。

また、下げを逃したとしても、為替は週末を除けば相場が連続していますし、株のようにストップ安が続き、いつになったら損切りができるかわからないようなことはほとんどないので、損切りオーダーとセットにできれば大損にはならないでしょう。あなたが「Margin of safety」を感じたら、それもよいと思います。

暴落が災いかどうかはわかりません。コロナ相場での下落後と、その後の強い上げ相場のように「災いは常にチャンス」という格言もあります。やはりケースバイケースだと思います。基本的な状況（ロジック群）のほか、ポジションの溜まり具合や損切りの状況（まだ出る

か、出きったか）などとの兼ね合いにより決まります。

　暴落自体は、（その当初においてはあまり多くない）売り方にとっては下げの Super Highway であり、買い方にとっては地獄なわけですから、損切りが横行してスパイラル的に落ちていくわけです。

　「下手なナンピン、スカンピン」という相場の格言があるように、暴落が始まる前から買っているようなポジションをナンピンするのは基本的に論外と思っています。

　いずれにしろ、「こっつん」を感じてから買いで入るほうが安全です。「こっつん」したと感じたときに買って、安値のすぐ下に損切りオーダーを置けばよいだけだからです。

　一方で、レベル感で入るときは慎重に「ちょっと待て」と思ったほうがよいでしょう。"チャートから読み取れること" や "下げているロジック" と相談する慎重さが必要です。

　ただ、暴落までいかない下げでは（上げも）、「何かの間違い」（＊）でオーバーシュートすることもあるので、トレンドとの兼ね合いが大事になります。

　また暴落時に、その日の底値で一発、たくり返すことも多いのですが、よく見ていると、数分の間に底値を2度試して上がることが、株も為替も私の経験では多いような気がします。ただし、これは1分足

＊：とても情緒的な使い方をしています。例えば、ドル/円で1円くらい落ちてもおかしくはなさそうな材料やうわさが出たとします。このとき、ストップロスを巻き込むとか、たまたま潜在的な買いの注文がなくて2円とか3円、落ちてしまうことがあります。しかし気がつくと、それが「何かの間違い」であったようにオリジナルから1円落ちた程度のところ、あるいはもっと戻ってしまうようなケースのたとえです。

や５分足のチャートでないとわからないほどの短い時間で見られます。

　なお、「Don't catch a falling knife.」は株の格言で、ドルの暴落（＝円やユーロの暴騰）時のことですが、暴騰のときも同じような考えでまったく問題ないと思います。

　この節を書いていて、私としてはとても悩ましいのです。「人生いろいろ」で「トレードもいろいろ」だからです。

　例えば、とある日、多少の戻りを入れながらも300pips（ドル／円とクロス円の場合は３円＝300銭の意味）落ち、その日の底から120pips戻したところでニューヨークが引けたとします。このような典型的な売りの相場であっても、相場には売りから入る参加者だけではなく、買いで回して参加している人も多くいるわけです。あえて逆張り系で入った人に着目して例をあげて考えてみます。

　以下の最初の２つ（①と②）はデイトレーダーやスキャルピング（ジョビング）といった人、あとの２つ（③と④）はスイングトレーダーと言われるような人たちのイメージです。

①下げの途中で買いから入り、細かいリバウンドで15pipsの儲けが３回あったが、25pipsの損切りを１回して、結果20pipsの利益を残した（15pips×３回－25pips×１回＝20pips）。

②下げの途中で買いから入り、細かいリバウンドで15pipsの儲けが２回あったが、25pipsの損切りを２回して、結果、20pipsの損失となった（15pips×２回－25pips×２回＝－20pips）。

③下げも佳境に入り、何もせずに買場を探していたが、以前の安値の平行線が見えたので安値となる値の50pips上で買った（買いポジ

ションを持った）が、結局、50pips 下の損切り注文が付いてしまい。50pips の損をした。

④下げも佳境に入り、何もせずに買場を探していたが、底をうかがわせる動きが見えた（「こっつん」を感じた）ので、最終的に底値から 30pips 上で買って、同時に 50pips 下に損切り注文を入れていたところ、損切りが付くことなく、50pips 以上の利益を確保できた。

　皆さんは、この 4 つの例をどう思うでしょうか。

　④は底を見てから入ったので良い取り組みであったと言えますが、③も④も、300pips も下がる相場で本当によく「待っていた」と言えます。③の人も損切り注文が付いた後、いろいろと瞬時に判断し、再度、買い直していればうまくいったかもしれません。

　超短期系の①と②は、次のトレーディングで①の人が 25pips の損切り、②の人が 15pips の利食いであれば、5 回手を出して 2 人とも 3 勝 2 敗となります。ネットの結果は 15pips× 3 回 − 25pips× 2 回 = − 5 pips で同じになるわけです。

　またここでは、アクティブなある程度の大きな相場を例にしましたが、マイルドな相場つきなら①より②の人のほうが勝率が良いかもしれません。

　このように、為替のトレーディングには、本当に紙一重の連続のようなことが多く起こります。だからこそ、この節で「例」の前に書いたようなことは私としても思うことなのです。資金力や経験の話を少し横に置いておくと、やはり心のマネジメントと損切りがとても大事になってくるわけです。

～第5節～
心を整えるルーティーン
～起きてから寝るまで～

　1990年代、私はロンドンの南、ウィンブルドンの近くに住んでいました。朝起きて、家から東京のオフィスや銀行に電話をして情報を集めてから、最寄り駅まで歩いて電車で通勤。ロンドンのウォータールー駅に着きます。

　ロンドンには、郊外や地方から集まってくる電車が十数本停車でき、終着駅となる大きな駅が複数あります。天井がやたらに高く、ドーム状になっています。どこも新たな1日が始まり、ドラマが起きそうな感じがあります。

　ウォータールー駅で降りると、なぜか、私の好きなローリング・ストーンズの Brown Sugar が脳裏を流れます。1971 年の曲ですが、いまだに私の気持ちを鼓舞してくれます。その有名なギターリフです。

　駅からオフィスまでは歩ける距離ですが、早くオフィスに着きたいのでバスに乗ります。ここで脳裏を流れるのは、同じくストーンズの「悲しみのアンジー」（1973 年の曲。ドイツのアンゲラ・メルケル前首相がドイツ連邦議会の総選挙で流していました。アンゲラも、縮めた簡易の呼び方がアンジーだからだと思います）という曲です。恋愛のメローな曲ですが、ウォータールー駅での、相場をするには不適切な盛り上がりを冷ます感じです。

　最後にバスを降りて、セントポール寺院を見上げ、軽く「今日も幸あれ（利益あれ）」と謙虚に願い、最後にオフィスの横のサンドイッ

チ屋で Fisherman's sandwich（蟹かまぼことトウモロコシとパプリカをマヨネーズで和えて、ブラックペッパーをたくさんかけたものを挟んだサンドイッチ）とカプチーノを買ってオフィスに入ります。

長くなりましたが、これがロンドンでトレーディングできることへの感謝の気持ちを高めてから、冷静になるための一連のルーティーンでした。自分なりにあまり盛り上がってはいけないと思って、していたことです。

トレーディングとは、自分が相場を動かすことではなく、相場の行きたがっているほうに自分を合わせる仕事です。いつエントリーするか、いつ手仕舞うかも、基本的にはあなた次第です。冷静で謙虚な自分を保つための工夫をしましょう。起きている間にトレーダーがするのは「ME TIME」の繰り返しです。

当時、ロンドンで学歴なしで成功するには、ロックスターか、サッカー選手か、FX トレーダーになることと言われていました。債券や株のトレーダーはもう少し"学"がないとできないとのニュアンスも含みます。

最近の私には決まったルーティーンはあまりないのですが、朝一番に聴く曲はストーンズの Start Me Up［1981 年の曲です。2014 年にマイクロソフトの宣伝に使われ、Applebee's という全米展開のファミレスの宣伝として 2023 年にも使われています］に変わったりしています。

朝一番は気持ちを盛り上げます。そして、クールダウンし、相場モードにします。私は日中、別の仕事をしているので、朝は 3 時か 4 時ごろに起きます。ニューヨークの株の午後の動きとともに為替を見るためです。その後、テレビ東京のマーケット情報番組を見るころにか

けては、何が起きて、何に注目すべきか等の整理をします。私はニューヨーク市場の引け際から東京、ロンドンを主戦場の時間としています。米国の指標の発表はベッドで見ていることが多いです。寝ている間はポジションを持たないというわけではありませんが、寝ている間に後悔することのないようにポジションを調整します。もちろん、指標の結果によってはデスクに戻ります。「なぜ、こういう時間帯を選ぶのか」というと、自分は東京とロンドンにしか住んだことがなく、ニューヨークのトレーディングの時間のリズムにあまり馴染みがないと感じているからかもしれません。どの時間帯で勝負するかは人によって違って当然です。私はニューヨークに何度となく行っていますが、どうも縁がない感じがして、こうなっています。

～第6節～
ポジション所有時の心構え
～自分のポジション、持ち値は人に言わない～

　本節は「自分のポジション、持ち値は人に言わない」というテーマです。もちろん、私も、人に自分のポジションをいっさい話さないわけではありません。「今、ロングか、それともショートか」くらいは話しますし、お互いの相場観を交わしていれば、およそ持っているポジションの見当はつきます。

　しかし、人に自分のポジションや相場観を話すときには注意が必要です。人に向かってしゃべる、特に"公"に向かってしゃべると「自分の言ったことに固執」して、あるいは、「妙な正義感にも似た感情」となり、逆に行った場合などに損切りしにくくなるからです。次の相場に乗れないなど、機動性が失われます。

　私も会社でトレーディングしているとき、新聞やテレビでコメントする話をいただいたことがあります。でも、師匠のF氏に「マスコミに向かって相場観をしゃべるな」と言われたので、その教えを守りました。

　とはいうものの、いくつかの年末に、新聞社の為替相場予想のようなものを何度か書いたことがありました。ただ、基本的に目の前の相場の値を両側に広げ、相場観の方向に少しずらす程度の"差し障りのないコメント"をつけることにしていました。

　YouTubeなどで自分のトレーディングをライブで公開している人

がいます。彼らは"見せること"で、損切りも含め、自制・自律ができる人だと思うので、それはそれで尊敬します。

　一方、チャート等を根拠に「どこどこで売って、どこどこで利食い、損切りはどこどこ」と言っている専門家の方がいます。もちろん、軽い目安としてこういうことを発表するのはまったく問題ないですし、その日のうちや翌日に、反省も兼ねレビューしてくれるのであれば、それは大変有益です。

　昔、"実弾"を使ってトレードしていたかは定かではないですが、日々の予想（数日にわたることもある）と、その成績を発表していたストラテジストの人がいました。正に「どこどこで（指し値で）売って、どこどこで利食い、損切りはどこどこ」と紹介していたわけです。それを見た瞬間に、「これは後からまずいことになるであろう」と直感的に思いました。彼のポジションは丸見えで、損切りレベルに近づいていくとそのレベルが狙われやすいと思ったからです。私がその人の予想を見だしてから1年くらいの間はうまく進んでいたようでしたが、途中から通算でマイナスになり始めました。最後には、成績の公表をやめざるを得ませんでした。

　これは、当然の帰結です。**指し値でエントリーして、静的な（決まった）レベルで損切り・利食いを入れる手法だけで勝ち続けることが簡単ではない**のは明らかだからです。買っていても、思ったより上がらないのであれば、浅めで利食いすることがとても大事なのです。遠い損切り注文を置いたまま、自分で損切りすることがなければ、1回の損が大きくなります。

　なお、ここで話していることは、会社やファンドでトレーディングをしている方に対して、上司やバックオフィスにも「ポジションを隠せ」という意味ではありません。

私は、ある意味、ずるい人間なので、本当に自信のあるロジックがあるときは人に話すこともあります。テレビで相場観を話すトレーダーのうち、自分の予想に自信がある人は乾坤一擲（けんこんいってき）の相場の見通しを話すこともありますが、多くの人は差し障りのない解説をしています。その時々の温度差は、見る人が見ればわかるものです。いつも明晰な相場観を持っている人などいるわけがありません。

　確か、2000年前後だったと思います。私の友人の大手都銀のH氏がニューヨークに駐在していました。私は朝5時前に、会社に24時間交代で詰めて相場を見ていた後輩トレーダーから電話をもらい、ニューヨーク市場の概況を聞き、またそのあとH氏にも電話してニューヨーク市場の概況を聞いていました。同じ市場の動きを2人から違うアングルで聞くことが大事だと思っていました。H氏は週に1回、（確か木曜日だと記憶しているのですが）テレビ東京の朝のマーケット情報番組で相場見通しを話していました。私は相場の方向に自信があり、ロジック的にも整理できているときは、H氏との電話で自分の相場観を得々と語ります。本当にロジック的に明確で自信のあるときです。例えば、「市場にはこういうことに期待したポジションが残っていて、でもこの材料とこの材料は織り込んでないので、今後、損切りが大きく出る」というようなことを話します。H氏も、私のロジックが腹に落ちれば、テレビで話をしてくれるわけです。私も本当に自信・確信の強いとき以外は雄弁には話できません。普段はマーケットをリードするロジックのアップデートやレビューで悶々としていることがほとんどです。雄弁になれるのは、月に1回ぐらいでしょうか。なお、誤解しないでほしいのですが、ここで紹介したことは、インサイダー情報や風説の流布ではなく、相場観の組み立ての話です。

損切りの考え方
～良い損切りは次につながる～

　毎日のローソク足の実体部分（縦の長方形、始値と終値の差）だけを足し上げれば、ドル／円の年間のレンジよりかなり大きくなります。

　例えば、仮に今のドル／円が130円とします。年間250日強の取引可能日があり、ローソク足の実体の平均が50銭（本当はもっと大きいはず）とすれば、合計125円程度は動いていることになります。近年で値幅の大きかった2022年のドル／円での年間の値幅は37円なので、それ以外に毎日チャンスがあるということです。日足のローソク足の長さ（日々の高値と安値の差）を取れば、さらにチャンスが大きいといえます。損切りをうまくコントロールすれば、チャンスがいくらでもあるわけです。FXでは、週超えだけには注意が必要ですが、レートはほぼ連続して動いている（Runningしている）ので、出直すチャンスはいくらでもあります。

　ここで最も大事なことのひとつが損切りの仕方です。いろいろな方が「損切りは大事」であること、「損切りのオーダーは必ず置くこと」と話しています。FXトレーダーからすれば当然の鉄則です。

　損切りオーダーは持ち値に対する金額や値動きのパーセンテージで決めるやり方もあれば、値幅で決めるやり方もあります。

　典型的な例を挙げます。あなたが105.50でロングをして「ちょっ

と買ったあとの感触が悪いな」と思い、50銭下に損切りオーダー（105.00）を置いたとします。寝て起きたら損切りがついていて、相場は「104.50」だったとします。この場合は、損はしたものの、大きな難を免れることができて得した気分になります。

　ところが、損切りになって、起きて相場を見たときに「105.20」だったとしたらどうでしょう。気分は悪いはずです。何かリフレッシュできない自分がいると思います。本来ならば、買ったときの感触が悪ければその場で損切りして、50銭の損切りを待つことなくやめておけばよかったわけです。1ドル≒100円とすると50銭は約0.5％でも、証拠金取引を使い、レバレッジ10倍でやると、この損切りでの損失は証拠金の5％にもなるわけです。次のトレーディングに焦りを生じさせます。

　そうならないためにも損切りオーダーを置いたレベルでやめるより、少なくとも自分で「おかしい」と感じたときは、自分からすぐに損切りしていくことや、ポジションを減らしたりすることが大切になります。

　誤解がないようにお話ししますが、事前に損切りオーダーを置くことを否定しているわけではありません。ここで言いたいことは**「良い損切りは次につながる」**ということだけです。

　もちろん、常に正しいのは相場の動きです。（損切りレベルまで行かずに）朝起きたら上がっている（評価益になっている）こともあるかもしれません。でも、ここで真に大事なことは、納得感のある判断かどうかです。半分やめて気持ちよく寝るとか、トレーディングのアートなところです。

　「相場は明日もある」。英語では「Tomorrow is another day」ということわざのようなものがあります。「今日は負けたけど、明日、ま

た頑張ればいい」という意味だったと思います。これは心のマネジメントとしては非常に大事です。

　しかし、週末以外、常にチャンスがある為替相場では、上の例で損切りが目の前でついた、あるいは自分で損切りをした後にもかかわらず、相場にまたすぐに入る・入りたいというケースがあると思います。私の経験から言わせていただくと、すぐにまた相場に入りたくなった場合（ここでは「ドルを買いなおしたい」か、「ドテンしてドルショートする」かの2択）、まずは「ちょっと待て」です（ただし、相場は待ってくれないので1〜5分で判断することが大事です）。具体的には以下のようなことを確認しましょう。

①自分が冷静か。材料の整理や起こったことを判断できているか
②再エントリーに値する相場か。アクティブ相場なら Go、レンジ相場っぽいならやめましょう
③再エントリーしてうまくいきだした場合は、失った金額の7〜8割を回収できるところで少なくとも一部は利益確定する

　再エントリーがアゲンストになった場合の損切りは、よりタイト（近く）に置くことをお勧めします。相場の上級レベルの方は、アクティブマーケットであればすぐに取り返せます。それでも泥仕合の香りがしたら「Tomorrow is another day」です。何が次につながるかを考えます。

　相場のトレーディングとプロ野球が似ていると言うつもりはありませんが、プロ野球では打率3割バッターは強打者、年間20勝数敗の投手は名投手と言われます。
　しかしうまくいってないほうに目をやると、強打者でも10打席中

7回くらいはアウトになっているわけです。名投手でもいつもノーヒット・ノーラン試合を達成しているわけではありませんし、ホームランやヒットを打たれたり、四球を出したりしているわけです。また数回の負けがあるはずです。これらは、トレーディングでは損切りに該当するような感じがあります。うまくいかないことを繰り返しながらも、最終的な結果につなげているわけです。

～第8節～
自己規律を守る

　FXトレーディングをしている方には、ご自分のルールがあるはずです。証拠金取引なら証拠金金額で限界損失額の制約がありますが、そういう最終的な損切り限度ではなく、"自分を守り育てるためのルール"です。会社や他人のお金を預かって為替の仕事をしている人ならば、ポジションの限度は与えられた範囲となると思いますが、その範囲であったとしても、さらに自分のルールを作っているはずですし、作るべきです。

　どの通貨ペアを主に自分の守備範囲とするか。通常トレードする金額と最大金額、損切りルール（金額や値幅、あるいはパーセンテージ）、謹慎ルール（1日に2度損切りしたらその日はやめる等）を最低限、決めておくことです。私の意味する"通常トレードする金額"とは、あなたが冷静に相場を見ていられる金額です。人によって違うと思いますが、とても大事なことです。

　トレーディングの結果、その詳細のレビューが大事なことは申し上げましたが、それを踏まえて自己ルールを点検することが大事です。そして、ある程度まで利益や証拠金が増えたら、次のステップに進むためにも見直しは必要です。

上のようなルールを守りながら進めます。私は以下の点が大事だと思っています。

・損は小さく、利益は大きく

・取れる相場でしっかり稼ぐ

・アゲンストの時間はもったいない

　一日中スキャルピング（Scalping）をやって何十回もトレードする人は少し違うかもしれませんが、これらの点は頭でわかっても実行するのは簡単ではありません。

　例えば、①を思い過ぎると、やたらに損切りばかりすることになります。自制心が大事な一方、「ここぞ」という相場では大胆さも少し必要です。

　②では、ロジックの中でも、相場のマグニチュードやそのトレンドに対する認識（成熟度とか、位置＝始まったばかりか、真ん中あたりか、終わりが近いか）が必要です。

　繰り返しになりますが、私は何カ月も続くものだけをトレンドとして考えているわけではありません。数日で仕上がってしまうトレンド（大きな動き）もままあります。

　また、ポジション調整によって今までのトレンドとは逆の方向に比較的大きく動くこともあります。ある意味、これも短期のトレンドです。これらの動きを狙うのも「あり」です。ただし、「上げ（下げ）相場の中のポジション調整の下げ（上げ）」という認識を持ちながらやらないと、長持ちしないと思います。

　③は個人のトレーダーの人はよく認識すべきです。何日も我慢した

後に刹那的な損切りをして疲れ切って（Exhausted）憔悴^{しょうすい}するくらいなら、早めに損切りすべきです。「良い損切りは次につながる」し、「Tomorrow is another day」「相場はいつでもある」からです。

　私の体験で言うと、利が乗ったポジションを保持（Keep）しているときに、突如、アゲンスト方向に動き出したときは、その処理がとても大事になります。すぐ手仕舞うか、コスト近辺にミニマムプロフィットで損切りオーダーを入れるか、コストから離れたオリジナルの損切りオーダーをそのままにするかなど、対応を迫られます。正解は相場が決めるので、材料やチャートの形などとともに、冷静なあなたを探し、よく相談して速やかに決めましょう。その判断の結果でなく、その判断のプロセスにあなたの後悔が残らないようにします。その判断の結果については週末によく検討します。まったく同じ相場はありませんが、似たような相場は始終あります。次の第4章のメインテーマとなる「Déjà vu」は、相場のシナリオライターとしてのあなたの肥やしになります。

　またトレーディングスタイルで、損切りのルール設定は変わると思います。仮に類型化してみます。

①デイトレーディング、Scalping、Jobbing 等
　仮に1回のトレーディングで10〜20pips（ドル／円ならば10〜20銭）を狙う場合を想定します。うまくいけば30pips取れることもありますし、伸びない場合は2〜5pipsでやめることもあります。仮に平均で10pips（これを期待利益幅）とします。損切りは10pipsに置きますが、突発的に値が飛ぶこともあるので保守的に見て15pips（期待損失幅）とすると、10回のトレーディングの場合、6勝4敗でチャラです（10×6＝60と、−15×4＝−60でチャラ）。このトレー

ディングスタイルですと、損益の過程が可視化しやすく、日に何度も手を出せるし、夜はポジションを持たないので、いつも新鮮にいられるというメリットがあります。

ただ、人によりますが、ゼロサムゲーム的になりがちです。損切りの想定通りの履行は大前提（実はこれが一番難しい）とすると、伸びる相場で利益を残せるか、あるいは勝ち続けたところでやめることができるか（ポケットに勝った金額を入れてその日を終了できるか）といったことがポイントになるかと思います。

②スイング（Swing）

仮に1回のトレーディングで100～200pips（ドル / 円ならば1～2円）、あるいはそれ以上を狙うようなポジションの取り方を想定します。

このやり方の最大の Weak point は、日に何度もできることはまれで、損切りすると、損を取り返すにはそれなりの時間が掛かることです。

スイングのひとつの目安は、期待額の半分で損切りをするという考え方です。ドル / 円で2円狙うならば、1円で損切りということになります。やり直ししやすい損切りにすることです。

また、ポジションを取った後の感触が悪かったり、ポジションの逆の材料（指標や発言）で不安に思うならば、損切りレベルに関係なく、撤退することも大事です。利が乗り出した時点で利固め（一部利食い）をしていくことも、時に大事です。

基本的なことですが、自分の想定したシナリオ（ロジックの組み立て）と違う動きが出てくる可能性を常に念頭に置くべきです。

③長期のポジション

この本の主たる対象ではありませんが、日本の場合、個人の外貨預

金（円売り）や、機関投資家と言われる生保や年金等がこれにあたると思います。レバレッジを掛けていないことが多いと思いますし、まだ投資余力を残した形が多いと思います。少なくとも後者は外貨建ての債券や株、あるいは商品に対する投資だと思いますので、そちらの価格との兼ね合いになります。それこそアセットアロケーションの問題なので、説明責任も加味した損切りなど、他の社内ルールがあると思います。定例会議での判断もあるでしょう。

　個人の外貨預金では金利ももらえますし、個人のアセットアロケーション（円だけの資産では不安だとか）もあると思うので、どういう損切りにすべきか、一概には言えません。

　ただし、これは主要通貨を対象にしたものなので、新興国通貨の場合は損切りをパーセンテージや値幅で決めておいたほうがよいかと思います（第5章参照）。

コーヒーブレイク3　為替市場の仕組み

　皆さんの中にはFX証拠金取引をなさっている方が多いと思いますが、プロの世界（主に金融機関）では少し違ったところがあるのでご紹介します。

　まずはインターバンク市場です。主に銀行や投資銀行、一部の超プライム企業の金融子会社などでできています。直接の銀行間取引もできますが、仲介会社（＝Broker　ブローカー）を通して行うのが基本です。お互いに信用リスクがほとんどない金融機関等同士の大口取引市場です。

　ドル／円の場合、最低取引単位は1百万ドルです。ユーロ／ドルは1百万ユーロ、ポンド／ドルは1百万ポンドです。

　また取引の決済は、両通貨の休日・祝日等による休場日を除く2営業日後となります。ここで言う決済は為替損益を指さず、「それぞれ買った通貨を受け取り、売った通貨を渡す」ことを指します。

　また同じ銀行の間では通貨ごとに、例えばドルの売買の場合、その決済日分はネットされた金額だけの受払となります（ネッティングと言います）。

　以下では、ここでの金融機関と銀行についてお話しします。

1）Quote クォート：レートを提示する

　今のレートが105.50 − 51 とします。105.50 でドルを買い

たい（これを買いとかBidと言います）銀行があって」、他方に105.51なら売りたい（これを売りとかOfferと言います）銀行があります。50Bid、51Offerの状態です（ゴーマルビット、ゴーイチオファーとか、ゴマル・ゴーイチと呼称します）。

よくテレビなどに出てくる円卓等を囲んで叫んでいるのはブローカーの様子です。90年代半ばごろに電子ブローキングも普及し出したので、今は電話というよりも、銀行が値段や金額をPCや専用端末にインプットすることで市場が成り立っています。ブローカーは、電子も含め、世界の主要な市場とリンクしています。そこには105.50で何百万ドル分も買いたい銀行がどれほどあるか、わかりません。売りも同様です。

2）金融機関間の取引の成立

例えば、他の銀行が「105.50で5百万ドル売りたい」というと商いが成立します。

ただし105.50に3百万ドルしかBidがない場合、この瞬間は3百万ドルだけの成立となり、残りの2百万ドルはOfferとして残るので、マーケットは105.49－50などに変わっていきます。105.50のBidが6百万ドル以上あった場合は、5百万ドル売られても105.50のBidが1百万ドル残るので、その瞬間はまだ105.50－51が残ったままとなります。この例のように、105.50が売られたことを「105.50　Given（あるいはHit）」と言います。また105.51が買われたことを「105.51　Taken」と言います。日本でも英語をそのまま使います。

3）顧客取引

　顧客が取引する方法は主に4つあります。例えば、顧客の輸出企業が1億ドル（100百万ドル）売りたいというケースで説明します。

Ⓐ金額と、取引したい方向（サイド）を言う。
　→「1億ドル売りたい」
Ⓑ市場で一番良いレート（at best）で売ってもらう。
　→「1億ドル at best で売りたい」
Ⓒ 売り・買いを言わないでプライスをもらう。
　→「1億ドルプライスください」　2-way プライスと言う
Ⓓ売りたい値段で指し値をする。
　→「105.52 で1億ドル売りたい」

　実際のレートがどうなるかは、状況によってかなり違うと思いますが、例えば次のようになります。

Ⓐ銀行は「105.45」と言う。輸出企業が「Done」と言えば
　商い成立。
Ⓑ銀行はブローカーマーケットで1億ドルを実際に売る。
　すべて売り切ったあと平均価格で渡す。
　「105.465 平均で1億ドル売れました」
Ⓒ銀行がプライスを出す。「105.46 − 51 です」。
　顧客「Yours（売った）」と言う。105.46 で商い成立。

この場合、輸出企業でドル売りだとわかっているので、左にレートが寄っています。顧客がドルを買いたいのだと思ったら105.49 - 54とか、105.50 - 55と出します。プライスの幅は金額の大きさや顧客の素性、そのときの市場の様子で変わります。

プライスをもらったときの商い用語（ブローカーでやる時も同じ）を整理すると、以下のようになります。

「買った」= Mine（ドルは私のものとの意味）
= I take 100 million dollars at 105.51.
「売った」= Yours（私のドルをあなたにあげる）
= I give you 100 million dollars at 105.46.

Ⓓで105.52でドル売りオーダー（注文）を預かったとします。銀行も105.52に指し値をするのが一般的です。他の金融機関が105.52でドルを買えば商い成立、あるいは他の顧客が105.52以上でドルを買ってくれれば商いが成立ということもあります。

ただし、1億ドル全部が買われきらず、一部の金額だけが成立（一部約定 Partial done）ということもあります。

4）ポジションは巡り巡る　為替の世界はババ抜き？

上の輸出企業が顧客の例で、輸出企業が1.5百万ドル売りたいとします。Ⓐの方法で輸出企業が105.49でドルを銀行

に売ったとします。すると、次のようになります。

→銀行は反対側だから、元々、何もポジションがなければ、その瞬間1.5百万ドルのドルロングを105.49の持ち値で持つことになります。ここからは相場観にもよりますが、これからドルが上がると思えばそのまま保持［すぐに輸入の顧客が来るかもしれない（持っているドルを買っていってくれるかもしれない）］。逆に、下がるかもしれないリスクを避けようとすればブローカーでさばく。すなわち105.50で売る。

→取引最小単位の1百万ドルを105.50で売った場合、105.49と105.50の値差で1万円の利益となり、105.49に0.5百万ドルのドルロングが残る。

→2百万ドルを105.50で売った場合、1.5百万ドル分は値差で1.5万円の利益となり、105.50に0.5百万ドルのドルショートが残る。

　ここで、輸出企業がいわゆる実需筋だとします。元々、彼らはこの取引で円貨が確定し、ドル建ての輸出代金が減るので、彼らの潜在的なものを含め（実際に輸出契約内部分や見込みを含む）、ドルロングは減ったことになります。銀行は1百万ドルをカバーした（ブローカーで売った場合）ので、1百万ドルのポジションが減り、ドルロングが0.5百万ドル残ります。また2百万ドルをブローカーで売った場合、1.5百万ドルのポジションがなくなり、0.5百万ドルのドルショ

ートが発生します。

また、このブローカー取引で、この銀行の相対先として、105.50で1百万ドルや2百万ドルを買った銀行もあります。

「為替の世界はババ抜きのようだ」と私が言うのは、参加者が参加者ごとにポジションの一部が買いと売りとで値段は違っても（損あるいは得をして）、順にポジションが消えていく様子が、ババ抜きでペアがそろうと手持ちのカードが減って、ババも誰かに移って行く様子と似ているからです。

同じ通貨ペアで終わりのないババ抜きを世界中でしているようなものです。ポジションを取ることは誰かからトランプのカードを引いてくるようなもの。なお、誰かが損をするからババ抜きという意味ではありません。

仮に、その時119.49 − 50というマーケットだとします。ある銀行で資本筋の顧客が「at best」で「1億ドル（100百万ドル＝100本）買いたい」と言ってきたとします。銀行は金額もある程度大きいので「119.53で100本買う」と、ブローカーにオーダーするとします。

このとき、119.50、119.51、119.52、119.53で合計80本の売り（Offer）があったとします。80本は買えましたが、残りの20本はまだ買えていません。結果、119.53がBidになり、119.53 − 54とか119.53 − 55になっていくわけです。

この銀行は119.53で待っている分が買えないと119.54とか119.55も買って100本を買い終わるわけです。この結果、この銀行は顧客の資本筋のために、例えば100本を119.527平均（仮の数字）で買えたということになるわけです。そし

て、マーケットは上がっていくわけです。

　次は、プライスを出すケースです。100本のプライスを買いだと思って119.49 – 54（スプレッドの幅は当該の金額によりますが、一般的に大きい金額のほうが広くなります）と出して119.54で買われたとすると銀行は119.54で100本のドルショートとなります。銀行は119.54以下でカバーできれば利益が出るわけで、少なくとも119.54までならどんどん買うわけです。買い切れなければ最も上のレートを買うのでマーケットはさらに上がっていくわけです。

　また、銀行では、次から次へと顧客が来るので、相場観で無尽蔵にポジションを抱えるわけにはいかないため、多少損してもカバーしてしまうことが多くなります。例えば、119.54で100本買われてカバーしようと思ったときに、もう市場が119.56 - 57に上がっていた場合、「119.54で持ってかれた（買われた）ショート」が残るので、焦ってドルを損切りしながら買っていくわけです。それでますますドルが上がってしまい、買い切れていないショートが残ります。少しでも良いとこで買いたいから買い（Bid）が上がってくる。まさに「持ってかれショート」の典型です。

　ただ「持ってかれショート」はあえて言うと「（多くの場合、意図せず）相場が上がってショートポジションを瞬間的に含み損にされた」ことを指す「情緒的表現」です。ロングの場合は「下がったときに取り残されたロング」のように表現することが多いです。

5）FX証拠金業者の利益の源泉

　これはFX証拠金業者の方が悪戯（あこぎ）なことをしているわけではないので、誤解のないようにお願いします。彼らも彼らで、各種リスクを取り、体制を作るためにコストも掛かっています。彼らの儲け口はいくつかあると思うのですが、主たるものは以下の2つです。

①顧客の売買を放っておくと儲かる

　個人のFXトレーダーは9割以上が負けて撤退すると言われています。簡単に言えば、マクロ的には顧客の逆をすればよいので、業者としては放ったらかしにすれば儲かるわけです。

　ただし、業者から見て、顧客のトレードの集積で一方向にポジションが溜まったら、そのポジションを減らすために、他（銀行等）にカバーをしているのではないかと思います。推測ですが、例えば会社としてのネットポジション（ロングかショート）が5百万ドルを超えたら、それ以上超えないようにするため、ネットポジションを減らすことにしていると思います。あるいは一定金額以上の取引は即時市場につないでいる（カバーしている）と思います。

②日々のスワップポイントの差

　例えば、ある業者で日をまたいでドル／円のロングをしている顧客たちが合計で100百万ドル、ショートしている顧客たちが合計で90百万ドルとします。顧客たちはスワップポ

イント（ドルの金利と円の金利の日々の差）を払ったり、もらったりします。スワップポイントはドルロング用とドルショート用で別々に出されます。この例ではロングとショートが重なる 90 百万ドル部分については、スワップポイントの値差はすべて FX 証拠金会社の利益となります。スワップの差は一般的に極めて狭いですが、「チリも積もれば」で顧客が多いほど商いも大きく、翌日に持ち越された取引の同じ通貨ペアでの売り買いの重複部分は儲かる仕組みとなっています。

　先に、電子ブローキングが 1990 年代半ばに登場したことを申し上げました。それと同じころ、法人顧客相手にコンピューターや Web でレートを提示するサービスが登場しました。複数の銀行が出すレートから良いレートを選んで（その瞬間、瞬間です）トレードするシステムです。顧客サイドとして日本で最初に導入したのは、私のいた会社であったと思います。おそらく 1996 年か 97 年でした。そのうち外為法も改正され、98 年に個人の FX 証拠金取引が可能となる中で、現状に近いトレーディングシステムが急速に発展していきました。

第**4**章

相場で
Déjà vu を感じるために
〜相場の歴史とマーケットをリードした
ロジックを学ぶ

ここではドル / 円相場を動かしてきたロジックの変遷を主に紹介しま
す。、私が実際に見てきた 1985 年のプラザ合意以降を中心に、一部 はド
ル / 円以外も合わせて、「私なりの解釈で」という話になります。皆さん
が経験していない相場を含むと思いますが、「そう言えば、そういうロジ
ックで動いていたんだ」と Déjà vu のように今後の相 場を見る中で思っ
てくださることを目指します。

円の誕生から第二次世界大戦終了まで

　現在の日本の通貨「円」は江戸時代の「両」の後、1871年（明治4年）の「新貨条例」に基づき、純金1.5gを含むものが1円として誕生しました。そのころの米ドルの金の含有量が円より少しだけ多かったことから、1874年に100円＝100ドル弱、1ドル＝1円強となり、1ドル≒1円でスタートしたとのことです。なお、第二次世界大戦前は100円＝○○ドルとの表示でしたが、ここでは1ドル表記にしています。

　1897年になると「貨幣法」が制定されます。日本はそれまで実質、金銀両本位制を敷いていましたが、世界的に銀の供給量が増え、銀の価格が下がったこともあり、この年、金本位制に切り替える際に平価を半分に切り下げ100円＝約50ドル、すなわち1ドル≒2円とします。このレートがしばらく続きます。

　第一次世界大戦中（1910年代半ば）に世界各国が金の輸出を禁止したことを受け、1917年に米国と並んで金本位制から一時離脱しますが、日本の貿易収支は大幅黒字であったため、1ドル＝2円よりはわずかに円高なレートとなります。

　第一次世界大戦後、米国は金本位制に復帰しますが、そのときは日本は戻りません。1923年の関東大震災後の復興資材の輸入の増加で貿易赤字が膨らみ、1924年ごろには1ドル＝2.63円のドル高／円安

となることもありました。その後、日本が金本位制に戻る準備をするにつれ円高となり、1930 年に金本位制に復帰したときには 1 ドル ≒ 2 円に戻ります。

ところが、1931 年の暮れに日本は金本位制から再び離脱、太平洋戦争勃発時は 1 ドル ≒ 4.25 円程度まで円安になったとされています。

もちろん今のような FX 市場はないのですが、1 ドル ≒ 1 円で始まったドル／円相場の決定要因は、金本位制（各国通貨の交換価値が見合いの各国金保有量により決まる）が第一、次いで貿易収支であったと言えると思います。

～第2節（学び2）～
ブレトンウッズ体制とその崩壊
～固定相場制から変動相場制へ～

　終戦後、ソ連の脅威が高まるにつれて、米国は日本に対する占領政策を、賠償の緩和を加えた日本経済の安定と復興を目指す方向へと転換しました。そのことが「ドレーパー報告」に書かれています。これが 1948 年の日米「経済安定 9 原則」の基礎になっていると言われます。そこには、戦後も続いていたインフレの克服なども書かれています。

　報告を作ったドレーパー氏は帰国後、ワシントンの FRB 調査統計局次長のヤング博士に、適正な日米の為替レートの策定を委ねます。ヤング博士らは日米の物価上昇率を勘案して「ヤング報告」を出し、これを元に為替レートを決めました。1949 年 4 月に 1 ドル＝360 円の設定がされます。ただし、終戦直後に始まった軍用交換レートは 1945 年に 1 ドル＝15 円に定められたため、その後 15 円→50 円→270 円を経て 360 円となりました。

　1944 年、アメリカのニューハンプシャー州のブレトンウッズで連合国国際通貨金融会議が開かれ、世界通貨の体制であるブレトンウッズ協定が締結されました。この協定によって成立した体制がブレトンウッズ体制です。

　世界各国の通貨の為替レートが、アメリカの通貨である「米ドル」を基軸通貨として、決定されました。米ドルの金との交換比率は金 1 オンス＝35 米ドルで保証されました。このように米ドルを媒介とし

た金本位制かつ固定為替相場制がブレトンウッズ体制です。

　ブレトンウッズ体制の目的は、「世界経済不安によって、二度と世界大戦を引き起こさない」ことと、「第二次世界大戦後の世界経済を安定させる」ことです。日本は1951年にサンフランシスコでの講和条約に調印した後、翌1952年にブレトンウッズ通貨協定に加盟申請、承認されました。そして1953年に1円＝純金2.46853ミリグラム、すなわち1ドル＝360円で加盟。米国以外の参加国とも固定為替相場の時代に入り、これは1971年まで続きます。

　ただこの体制では、国際収支の不均衡を為替で調整する機能が否定されていたので、赤字国は国際収支の赤字を金で埋める必要がありました。しかし、国によっては国内の金保有量を維持することが難しくなります。

　また加盟国は、国内金利の上げ下げや国内財政の緊縮や緩和で国際収支の赤字を調整せざるを得なくなります。その点に限界がありました。特に英ポンドは、日本が加盟前の1949年に30.5％に切り下げをしたため、1ポンド＝1450円から1008円になりました。大英帝国の一部であった国々は英国への輸出でポンドを稼ぎ、それをドル、そして金に換えるという行動を取るので、英国には常にポンド下落の圧力が掛かりました。

　1967年には、英国が再び1ポンド＝1008円から864円に切り下げをします。この時期はゴールドラッシュといって、金本位制のコアとなる金がとても人気があり、ポンドと金の間に入る米国もドルの価値を保つために金利を上げたりしていました。その一方で、戦後復興がすさまじい欧州や日本が輸出を伸ばし、さらにはベトナム戦争も重なり、米国の国際収支は悪化の一途をたどります。その結果、1971年8月になると、米国の金準備は、海外の政府や中銀から「ドルの手持ちを金に換えてくれ」と要請されたときに持っているべき必要最低限度

の 100 億ドルすれすれまで減少します。

　そして、同年 8 月 15 日、米国は外国政府や中央銀行に対して、ドルの固定価格での金交換（兌換）の中止を発表します。いわゆる、「ニクソンショック」です。これで事実上、金本位制は終わりとなります。同年 12 月 17 日には、主要国の財務大臣や中央銀行総裁がワシントンのスミソニアン博物館に集まり、通貨調整に関する合意に達します。「スミソニアン協定」と呼ばれます。米国は金 1 オンス＝ 35 ドルから38 ドルに、ドルを 7.89％ 切り下げました。ドル／円は 308 円となりました。それでも 1972 年の米国の国際収支赤字は拡大し、前年の 3 倍に膨れ上がります。これでまたドル売りが加速、米国もまた金に対しドルを 10％切り下げました。

　しかし、時すでに遅し。1973 年 2 月に、日本は先んじて変動為替相場制に移行します。欧州諸国も追随です。スミソニアン協定は 1 年あまりで終わり、ブレトンウッズ体制もまた完全に崩壊します。

　戦後の為替相場は、終戦後の大幅切り下げによって 1 ドル＝ 360 円という、金本位制をベースにしたブレトンウッズ体制のもとで固定相場制を目指しましたが、国際収支の不均衡拡大により米国発で崩壊しました。

　なお、スミソニアン協定締結前のドル／円は 360 円、ポンド／円は864 円です。市場は不安定で、各国で事実上のフロート制や二重レート制の時期を挟みます。スミソニアン協定で日本円は 16.88％ 切り上げて対ドルで 308 円、英ポンドと西独マルクは 8.57％ 切り上げているため、円の切り上げ分を差し引くと、英ポンドは対円で 8.31％ 程度の切り下げだと思うので、推測ですがポンド／円は 792 円ぐらいとなります。変動相場制への発射台ということになります。

変動相場制へ

ドル安進行後に米国の高インフレ・高金利でドル高に
1972年～1985年

　日本が変動相場制に移行した1973年の2月には、もう1ドル＝300円割れに迫っていました。そのまま年末までに264円台へとドル安／円高が進みますが、第1次石油ショックで石油価格が高騰すると、大幅黒字であった日本の経常収支が大幅赤字になります。そして1974年には、スミソニアン協定のレベルに近い306円まで戻ります。

　その後、1975年末までは290円台を中心に、300円台に乗せたりしていましたが、1976年になると景色が変わります。日本は原油高に対応して国レベルの省エネで輸入量を下げ、金利を上げてインフレの抑制に成功、1976年に経常収支は黒字に戻ります。それでもあまりドル安／円高に進まなかったので、世界各国は日本がわざと円安に誘導しているとして、Dirty Float（汚い変動相場制の利用）と非難しだしました。

　また1977年になると、さらに経常黒字が増加したことを受け、「日本は世界経済を引っ張るべきだ」という「日本機関車論」まで出るほどになったことで、日本への批判（円高圧力等）も強くなります。そのため、一挙に円高が進み、1977年末には240円台、翌年1978年7月には200円割れ、同年10月31日には、変動相場制移行後で初めて、プラザ合意前の円の最高値（ドルの最安値）となる175.50円まで進みます。この時期、日銀は通貨高による景気への影響を考え、8度にわたって公定歩合を下げました。円高対応で政策金利が動かされたの

は、このときが最初と言われています。

　この時期、米国は大幅な貿易赤字による経常赤字とともに、10%
を超えるインフレと経済低迷が併存するスタグフレーションに悩まさ
れており、ドル安が加速しました。米国としては、経常赤字の拡大で
自然にドル安が起こることを良しとしてきた一方、ドル安でインフレ
が加速していることに懸念を抱きました。そこでカーター米大統領
は1978年の11月に、ドル防衛策として、日本や西ドイツ、スイスの
中央銀行とのスワップ枠拡大等による為替市場への協調介入の強化、
300億ドルの介入資金の調達、公定歩合の引き上げ（8.5% → 9.5%）、
預金準備率の2%引き上げ等を発表。ドルは急反発します。

　さらに1979年には第2次石油ショックが起こり、米国のインフレ
率は上昇を続けます。かかる中で1979年9月にFRB議長に就任し
たボルカーが、まずはインフレ退治の強烈な引き締め政策を取りま
す。就任時の公定歩合8%台から81年5月には14%へ、FFレート
も19.10%まで引き上げられました。

　そして1981年にレーガンが大統領に就任します。レーガンは、そ
れまでの需要中心ではなく、供給力強化を目的としたサプライサイド
経済学に基づく「レーガノミックス」と呼ばれる経済政策に取り組み
ます。米ソの軍事力の均衡を図りながら、軍縮交渉を優位に進めるた
めの軍事支出の拡大、大幅減税による供給サイドの刺激、インフレー
ションの抑制などの政策により財政赤字が拡大します。これらは経常
収支赤字のファイナンスも兼ねていたので、金利高により海外資金が
米国に流入し、対円で82年の11月に1ドル278.50円まで上昇します。

　ただ不思議なのは、米国の公定歩合がこの時期、最後に引き上げら
れた1981年の5月には240円台ぐらいまで上がったものの、インフ
レ退治が成功し始めた同年10月末、公定歩合が1%引き下げられて

13％になり、さらに、利下げサイクルに入って82年の10月末には公定歩合が9.5％まで下がったにもかかわらず、その後に278円台がついていることです。この間、日本の短期金利は7％前後なので、日米金利差は最大時より大きく縮小していました。ただし、財政赤字が背景にあるので、もしかしたら長期金利の差は変わっていない可能性もあります。

しかしその要因を探ると、81年のポーランド戒厳令で独マルクが売られたことによるドル買い、82年の4月にはイギリスとアルゼンチン間での緊張激化（フォークランド紛争）や、中南米での累積債務国問題による、対円も含めた「有事のドル買い」が考えられます。米政権が財政赤字の抑制を謳っていたことも、ドルを支えた要因かもしれません。完全に Overhung dollar（ドルが突出した状態）だったのだと思います。

この相場は、277円台あたりをうろうろしている中で、82年10月後半にリーガン財務長官（似ていますが大統領とは別人です）が、「米国はドル売り介入をしない」と発言したことで、278円台で天井を打ちます。皆がロングポジションを保有しているときに、最後のドル買い材料が出て「こっつん」したわけです。ただ実際には、日米どちらかは定かでないのですが、ドル売り介入はされていたようです。

その後は、気がつけば、米国の金利低下による金利差縮小、日本の経常黒字拡大、累積債務国問題が米銀に痛手をもたらすなど、相場をリードするロジックも急激に変わり、82年末は233円台となりました。

そういう経緯を通じて、220円台と250円台の間を推移して85年となります。なお、このころまでは米国の公定歩合が政策金利の中心でしたが、米連邦準備制度理事会（FRB）が2003年の1月から、民間銀行に資金を貸し出すとき、公定歩合を適用することをやめ、FFレートの誘導目標を上回る金利を適用することを決定したことで、公

定歩合制度は事実上廃止となっています。

　少し長めの話ですが、2022 年は新型コロナウイルス発生後の、「米国他での量的緩和を含むゼロ金利政策や際限ない財政出動の反動」によるインフレ、折からのロシアのウクライナ戦争で資源価格の暴騰もあって、インフレがさらに加速したことを受けた米国の急激な利上げが市場のメインの動きとなりました。ここで紹介した 1980 年代前半の状況と似ているかもしれません。つまり、米国が金利を上げていく中で、これから紹介する中南米危機や、ドル高が行き過ぎて米国の貿易収支の赤字が急激に拡大したために、相場のロジックが変化していく様子を知ることは中期・長期で参考になると思います。

　また、米国の利上げが 90 年代のアジア通貨危機を招いたことも同様です。世界経済も歴史に学ぶので、程度は異なるにせよ、ロジック作りの参考になります。

◆ドル / 円の変動相場制移行後の長期推移　1971 年〜 2023 年 6 月

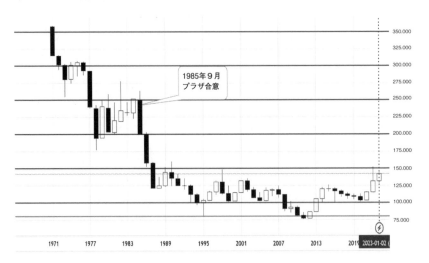

エピソード1　中南米危機（累積債務国問題）

　メキシコなど中南米の中所得国が、1980年代前半に、世界的な景気停滞と商品価格低下に加え、アメリカの高金利政策の影響を受けて増加した金利負担によって、対外債務の返済が困難になった問題です。これらの国々は1970年代後半には一次産品の高価格化と豊富な産油国の資金を背景に、先進国から大規模な借り入れを行い、工業化を推し進め、高い経済成長率を示していました。しかし、アメリカにおけるインフレ退治の余波を受け、金利が異常に高まったことで、輸出対価で利払いを行うという構図が破綻しました。

　累積債務国問題が深刻化してからは、メキシコの銀行国有化、貸し手であった米銀の経営不安等もありました。債務の削減や債務返済の繰り延べ（リスケジューリング）、債務国への新規貸付などの救済策がとられて危機は一応回避されましたが、いまだにアフリカや中南米諸国を中心に債務返済に苦しんでいる国は多いです。なお、この時期、アジアで累積債務が取り沙汰されたのはフィリピンでした。

　私が為替相場に対し始めたのは、この後にお話しするプラザ合意からです。私が研修でシンガポールに行く週末にこの合意がなされました。なお、日本の企業が銀行経由で為替を自由に売り買いできるようになるのは、1980年に外為法（外国為替および外国貿易法）が対外取引を原則自由にする法体系に改められ、さらに1984年の「実需原則の撤廃（＊）」まで待たなくてはなりません。それ以前は、ドル／円で円高の可能性が強いときは輸出業者が前受金として早め早めに外貨を受け取る、また円安の可能性が高いとされる時期には輸入業

者がこぞって前払いし為替のメリットを享受しようとする、いわゆる Leads and lags（リーズ＆ラッグス）という形で対応するくらいしかなかった時代です。

　当時、外為を扱う許可を得ていた銀行なら、銀行間の取引を海外の銀行ともできましたが、夜（オーバーナイト　Over-night）に持ち越せる持ち高の規制がありました。その額は1億ドルもなかったと思います。ただし、その額はプラザ合意後にどんどん拡大されていきます。

　また1980年代になると、時期は定かではありませんが、ニューヨークやロンドン、シンガポールでは銀行も事業会社も、為替取引をそれほどの制約もなく自由にできるようになりました。投機的な動きなどは主に海外でやっていた時代でした。実際、1982年ごろには、海外で野放図に為替投機をしていた一部の日本の銀行や商社の巨額損失事件が海外拠点で発生しました。

337ページの＊：「実需原則の撤廃」以前は、企業の為替取引には実需の裏付けが必要とされ、銀行以外との為替取引は禁止されていた。実需原則の撤廃で銀行以外の企業も、銀行経由ではあるが、自由に為替取引ができるようなになった。また個人については、日本版金融ビックバンの一環である、1998年の外国為替法の改正で、普通銀行での外貨預金やFX証拠金取引ができるようになった。

~第4節（学び4）～

プラザ合意後、240円から79円台への10年間

1985年～1995年

◆ドル/円　1983-1996年

1985年9月
プラザ合意

260.000
240.000
220.000
200.000
180.000
160.000
1400.000
120.000
100.000
80.000

1984　1985　1986　1987　1988　1989　1990　1991　1992　1993　1994　1995

TradingView

　いよいよプラザ合意（Plaza Accord）後です。この時期は米国の双子の赤字（Twin deficit）が、マーケットをリードする鉄壁のロジックとなった時代です。1985年9月22日（日）に先進五カ国（The Group of 5 industrialized nations＝G5、日米英独仏）の蔵相・中央銀行総裁会議が、ニューヨークのプラザホテルで行われ、「過度なドル高の是正を目的に、外国為替市場での協調介入、協調行動」に合意しました。歴史的な合意です。それまでは、インフレ退治で高金利となった米国に資金が集まりドル高となっていましたが、インフレが落ち着き出してみると、米国の経常赤字が膨大となっていたことが判明し、

この合意に至ったたわけです。

　実際の声明文の当該箇所をご紹介します。結論（Conclusions）として17、18項目がありますが、18番目が為替についての主な内容です。

18. **The Ministers and Governors agreed that exchange rates should play a role in adjusting external imbalances,** in order to do this, exchange rates should better reflect fundamental economic conditions than has been the case. They believe that agreed policy actions must be implemented and reinforced to improve the fundamentals further, and that in view of the present and prospective changes in fundamentals, **some further orderly appreciation** of the main non-dollar currencies against the dollar is desirable. They stand ready to cooperate more closely to encourage this when to do so would be helpful.

　下線は私が入れました。some further orderly appreciation　（ドル以外の通貨のさらなる秩序だった上昇）という部分は、私の憶測ですが、日本側が苦労して orderly（秩序だった）と入れ込んだように思います。orderly はこのあとも G5 や G7 での為替関連の合意で、「急激な動き」をけん制する意味でよく使われますが、この orderly が further の後にくると、少し不自然な感じがします。日本は行っても170 〜 180 円くらいを思っていたのではないでしょうか。一方で、米国や他の参加国は円を狙い撃ちにして、大きなドルの下落＝円の上昇を見こんでいたように感じます。

　また、この英文の引用の最初の行に、「為替レートが対外収支の不均衡の調整の役割を担うことに合意した」とあります。これは当たり前の為替の歴史の鉄則を表しています。

私の記録によると、この合意の前の最終取引日［1985年9月20日（金）］のニューヨーク市場の為替レートは以下の通りでした。

・ドル／円：1ドル＝238円台半ば　東京時間には241円台の後半中心でしたが、ニューヨーク時間に発表された米国の第三四半期のGDP暫定推定値が予想より悪く、FEDの緩和姿勢継続との見方からドルが売られ、ニューヨークの後場に240円を割れてからずるずる下がっていました。プラザ合意の内容も漏れ出しているように感じます。

・ドル／西独マルク：1ドル＝2.84マルクくらい。1マルク＝84円。バーチャルではありますが，1999年にユーロが導入されたときの1ユーロ＝1.95583マルクを使うと、1ユーロ≒0.68867ドル、1ユーロ≒164.25円となります。

・英ポンド／ドル：1ポンド＝1.375ドル、ポンド／円≒328円。

　週明けの9月23日（月）、日本は秋分の日の休日で、アジアでは1ドル＝235円台前後でうろうろしていましたが、その日のニューヨーク市場は226円台に下落しています。おそらく、その後も合意のうえでの協調のドル売り介入もなされ、10月は210円台中心、11月から翌1986年1月末にかけては200円台中心でした。
　しかし、1月24日に200円を割れ出したとき、当時の竹下蔵相が「190円台の円高も日本の産業界は容認し得る」旨を発言して、輸出企業なども狼狽のドル売りに出たことから、その後、今日に至るまで1ドル＝200円を超えることはなくなりました。
　一度こういう損切りの動きが出だすと止まりません。輸出企業もさることながら、生保等の機関投資家のほか、ドルを買い込んでいた石油会社等によるドル売りも出だしました。結局、プラザ合意からわず

か半年あまりの1986年3月18日には、カーターショック前の円高レベルを割り込み1ドル＝174.60円までドル／円の史上最安値を更新します。

　その後、180円以下では、日銀のドル買い／円売り介入がなされましたが、他国からの合意が得られておらず、日本の単独介入となりました。この時期、西ドイツの蔵相や中銀総裁から、「これ以上のドル安は必要ない」との発言が出る一方、英国の財務相に、「より一層の円高が望ましい」と言われたりして、プラザ合意の大きな狙いが円安是正であったことも明白となり、あっさりドルの対円での史上最安値を更新し続けます。

　プラザ合意から1年後の1986年9月には、150円こそ割れないものの150円台を中心とした動きとなりました。この間、相場を支配していたロジックは、米国の双子の赤字と、それに対する日・米・欧の蔵相等の当局の姿勢、為替方針のようなものがすべてと言っても過言ではありませんでした。また、長らく積み上がった米ドル信仰の崩壊に伴うドルロングの損切りが続いた結果でもありました。なお、この時期、日本の航空会社が10年以上にわたるドル買い／円売りの先物予約をして、1994年に100円割れになってから処理したために、2000億円を超える為替損失を出したと言われています。時価会計の時代となり損失を計上せざるを得なくなったものと思われます。この会社は一度破綻しておりますが、それは、この為替による損失が要因のひとつと言われています。

　その後、150円割れもあり、「ドルの下落は十分に進んだ」との見方が主要国間で出てきました。為替はかなりドル安になったものの、当初の目的であった貿易赤字の縮小は思うように進まず、それどころか、逆に大幅なドルの下落が輸入物価の上昇を招き、米国ではインフレ率が上昇、金利が上がります。これが景気後退、さらには日本やドイツでも通貨高により不況色が強まり、世界的なリセッションをもたらす危険性を帯びるようになってきたのです。そんな状況の中、1987

年2月、パリ郊外のルーブルで開かれたG7（カナダとイタリアが加わり7カ国）財務大臣・中央銀行総裁会議で「ルーブル合意」が成立し、140 – 160円程度でドルを安定させることになりました。

その結果、しばらくは戻りを試しますが、「米国の双子の赤字が原因でドル安→米国でのインフレ→米国債券下落（金利上昇）→米株安→ドル安」という悪循環（＝市場をリードするロジックに変更がない状態）が断ち切れない中、1987年10月19日（月）に米国のダウ平均株価が大暴落します。Black Mondayです。2600ドル台だったものが508ドル（22.6%）下落しました。ルーブル合意もなかったかのごとく、ドルの下落が再び始まります。結局、ドル／円は1987年の12月に120円台を付けました。プラザ合意から2年強で240円が120円と半分になりました。

時を同じくして市場の材料にも変化が見られます。まず、米国の経常赤字がわずかながら減少を示しました。

また、当時のレーガン政権は、議会との間で財政赤字削減の緊急合意をし、財政赤字を是正する目的のグラムラドマン法の見直しが始まります。また12月22日にはG7がクリスマス合意と言われる「これ以上のドル下落は望まない」といった内容の緊急声明を発表し、プラザ合意後のドル安／円高がいったん終わります。米国の双子の赤字でドル安というロジックがやっと終わったかに見えました。

ルーブル合意前か、ルーブル合意後かは定かではないのですが、1ドル＝162円台ぐらいだったときのことです。今は、さまざまな指標の中で、米国の雇用統計や消費者物価指数の発表が、為替の世界では一番のお祭り行事だと思うのですが、当時はなんと言っても毎月の米国の貿易収支の発表でした。その夜に発表された貿易赤字額が、予想より恐ろしく悪い数字だったので、数字が発表された瞬間に、私たちは銀行からプライスをもらい、数億ものドルをひたすら売りまく

りました。一番良いレートが 162.00 円で、他は 161.50 円であったり 160.50 円だったり。同じタイミングでもこれだけレートが違ったわけです。すべて売りました。ブローカーとして最初に出合ったのは「160 円ちょうど　Given（※ 160 円ちょうどが売られた）」だったように覚えています。そのままその日の NY でドルは下げ続け、引けは 155 円〜 157 円くらいだったと思います。まさに風林火山の「風」であり、「火」となった夜でした。

　プラザ合意後の 10 年あまりは、ときにドルの戻り局面もありましたが、大枠ドルは対円でほぼ下げ続けたわけで、値動きもダイナミックでした。当時は基本的にドルショートをしていて、逆に 3 円や 5 円、あるいは 10 円近くドルが戻り、含み損になろうと、ほったらかしのようなことが何度もありました。我慢すればその先に 10 円とか 20 円の下げがあったからです。ドルショートで含み損を抱え、一挙にドルが下げる感じはいつも、「肉を切らして骨を切る（相場的には買い方にあぶられて苦しむが、最後は買い方が死ぬ）」ようなイメージでした。

　60 〜 61 ページの表（第 1 章「コアロジック 2：基本需給としての経常収支　②経常収支の推移」）を見ていただくとわかるように、日本の経常黒字も米国の経常赤字も、1988 年から 1992 年あたりは縮小傾向にあります。J カーブ効果と言って、為替が通貨安になっても当初、貿易赤字は減らず、ある程度時間が経ってから縮小し出すというセオリーがあるのです。やっとそういう時期になってきていました。日本株の上昇に合わせ、ドル / 円の底打ち感が広がり、ジャパンマネーが世界の資産を買いまくりという今のリスクオンと言われるような状況が広がっていきます。また 180 円割れから 120 円台まで、日本はドル買い介入を続けて円を大量供給（ドル買いの分だけ市場に円が出回る）していますので、これも効いてきたのかもしれません。ただし当時のドル買い介入はスムージングオペレーションと市場にみくびら

れていたのでドルを大きく押し返す感じはありませんでした。ドルを売り遅れた企業などにドルの売り場を提供していた感じです。ジャパンマネーで象徴的なのは1989年、三菱地所がニューヨークの象徴のひとつ、ロックフェラーセンターを所有するロックフェラーグループの株式の51％を取得したことです。この時期、東京の商業地の公示価格は、1987年が前年比48.2％増、88年が66.1％増とすさまじい上昇を見せ、89年12月29日には日経平均株価が38,915円（終値）の史上最高値をつけています。そして、そこから日本の株価は暴落に向かいます。ドル／円は1990年にかけ160円手前まで戻りました。

しかし日本のバブルが弾けて、今で言うリスク許容度が落ちたことで、機関投資家や不動産の海外投資意欲も急激にしぼみます。また、米国が利下げサイクルに入る中、一方の日本がバブル潰しのために金利を上げたことで、再びドル安に進み出します。

もう一度、60～61ページの表を見ていただくとわかるように、日米の経常収支が再び日本の黒字、米国の赤字の拡大に向かい出しています。このころ、米国の財政赤字は改善を示していましたが、貿易赤字や経常赤字が市場をリードするロジックに返り咲きます。93年から始まった民主党の米クリントン政権は、冷戦崩壊後の最初の米政権として、経済不均衡是正を重要課題に掲げ、日米貿易不均衡是正へ円高容認政策を採用しました。

当時、私たちはＦ氏の指導もあり、そういう言葉自体は使っていなかったかもしれませんが、1990年には「バブルが弾けた」と思っていました。一方、世の中の人が実際に弾けたのだと気づきだしたのは私の肌感覚では1993年ごろを過ぎてからです。今となっては驚きでしょうが、多くの人は地価も株価もすぐ戻ると思っていたのです。

ここからは、今で言うリスクオフ的な動きとなります。株価や地価

の下落による損失を埋めるために、海外資産の処理も始めます。これもドル安／円高を加速させました。米国の政府筋からはドル安／円高容認の発言が断続的に出てきます。92年には120円割れで、ドルの史上最安値更新モードに入ります。94年には100円割れ、1995年4月には79円75銭まで進みます。プラザ合意からの約10年で240円が80円ぐらいとなります。

コロナ禍で引き籠っているときに古い日記などを見ていたら、1986年の1月20日シンガポールでの私の人生初トレーディングの記録が出てきました。1ドル＝202.82円で百万ドルを売って、202.98円で損切りです。初陣は16万円の損でした。日記には「ドル売りで攻める場合はやはり売り場探しが必要。突っ込み売りをしたときは同レートあるいはアゲンストに入ったらすぐ切ることが必要」と書いてあります。その後、毎日のようにトレードし、記録は同年2月5日が最後のようです。おそらく、当時のボスに言われた500万円の損切り限度に達したのだと思います。わずか2週間です。正直、良い負けっぷりです。2月5日に取引をしていたときは190円台でした。2週間ほどで13円くらいドル安／円高になったのです。今では一方向にそんなに動くことはなかなかないでしょう。おまけにドル／円の190円台は歴史的には35年くらい前のことで、今のところ二度と戻ってこないレベルになっています。

そのほかにも、今思うと、自分のその後の人生にとって大事な機会になったと思うことがいくつかあります。

まず、当時のボスが百万ドル単位でトレードさせてくれたことです。30万ドルや50万ドルでやらせてもよいところを百万ドルです。私はプロの世界を、身をもって一挙に経験させてもらいました。また、私はここで負けた5百万円を必ず会社に返すと誓い、東京のディーリン

グルームに戻ることになります。その後、25年くらい会社でトレーダーをしたわけで、幸い大きなロスを出すことなく、余裕で何千倍返しができたと思います。ちなみに、このシンガポールのときのボス、私の最初の為替の先生が「マーケットをリードするロジックは何かを探せ」という、今の私の座右の銘をくれたM氏です。

それにしても、百万ドルを限度にトレードして短期間で5百万円のマイナスは、先述したようにかなりの負けっぷりです。その後、私は1986年に東京に戻り、丁稚小僧からやり直しました。その中で、「こんなにも何も知らないでやっていたのか」と恐ろしくなりました。そして、本当によく勉強した時期です。日経新聞の経済記事や市場関連記事は週末に読み直すものも含め、線を引いて精読しましたし、チャートの勉強もしました。まだ自分の手でチャートを作成する時代です。

また、銀行の人たちとの毎日の相場観の交換で、正にマーケットをリードするロジック（シナリオ）探しを深めます。1年以上ポジションを持たせてもらえませんでした。それだけにまた持たせてもらいたいという思いが強まり、週末にはその1週間のレビューも徹底しました。そのうち、F氏は私が情報（いろいろな相場観、ロジック）を集めるのが比較的うまいことに気づいてくれ、徐々に重用してくれるようになりました。そこに至るまで、正直、3年ぐらい掛かりました。シンガポールでの負けで敗者となった私に、あらためて機会を与えてくれたF氏をはじめ、他のボスや会社には今でもとても感謝しています。

ただ皆さんには相場で勝った話、自慢話はしないほうがよいことを申し上げておきます。私は現役の間、勝った自慢をしたことはありません、聞かれれば「良いときもあれば、悪いときもある」と言うことにしていました。自慢していると、いつか逆境に陥ったときに誰も助けてくれないと暗に感じていたからだと思います。サラリーマン、人間としての保身といえば保身ですが、大切なことです。

エピソード２　バブル時代の日本

　少し前後しますが、1986年になると、日本では円高不況と言われる一方、1ドル＝180円割れから始まったドル買い／円売り介入（円が市中に供給されます）が、ドル／円が下がっても下がっても続けられたことや、プラザ合意後には5％だった公定歩合も5回ほど下げられ2.5％になるなど、円がジャバジャバの状態になりました。87年の2月に、民営化されたNTT株が公募価格の3倍で寄り付くなど、少しバブルの兆候があり、個人だけでなく企業も資金を運用する「財テク」という言葉ができました。特金（特定金銭信託）やファンドトラストといって、企業が丸投げで株の運用を証券会社に委ねることもはやりました。特に、日本の株のバブルという油に火を注いだのが、1987年10月の米国のブラックマンデーです。米国を含む他国は株価の低迷を続けていました。日経平均株価もブラックマンデー明けの10月20日こそ、3,836円48銭安（14.90％）の21,910円08銭と過去最大の暴落を起こしましたが、「財テク」に火が付いていたため、絶好の買い場となり、10月21日、2037.32円高（9.30％）と強く切り返しました。その後、1989年12月29日の史上最高値（ザラ場38,957円44銭）になるまで（ほぼ倍になるまで）暴騰を続けました。このときの経験が、コロナ相場での下落とその後の切り返しのとき、私にとってDéjà vuとなりました。

　少し話が為替からそれますが、このバブルを経験して、私が肝に銘じたことが2つあります。

・大きく下げた後には急反発があり、次の上げ相場につながることがあること。ただし、他の国はそう簡単にはならず、それ相応の低迷がありました。

・「運用は人に任せてはいけない」こと。私の師匠Ｆ氏は当時、財務部長だったと思いますが、特金とかファンドトラストというのをほとんどやりませんでした。「運用は人に任せてはいけない」からです。一番の理由は自分がそうしたいと感じても、損切りや利食いがタイムリーにできないことが多いからです。私はこれを金言としています。個人でも投信に投資する場合、インデックス連動の投信で解約が翌日にはできるようなものを選びます。株については、90年代の初めくらいまでは個人でやっていましたが、その後、できなくなりました。商社でそれなりの役職になるといろいろな業種の情報がたくさん入り、またREITの会社の役員他、運用業務も金融業関連業務として証券会社に登録するので、実際には個別株は取引できなくなります。

　余談になりますが1988年ごろ、為替ディーラー（トレーダー）は多少は華やかな職業でした。1988年10月には3回物でしたが、沢田研二さん主演で、「ザ・ディーラー　マネー戦士の愛と野望」という、銀行のディーラーを取り上げたテレビドラマがあったほどです。
　また今、外為証拠金取引会社で社長や役員、あるいは年齢的に顧問になっている方々には、この240円から80円あたりを一緒に戦った（誰かが勝って誰かが負けたという意味で

はなく、共に同じ相場に臨んだとの意味）、いわば戦友がた
くさんいらっしゃいます。私は正直、彼らより半回りから一
回り（6〜12年）若いのですが……。

エピソード3　相場商品のリスク管理の時代

　90年代に入ると、先物やオプションなどデリバティブ
［Derivative　金融派生商品（＊）］と呼ばれる金融工学を使
った取引も活発化し、それをリスク管理（RiskManagement）
しようという動きが高まります。日本で時価会計なども始
まりました。最もポピュラーなもののひとつが、Value at
Risk［バリュー・アット・リスク　（略してVaR　バーとか
バールという）］だと思います。

　例えば、ドル／円ではロングであれショートであれ、その
ポジションを1日（あるいは1週間等）保有していたら、ど
の程度の損失が生じるかという数字です。ここでは細かい説
明を省略して、わかりやすく概念的なことを説明しますので、
興味のある方はご自分で調べてみてください（＊＊）。

　観測期間を1〜20年などと設定して、毎日の変化（値幅）
を集めて、これから98％とか99％の確率で、その中に入る
値幅（あるいは変動幅の％）の最大値を出します。私の記憶
では、1990年代の半ばから後半にかけて、ドル／円の1日

＊：株式や債券、為替などの原資産から派生してできた金融商品で具
体的には先物、オプション、スワップ等を指す。

の VaR は観測期間 1 年（250 日営業日）で考えると、99%
ベースで、「1 円 50 銭くらい」にポジション額を掛けたもの
でした。簡単な説明すると、ドル／円が 1 年のうちの 2 日〜
3 日（250 営業日数の 1 ％＝ 2.5 日）を除けば、1 円 50 銭以
内の値幅に収まり、それ以外の 2 日〜 3 日はそれ以上の 3 円
とか、5 円とか動いている可能性があるという話です。1 円
50 銭を超える可能性はテールリスク（しっぽのリスク）と
いって、起こる可能性は小さいが、起きたら大きいリスクを
伴うということです。

　VaR は日本語では「予想最大損失額」と訳され、「一定の
期間において、一定の信頼区間のもと、市場が平常の状況に
ある場合に想定される最大損失額を想定したもの」といった
定義がされています。これは株や債券、商品、あるいはオプ
ションでも過去データがあれば同様に作れます。複数の金融
商品を扱う場合は金融商品間の調整を加味して VaR の総額
を把握します。最近は実業のリスクの計算にも使われている
概念です。元々、90 年代初めに激しいデリバティブ取引で
著名だったバンカーズトラスト（＊＊＊）という金融機関で、

前ページの＊＊：VaRの計算方法は主に 3 つあります。統計学の知識
やリスク管理の知識がないと難解です。一応紹介しておきますが、私
の概念的な説明はどちらというと、以下の③に近いものです。実際に
は①で計算していました。
①分散共分散法（デルタ法）：リスクファクター（為替、株価、金利な
どの変動）を取り出して置いていくと正規分布（左右対称の山形分布）
ができあがると仮定して、過去の観測データから標準偏差を求めて算出
②モンテカルロ・シュミレーション法
③ヒストリカル・シュミレーション法：観測期間のリスクファクター
の変動が、将来も同じ確率で起こると仮定してVaRを算出

経営陣がリスクを把握し、見える化させるために開発された
と言われており、90年代半ばにはかなり広まっていました。
部長等のマネジメントをする人から見れば、次の24時間で
どのくらい損をする可能性があるかがわかるので、「腹を括
る金額」の目安の数字と言えるでしょう。

　私がここでVaRを挙げたのには、少し別な理由がありま
す。それは上記で紹介したドル/円のVaRが1円50銭ぐら
いだったという点が、私がマーケットを見ていた感覚とぴっ
たり合っていたからです。私は昔も今も、「ドル/円は普通
に大きく動いて1円50銭くらいまで（＝ドル円は1円50銭
を超えると大相場になる可能性が高い）」と見ています。そ
れを軽やかに超えている相場は2円、3円と伸びる可能性が
高いと考えているわけです。

　具体的にどう生かすかというと、例えばドル/円でドルロ
ングをしていたとしてその日の値幅が安値から1円50銭近
くまで上がってきたら、その日のマーケットをリードしてい
るロジックや新たな材料によりますが、あまり「勢いがなさ
そう」なら利食い、「勢いがあれば」、つまり1円50銭を超

前ページの＊＊＊：私の知人二人がバンカーズトラストのリスク管理
チームにいたときに開発されたと聞いていますが、JPモルガンで開発
されたという説もあります。バンカーズトラストは1995にドイツ銀行
に買収されていますが、切り売りされている部分があるので、リスク
管理の部分がJPモルガンに買収されているかもしれませんが、実際の
ところはわかりません。なお、知人二人はVaRを実業のリスク管理に
持ち込んで、リスクコンサル兼経営コンサルでグローバルに大成功し
ています。

えそうならすぐに追撃のドル買いをします。

　しかし、これには「落ち」がありました。2023年の6月初旬に観測期間1年でVaR用の値幅を計算してもらったところ、ドル／円が約2円65銭、ユーロ／ドルが約150pips（例えば上げでいうと1ユーロ＝1.0000ドルが1ユーロ＝1.0150に上がる値幅）、ユーロ／円は約2円60銭とのことでした。私の思い込んでいた1円50銭は違っていたわけです。考えてみれば、2022年を含む観測期間はドル／円ではドル売り介入があれば5円以上動いた日もあり、黒田前総裁が緩和を継続と言ったり、FEDの利上げ思惑があった時期は1日に2円以上動いていた日もたくさんありました。そのことを思えば1円50銭は小さすぎました。

　でも、いいのです。1日の値幅が1円50銭を勢いよく超えて動いていくところで、買いでも売りでもエントリーすれば、（VaR用の値幅が2円65銭くらいあったわけですから）そこから大きく伸びた日が昨今は多かったということです。それでも観測期間が長くなれば、1円50銭は良い線の数字と思っています。

　おそらく各通貨ペアでもVaRの幅を超えると、ドル円と同じように、それより先はさらに大きく動くと言えると思います。

　ただし、観測期間や98％か99％かでも変わります。複数の金融商品や金融資産を含むポートフォリオのVaRの計算は、商品ごとの相関等を考慮して計算する必要があります。リスク管理のプロの仕事ですが、単純な通貨ペアのVaRは過去の各通貨ペアの日々の高値、安値がわかっていれば簡易

的にどなたでも近似値がわかります。例えば、ユーロ／円の過去1000日（営業日ベース、この場合は約4年分）の1日の値幅（高値－安値）を順番に並べ、トップから2%（この場合20番目に大きい値動き）前後の数字を見ることで精度98%のVaRの近似値が出ます。これらを超えると大相場になると感じるレベルかどうかは皆さんの検証と感触によります。

　なお、金融商品のリスク管理は欧米では90年代前半には相当進んでいたと思います。日本では90年代半ばに起きた、一部大手商社の銅取引での巨額損失事件等をきっかけに、大手商社で本格的な市場リスク管理部署ができ始めたのは1995年～1996年ごろだと思います。

◆ドル／円　1994年～2008年

TradingView

　G7は、ドル急落の為替を反転させることで1995年4月に合意しました。そこからは榊原財務官に先導された戦略的かつ膨大なドル買い／円売り介入の実施です。

　G7合意の介入も当初は協調で行われましたが、その後はドル／円のレベルが上がるほどに日本単独であったと記憶します。財務官は銀行のチーフディーラーたちを呼んで相場観を聞くと同時に、「いくらでもドル買い介入する」といった内容の発言をしたり、海外のファンドを回って日本が本気で円高是正を考えて行動することを説いたり、

G7 の他国の財務大臣等とも得意の英語で日本の姿勢を説明し、味方に付けていきました。そのときの介入は強烈でした。例えば80円台から戻り出したとき、90円、95円と押し上げ介入を実施し、チャート上の上値抵抗線や重要な心理的なレベルをぶち抜くという介入です。100円すら、他国の同意も得られないままの介入はできないだろうと市場は思っていましたが、ドル買い介入が実施され、あっけなく突き抜けました。

　この95年のドル買い介入額は約5兆円です。このときの成功体験から、日本は円高時のドル買い介入の虜になったと言えると思います。それまでの日銀のドル買い介入はプラザ合意後の180円割れから始まり、先述の通り、短期的に効果はあっても Smoothing Operation（スムージングオペレーション）と言われる、相場の大きな変動が市場に悪影響を与えないようにする程度のものでした。しかし、この「勝つ介入」で日銀の介入（指示は財務省）への見方にも変化が見られました。

　当時、ロンドンにいた私は、財務官が日本の銀行を呼んで話した内容を銀行から聞いていました。財務官もそのアナウンス効果を狙っていたと思います。仲間の外国人ディーラーたちから電話が掛かってきます。「財務官はなんて言っている？　まだ押し上げのドル買い介入をするのか」と。私は決まって他の通貨の話をします。彼らをじらすためです。「今日はポンド／マルク（今のユーロ／ポンドに当たります）は上がると思うか」とかなどです。彼らもジェントルマンなので、とりあえず答えてくれますが、心ここにあらずです。最後に私が「まだまだ介入するというトーンだったらしい」と言った途端に、彼らは「サンキュー」と言って、電話をブチッと切ります。そんな電話を3本もこなしたころには、もうドル／円は1円くらい上がっていたことが何度かありました。彼らが仲間や顧客に言いふらしたからです。1円上がってきたところを、さらにドル買い介入してきたこともあったよう

に思います。1ドル＝83〜84円ぐらいから100円まではこんな感じでした。

　95年の9月には100円でもドル買い介入をします。1996年にはもう100円を割りませんでした。同時進行的に、日本のバブルの後遺症である銀行の不良債権問題が市場の注目材料となります。1997年には日米の金利差が5％以上の時期もありました。1997年2月のベルリンのG7蔵相・中央銀行総裁会議で「ドル安是正の達成の確認」がなされますが、11月になると三洋証券、北海道拓殖銀行が破綻、山一証券の自主廃業などが発表され、円安が止まりません。FRBの当時のグリーンスパン議長が、日本の金融機関の不良債権問題を懸念する発言をするような時代です。日銀は130円手前でドル売り／円買い介入をしますが、日本売りの動きは止まらず130円台で越年します。

　1998年になっても、アジア通貨危機もあって日本売りは止まらず140円台へと進みます。日本のデフレスパイラルという単語が使われ出したのもこのころです。6月にはFRBと日銀が142円台でドル売りの協調介入を実施、そのとき、当時のルービン財務長官は「日本の金融システムを守るために日銀と協調行動を取った」と声明を出しています。
　しかし、その後もドル／円は上昇し、8月147.64円の高値まで上がった後にドルは下落に転じます。同じ8月に、折からの原油安とアジア通貨危機による世界的な景気低迷の中、ロシア財政危機と言われるロシアの債務不履行や、対ドルで約25％の通貨ルーブルの切り下げで、今で言うリスクオフの円買いが殺到します。ドルロング／円ショートの巻き戻しが強く起こり始めたわけです。先に登場した財務官の円安けん制発言（ドル安／円高けん制の逆です）も効いていたかもしれません。10月になると日本の金融早期健全化法案や、大手行への

公的資金注入が発表されて、日本見直し気運も高まり、10月には2日間で130円から111円台にまで下落するという暴落を演じます。この動きは後ほどもう少し解説します。

エピソード4　アジア通貨危機

　1997年から98年にかけてアジアの新興国通貨が暴落し、アジアの経済が混乱したときのことを指します。特に下落度が激しかったのが、起点となったタイバーツやインドネシアルピア、韓国ウォン等です。これらは後に国内経済も崩壊し、IMFの管理下に入ります。理由はいろいろ言われていますが、少なくともタイバーツは1米ドル＝25バーツ、インドネシアルピアは1米ドル＝2350ルピア程度で、これらの通貨はおおよそ米ドルにゆるやかに固定するペッグ制を敷いていました。それぞれ98年には1米ドル＝56バーツ台、1米ドル＝19,000ルピア台というように、文字通り、急落（ド

ドル／タイバーツの1997年〜1999年央のチャート

ル高／当該通貨安）しました。それが、2022年末には1米ドル＝34バーツ台、1米ドル＝15,000ルピア近辺です。バーツはかなり戻し（ドル安の方向に戻り）、ルピアはそうでもないレベルです。

私が結論めいて言うと、最大の理由は、先進国が変動相場制を敷いている90年代後半に、タイもインドネシアもドルとのペッグ制（半固定相場制）を取っていたことです。為替相場の自動調整機能を受け入れていなかったのです。必ずしも完全な変動相場制でなくとも、中銀等が時には為替レートを切り下げ方向に動かすべきであったのではないかと思います。「今の相場は正しい、でも明日の誤り」（第2章第2節参照）であるはずが、誤り（本来のその通貨の実力にまったく合っていない為替レート）を是正していける感じの制度でなかったわけです。

そのうえで、アジア通貨危機には、以下のような原因があったと言われています。

・1997年ごろは、米国がドル高気味の政策を取っていたこともあり、ペッグ制を採用していたタイやインドネシアも、自国金利を高く保っていました。その高金利を狙って、これらの国に外国から資金が投資されました。

しかしやがて、これらが逆流しました。また、金利高が急激に国内経済を疲弊させました。ドルに付き合って通貨が高くなった分、輸出競争力も失います。

・当然のことながら、金融機関は国内での不良債権が膨らむ

と同時にドル高が進み出すと、金融機関のドル建て債務の返済金額が自国通貨建では増大、民間企業も返済するのが難しい状況に陥ります。結果として不良債権が大きくなり、金融機関の格付けが格付け会社によって引き下げられます。負のスパイラルです。銀行による海外でのドル調達も難しくなります。

・金融機関の脆弱さが経済の疲弊と相まって、中銀総裁や蔵相の辞任等、政局の混乱を助長し、ますます通貨が売られます。

　こういうケースで、よくヘッジファンドが悪者にされます。ポンド危機（本章エピソード8）のときもそうなのですが、「今のレートには無理がある」ことを理由にして、その修正への背中を押した、あるいは最初に損切りしたのが彼らであったと思うわけです。「今の相場は明日の間違い」（第2章第2節参照）との判断からです。たとえ最初に仕掛けたのがどこかのヘッジファンドだとしても、その後はマーケットの歪みが露呈して、（実業の方も含めて）しかるべき損切りが誘発されたに過ぎないと思っています。

　なお、この危機の中でマレーシアドルは当初、通貨安となりましたが、どちらかというと当時のマハティール首相や当局が寄り切った形で、大きな下げにはなりませんでした。

　シンガポールドルは、先にもお話ししたように、通貨バスケットの構成に円やドイツマルクも入っていたので、ドルだけに大きく翻弄されることはありませんでした。

　また香港ドルは、1983年の後半までは香港ドル安に推移し

ていましたが、同年、1米ドル＝7.8香港ドルでペッグ制を敷きました。カレンシーボード制と言って、1香港ドルの発行ごとに、それに相当する米ドルが裏付けられるようにする制度です。発券銀行である香港上海銀行 HSBC、スタンダードチャータード銀行、中国銀行の3行が発券するとき、相応の額の米ドルを預託する必要があることになっています。同じペッグ制でも裏打ちがしっかりしているわけです。アジア通貨危機を問わず今に至るまで、大きく中心レートから離れたことはありません。1997年7月1日に、香港がイギリスの統治下から中華人民共和国に返還されましたが、安定度には変わりがないようです。したがって今のところ、香港ドル／円のポジションは、ドル／円のポジションとほぼ同じ効果（変動率）ということになります。

アジア通貨危機はドル／円も大きく揺さぶりました。アジア通貨危機で、工場の移転等でアジアの国に進出していた企業はダメージを受けました。このようなことも理由とされて、アジア通貨の一角として、当初、対ドルでの円売りを誘いました。

ドル円は97年年初115円近辺で始まりますが、その後、アジア通貨危機で日本もアジアの国だからという連想に加え、国内問題では銀行の不良債権問題のさらなる表面化、財政緊縮化、同年4月の消費税の引き上げもあり、日本の金融危機と相まって対ドルで円安が進み、先に述べたように1998年の8月には147円を付けました。

しかし、その後、大きな反動が起こります。日本売りのステージでしたがその間、日本は円安を嫌気してドル売り／円買い介入し、ドル

高けん制発言等もあってドル／円は130円台の前半に下げていきます。

　そして、10月7日に130円台からその日のうちに121円台、翌10月8日にはいったんは123円台へ戻るものの、すぐさま111円台へと急激に下落しました。2日で20円近くの下落です。介入があったわけではありません。ドルを売って利食いをしつつ、ドルショートポジションが足りないと感じてまたまとめて売ると、また相場がするする落ちる。当時は準チーフトレーダー的な立場だったので、ずいぶん儲かりました。「損切りが相場の原動力」と感じた2日間でした。

　ポジション枠が10百万ドルや20百万ドルで、普段は数百万円の利益を追求しているジュニアトレーダーも、ボスや私のトレードを見ながら、皆「5000万円だ！」「1億円だ！」と、それまで儲けたことがないような利益を上げました。皆気持ちが大きくなっています。111円台を付けた後は急激に戻り、翌9日には119円台に戻ります。今まで20～30銭で損切りしていたような彼らは、気が大きくなっていて、それをしません。それから数日は、毎日2～3円幅でガラガラと動き、方向感が出ません。多くが、暴落で稼いだ金額の半分とかを市場に返しました。このとき「守りに入ろう」と皆で話をした記憶があります。うまくいった後ほど心の整理、Me Time が重要になります。

　アジア通貨危機については、FX トレーディング以外にも思い出深いことがありました。

　1998年に証券（株や債券）分析の勉強もしておこうと思い、それなりに勉強して証券アナリスト試験を受験しました。問題と解答用紙を見ると、最後の記述式の問題が「アジア通貨危機について述べよ」というような設問だったのです。解答用紙の解答欄の大きさからして、配点が全体の4分の1か5分の1と思われました。「ラッキー、これは受かった」と思いました。おそらくテキストに載っていない内容で、

他の受験者には最新時事問題のような感じだったと思うので、「僕は
この問題は間違いなく満点。とにかく知りすぎているので無駄なこと
は書かず、なおかつ他の受験者とはきれいに差別化できるように冷静
にいこう」と思いました。おかげで他の問題に時間が割けましたし、
100点満点として20点分か25点分は間違いなく取れているので、ゴ
ルフトーナメントで言うなら5打差で17番ホールのティーインググ
ラウンドに立っているような気分です。人生で最も楽な試験でした。

　不思議と、同じような経験が過去にもありました。40年以上も前、
慶應義塾大学の経済学部の試験、科目は英語と数学と小論文（社会科
系全般から出る）でした。小論文問題に向けて、いくつか模範解答を
用意し、傾向と対策を立てていました。何となく3〜4年前の小論文
で、「南北問題（北の先進国と南の中南米やアジア、アフリカの経済
ギャップ問題）について述べよ」風な問題が出ていたので、「今年は
東西問題（東の共産国と西の資本主義国の問題）が出るのではないか」
と思い、模範解答を用意していました。するとズバリそのものが出ま
した。これもラッキーでした。当然のことながら合格しました。証券
アナリスト試験は、それから20年ぶりぐらいのデジャヴ（Déjà vu）
だったわけです。

　少し自慢話のように聞こえるかもしれませんが、ひとつ、FXトレ
ーディングのうえで大事なことを示唆してくれます。相場ではまった
く同じものが再現されることはないですが、似たような動きはままあ
ります。そのときにDéjà vuが大事です。値動きそのもののことも
指しますが、「あのとき、こっつんしてドルが上がりだしたのに、す
ぐにドルショートを手仕舞わず、次の相場に乗れなかった」「あのと
き、せっかく良いポジションがあったのに、早い利食いをして後悔し
た」「こんな感じの相場、あったな。利食いをしようと迷っていたが、
それどころでなく追撃売り（買い）をしていたほうがよかった……」

などです。Déjà vu と思ったらその元になる相場を思い出して、今に生かせるかを考えることは非常に大事です。特に損切りの失敗や成功体験は、次に生かすことで、さらに次のステップに進むことを可能にします。

　1998 年 4 月に改正外為法が施行され、FX 証拠金取引が広く可能になっていきます。

　1999 年になると、2 月に日銀の 1 回目のゼロ金利誘導政策の導入等で 124 円台に戻りますが、年末には 101 円台へというように、ドル安／円高の状況になりました。日銀はこの時期、ドル買い介入を断続的に繰り返していました。同年 1 月に取引が始まったユーロも下落を続け、これに対抗すべくユーロ買い／円売り介入をしていました。2000 年に入り、8 月には、日銀がゼロ金利政策を解除したもののデフレ懸念が収まりません。ドル買い介入が効いてきたのか、2000 年は 110 円を挟んで 14 円弱の動き、2001 年からは日本の銀行の経営不安、ゼネコン危機が生じます。日本としても為替ぐらいは円高にならないよう円安政策を取っていたうえ、オニール米財務長官が高値圏でドル高容認発言をしたので、2002 年の 1 月に 135 円台を付けています。これが 2000 年代に入ってから 2022 年に上抜けるまでの最もドル高／円安レベルとなります。

　ただ 3 月になってドルが下がり出したところで、速水日銀総裁の「円高は急ではない」という発言あり、さらに 130 円を割り込んできたところを見ると（速水総裁はどちらかというと円高派でした）、図に乗った円安政策を米国からけん制されたと推測されます。

　このころから米国の経常赤字は急拡大し始めます。何となく、120 円以上、あるいは 125 円以上を米国は容認しなさそうな雰囲気になります。この年の 7 月には 115 円台です。2003 年になって 110 円を割

り込むと、日銀がデフレの克服を名目に量的緩和の強化とともにドル買い介入を実施します。2003年（ユーロ／円含む）から2004年にかけて33兆円弱の介入をした模様ですが、2003年ごろから米国の景気も失速し始め、米国が利下げサイクルに入ります。100飛び円台でのドル買い介入と、ドルの上値のほうは経常赤字問題もあって米国の不愉快レベルと警戒されたこと、米国の利下げで、120円台前半では売りも強いといったレンジが形成され、2007年まで続きます。

　ただし、最後のほうは米国の利上げもあってドル買いの強まりも見られ、円キャリートレードは値動き以上に（さしてドル高にならないのに）活発な時期となりました。後のリーマンショックでドル安／円高が進むときの損切りのタネ（ドルロング／円ショートが積み上がっていく）が蒔かれた時期と言えます。

　日本のFXトレーディング証拠金取引も活発となります。今では外国通貨をショートするほうも当たり前と思いますが、当時はやはり円を売って他の通貨を買う、特に米ドルを買って金利差益（具体的にはスワップポイント）を狙う取引がかなり積み上がったと思います。外貨預金なら「10」しかできない人が、FX証拠金取引なら10倍のレバレッジで「100」の金額のドルを買うことができます。ただし10%以上の含み損で、元本の「10」すべてを失うことになります。

　米国の住宅着工件数は2005〜2007年ごろ、毎月150万件以上で不動産バブル真っ最中でした。2007年の6月に124円台の戻り高値をつけます。これがのちのアベノミクス後の戻り高値である125円台までの最後のドルの高値となります。

　余談ですが、米国の住宅着工件数の150万件／月以上は、私の中ではバブル気味で要注意レベルです。ロジック作りのうえで大事なキーとなる数字だと思っています。

エピソード5　2001.9.11 同時多発テロ

　同日のニューヨーク時間の朝8時半過ぎ（日本時間午後9時半過ぎ）に起きた、イスラム過激派テロリスト集団アルカイダによる、アメリカ合衆国に対する4回の協調テロ攻撃です。うちハイジャックされたアメリカン航空機のひとつがニューヨークの象徴のひとつである高層ビル、ワールドトレードセンター（WTC）北棟の93〜99階あたりに衝突します。ディーリングルームにいた私たちは銀行のトレーダーから話を聞き、すぐにCNNをつけました。飛行機が突き刺さり、ビルに穴が空いて、煙が出ています。見ているとハイジャックされたもう1機が、南棟に突っ込むライブの衝撃映像です。私はドルを売ろうと思って、仲の良いニューヨークの邦銀トレーダーに電話をしますが、電話に出ません。仕方がないので、夜もやっていた日本の銀行でドル/円とドル/スイスを売りました。売り終わったころになってやっと、最初に電話したニューヨークの邦銀はWTCビルにあったことを思い出しました（誤解のないようにお願いします。「米国での一大悲劇でもトレーディングするのか」と思われる方もいるかもしれません。会社の外貨資産を少しでも守る初動としてフロントにいる私たちには「ドルの下げには常に備える」という心構えがありました。また自分で彼のニューヨークのオフィスに行ったことがあれば、すぐにわかったかもしれませんが、「ドルを売らなきゃ」と思ったときは気づいていませんでした）。彼らは避難中で、一所懸命階段を降りていたわけです。そうこうしているうちに南棟が崩壊、しばらくおいて北棟も崩壊します。

財務担当の役員がテレビを見て電話をかけてきました。相場ではなくニューヨークの会社の拠点を心配してです。ディーリングルームがニューヨーク拠点の状況を把握するコンタクトポイントとなりました。幸い拠点は無事で、後は拠点に出社していない人がいないか等の確認でしたが、一晩中やりとりを続けました。東京の人事部や総務部の人が早朝に出社してきたので、状況を説明し、引き継ぎのようなことをして、家に仮眠を取りに戻った記憶があります。幸い、私のニューヨークの邦銀の友人は無事でした。なかには、避難した後に確認のためビルに戻って、亡くなった邦銀の方もいました。あってはならない悲しい出来事です。

　相場に戻ると、このときドル／円は 121 円近辺で、このテロを迎えています。ちなみにドル／スイスフランは 1 ドル＝ 1.68 スイスフラン台でした。今は 1 ドル＝ 0.90 スイスフラン前後なので、ドルはスイスフランに対してずいぶん強かったのです。「これはえらいことだ」と慌てて、対円と有事に強いとされるスイスフランに対しドルを売りましたが、時間が経つにつれて市場がぶらぶらというか、レートが開いた感じで下がって行きます。あとからわかりましたが、大手のブローカー会社が WTC に入っていて、そこでの取引がどうなっているのかわからなくなったのが主因でした。今だと 1 ドル＝ 0.9001 ～ .9003 スイスフランといった感じに、下4桁目 1 ～ 2 pips くらいでレートが動くのが普通だと思います。当時でも通常は 5 pips ぐらいでした。ところが、私がレートが開いてきたと感じだしたころには 1 ドル＝ 1.6530

〜6580 スイスフランというように 50pips くらいに広がっていました。私は流動性リスクを感じ、ドル／スイスフランのポジションはすぐに手仕舞いました。ちなみにこの日のニューヨークの引けはドル／円が 119 円台半ば、ドル／スイスフランが 1.64 スイスフラン台前半でした。

　その後のドル／円は、テロの恐怖でドル売りが 2〜3 週間続き、1 ドル＝ 116 円を割り込むところまでドル安になりました。「同時多発テロによる円高を阻止」との大義を得た政府日銀が、3 兆円以上になるドル買い介入を続けました。ドルは反転します。ドルを売っても介入が入るとの見方や、日本売りの円売りもあり、135 円台へと向かっていくことになります。

◆ドル / 円　2005 年～ 2015 年

　ここでは、ドル / 円の動きを中心に述べます。リーマンショックに対する私の見方や解釈は、後ほど、エピソード 6 で紹介します。

　正直なところ、ドル / 円が 100 円を割れて崩落するまで、本当に時間がかかりました。先にお話ししたように、100 円に近づけばドル買い介入が入るという安心感や、米国の金利が下がるものの日本は量的緩和を続けているので、円キャリー取引真っ盛りです。その後、米国の景気は回復し、金利差は拡大します。米国の好景気は輸入を増やし、米国の経常赤字が歴史的に最高水準を更新していた時期です。120 円

超えは米国から不快感を示されるのがわかっていて上がらないのに円キャリーです。2003年から2007年までの5年間のイメージです。ドル買い／円売りのポジションがグローバルにかなり積み上がっていました。

　リーマンショックの始まりは、サブプライムローン（米国の信用度の低い借り手向け住宅ローン）の焦げ付きだとよく言われます。2006年ごろからサブプライムローンの焦げ付きが表面化し始め、米国でのサブプライムローン貸し出しに力を入れていた英国の銀行HSBC（＊香港の発券銀行でもある）の業績に影響が出ていることが伝わりだします。翌2007年9月にHSBCは9億ドル強の損失とともに、この事業から撤退します。

　銀行などは住宅ローンを、半政府系に見えるが当時は上場していた連邦住宅抵当金庫（ファニーメイ、フレディマック等）に売却します。そこでMBS（Morgage　Backed　Seurities　住宅抵当証券あるいは不動産担保証券）に組成されて投資家に販売されていたこともあって、ローンのデフォルト率が上がり、投資家にも損失していることが認識されました。

　またCDO（後でリーマンショックのところで説明）による損失も急拡大、後ほど説明しますが、要は適正価格がわからない状態となります。

　2007年7月、仏銀BNPパリバ傘下の3つのファンドが「アメリカの証券市場（CDO等）の一部市場の流動性がなくなり、一部資産の

＊：HSBCは英銀であり香港の発券銀行です。1965年に香港で設立、植民地時代から大英帝国がアジア等で開拓を進める過程で金融を通じて伸びてきた銀行です。要所でリスクを取りながらもリスクを回避するのに長けたDNAを持っている銀行として、個人的にはその振る舞いに注目しています。アジア通貨危機のときにも生き延び、リーマンショックのときにも結果的には一番早くサブプライムローンの損切りに踏み切ったことを、私は評価しています。

評価が不可能になった」と発表しました。「パリバショック」と言われるものです。またほぼ時を同じくして、英国のノーザンロック（住宅金融組合サイズの銀行）にもサブプライムローン問題による資金繰り悪化で取り付け騒ぎが起こるなど、混乱が世界に波及しました。

2008年3月には、折から傘下のヘッジファンドへの融資が焦げ付いていたベアスターンズ（当時リーマンの次に大きい全米第5位の投資銀行）が、CDO等の価格下落を受けて、事実上、破綻していたと見られましたが、ニューヨーク連邦準備銀行がJPモルガン・チェースを通じ、129億ドルのつなぎ融資を実施、不良債権部分を切り離す形で救済しました。

ただ、この救済の評判が悪かったのです。2008年9月、ポールソン米財務長官は、フレディマック、ファニーメイの住宅抵当金庫と、大手生保AIGを公的管理下に置くことを決めましたが、リーマンは救済しませんでした。リーマンは連邦破産法Chapter 11を申請し、破綻します。「大きすぎて潰せない（Too big to fail）」の神話が崩れました。負債総額約6000億ドルが貸し手を直撃します。CDOにリーマンを組み込んだものもあり、市場は混乱します。この間、2006年から2007年の夏場にかけて、米FFレートは5.25％レベルで推移しましたが、2007年年末には2％台前半、2008年秋に2度の利下げ、12月のFOMCではFFレートの誘導目標を0〜0.25％に下げ、事実上のゼロ金利としました。

ドル/円相場に戻ると、2006年のレンジが108円台〜119円台の約11円、2007年が107円台〜124円台の約17円と、為替市場はいろいろな市場のシグナルに、あまり気づいていませんでした。狭義のキャリー取引のドルロング/円ショートはどんどん積み上がっていったと思います。2008年は高値が111円台、3月に一度97円台に落ちた後、110円台に戻ったりしています。しかし、107円台で迎えたリ

ーマンの破綻と FED のゼロ金利で、87 円へと下落します。2008 年
の 10 月には、米国は金融機関から不良資産を買い取るため、7000 億
ドルを含む緊急経済安定化法を成立させます。

　株価もだいぶ下げ、日経平均も 2008 年 10 月と 2009 年 3 月に 7000
円近辺、ダウも同じ 3 月で 7500 ドルを付け、底を打ってはいました。
しかし、ギリシャの財政破綻の話や、東日本大震災の最後のリスクオ
フで、ドル／円は 2011 年 10 月末に 75.32 の安値をつけています。日
本は 2009 年 9 月から民主党政権となり、為替のドル買い介入も 2010
年後半までありませんでした。確認するものはないのですが、政権が
代わって米国との意思の疎通も十分でなかったことが推察されます。
株価が底を打ってから 1 年半も経っているのに、大規模のポジション
の処理が続くようなケース（この場合はドル買い／円売りポジション）
は売り切りとなり、ドルの上値を重くし続けたと言えます。

エピソード6　リーマンショック

　これはバブルが弾けたわけです。日本のバブルのように、
不動産や株が弾けただけかというと、それだけではありませ
んでした。金融工学も進化し、（私はこれを悪者にするつも
りはないですが）このことによって信用創造や気づかないリ
スクテイクを助長した度合いが大きくなったことで、ダメー
ジが大きくなりました。

　また日本のバブルは、一部を除いて日本の単独犯でしたが、
それから 15 年あまりが過ぎ、金融のグローバルなつながりが
大きくなっていて世界中に波及した形となりました。また私の
持論でもあり、英国でもそういう見方が強いように、「金融機
関のカルチャーの悪化」が露呈した結果だとも思っています。

このバブル崩壊を理解するには、やはりCDO（Collateralized Debt Obligation　資産担保証券）を理解することが大事です。正直私は、新聞や雑誌でCDOの説明を読んで、読者の方々がきちんと理解できているであろうと感じたことがありません。そこで、私がトライします。

　まず大前提として、クレジットと言われる部分は、社債やローンではその金利をその期間のリスクフリーレート（主に国債）＋○○％で表し、取引します。○○部分をスプレッド（上乗せ金利）と言います。一般的には信用度の高い会社の社債はスプレッドが狭く（タイト　tight）、信用度の低い会社の社債はスプレッドが広く（ワイド　wide）なります。特に大手企業の社債には、格付け機関による格付けが付けられていることが多いです。格付けは、格付け機関によって名称や表示の違いがありますが、一般的には以下のような順番です。AAA → AA → A → BBB → BB → B → C……よく言われるトリプルAAAは最も信用度（安全度）が高いランクに格付けされているわけです。架空のCDOを使って説明します。

・ある投資銀行が顧客に販売するためにCDOを作ります。
・原資産は投資適格（AAAからBBBまでの格付け）の各社100百万ドル（1億ドル）の5年物社債100社分を集めた10,000百万ドル（100億ドル）のポートフォリオです。平均で年率3％のスプレッドとします（複利等については説明を簡素にするため省きます）。
・ここで、このポートフォリオから年間に受け取れるスプレッ

ドは100億ドルの3％ですから300百万ドル（3億ドル）です。

・CDOを組成する投資銀行は、このポートフォリオをSIV（＊）に売却して、格付け別に作り直します。以下の表ではEquity（格付けがないほどリスクが高い部分）からC、B…AAAに切り分けられた債券に組み直されます。AAAなどに作り直した各債券群をTranche（分割発行分）と言います。例で見ていただくとAAA格が全体の45％を占めます。これは100社のうち55社がデフォルト（破綻）しても元本は大丈夫というTrancheです。ただし信用が高いので、スプレッドは小さくなります。

◆ 100億ドルの社債を裏付け資産とした仮想のCDO

格付け	販売元本額 （百万ドル）	スプレッド 分利率 （年率）	100社中何社 デフォルトすると 元本がなくなるか	スプレッド 分の利息額合計 （年間、百万ドル）
Equity	100	62.5%	1社	62.5
C格	100	25.0%	2社	25
B格	100	15.0%	3社	15
BB格	200	10.0%	4社目から元本毀損	20
BBB格	1000	5.0%	6社目から元本毀損	50
A格	1500	2.0%	16社目から元本毀損	30
AA格	2500	1.0%	31社目から元本毀損	25
AAA格	4500	0.5%	55社目から元本毀損	22.5
組成コスト ＝ 手数料（業者、SPV組成の法務、格付け会社）				50
合　計	10000	―		300

374

- CDO にしたときの各 Tranche につけるスプレッドの原資は、単年で見ると 100 億ドルのポートォリオのスプレッド部分の受取りです。年間で 3 億ドルです。この例では右下にあるように 50 百万ドル（5000 万ドル）をコストとして差し引いています。便宜上、年率にしていますが、投資銀行の組成や販売に掛かる手数料・報酬、SIV を作るときに法律事務所に払う報酬、各 Tranche の格付けを付けてもらう格付け会社の報酬などの合計です。仮の数字です。

- セールスのときには「この CDO は 100 社に分散されているので安全です」と、まず始めます。また直感的に CDO の BBB 格 tranche のスプレッド 5% は、通常の BBB の社債がもらえるスプレッドよりも高くなります。本来 AAA 格の債券がそんなに入っていないのに、安全でスプレットの低い AAA 格の Trache のシェアを増やし、より危険な Trache のスプレッドに配分しているからです。

- 通常、Equity や C 部分は、組成している投資銀行やヘッジファンドが買うと言われます。仮に、投資銀行が Equity に 100 百万ドルを投資したとして、その 100 社中 1 社がデフォルトして元本を失ったとしも、デフォルトするまでの期間は年率 62.5% の利金や販売手数料なども入るので、直撃されるわけではありません。ただ、この例の 62.5% は少し高過ぎです。BBB 格より良い格付け部分については、適格機関投資家と言われる顧客が買います。特に AA や AAA あたりは、世界の生保や日本の農林中央金庫等が好んで買ったと言われています。

・実際100社の社債には、サブプライムローンを含む抵当債券として、ファニーメイやフレディマックも入っていたり、ベアスターンズやリーマン・ブラザーズが入っているものもありました。GMやフォードも当初はBBB格を取れていましたので入っていたことが多かったです。

・このCDOの例でBBB格のTrancheは、5社がデフォルトしても6社目が出てこなければ、一応、安泰です。でも3社が潰れたら、BBB格Trancheの保有投資家は不安になります。ここで売却したいと思っても、値段はあってないようなものなのです。100で買った債券が80で売れるのか、60なのか、50なのか。こんなことで疑心暗鬼の負のスパイラルに入るわけです。

CDOをご理解いただけたでしょうか。CDOのうち社債（Bond）で組成するものを、真ん中のDebtのDがBに変わってCBOと言うこともあります。ローンを証券化したものはDebtのDがLoanのLに変わってCLOと言います。CLOは、基本的にBBBより格付けの悪い会社に対するローンで組成しますが、一方、「ローンは担保（売り上げ、商標権、特許権、土地や工場など）を取っているので、デフォルトしても回収率が高いものを集めた」と言ってセールスされます。

次にクレジット・デフォルト・スワップ（Credit Default Swap、CDS）です。社債やローンのデフォルト（信用リスク）をヘッジするために作られたデリバティブです。例えば、A社の残存期間5年の社債をスプレッド2％で持っています

が、A社の信用力が落ちているように見えたので、当該債券を売却しないまでも元本リスクは回避したいと考え、このデリバティブ（プロテクション）5年物をスプレッド5％で買います。2％/年で運用しているものに対し、5％/年の保証料を払うので損にはなりますが、元本がなくなるリスクよりは軽減されるわけです。

　基本的に、投資銀行等との相対取引です。毎年スプレッド5％の保証料を払うことで、仮にA社がデフォルトしても、元本分は投資銀行等から保証されます。当事者の一方は「プロテクションの買い手」、もう一方は「プロテクションの売り手」という呼び名の役割を担います。

　プロテクションの買い手は、仮想元本額に対する一定の割合の金額を定期的に支払います。

　一方、プロテクションの売り手は、参照組織についての倒産その他の信用リスクの顕在化を示す一定の事由（「信用事由」または「クレジットイベント」≒倒産やデフォルト等）が発生した場合に、一定の方法で特定された参照組織に対する債権（「参照債務」。A社への貸付債権やA社の社債など）について、買い手に元本等を支払わなければなりません。あらかじめ合意したところに従って、買い手から参照債務を元本額で購入する（「現物決済」）か、参照債務の価値の下がった部分を補う金額を買い手に支払う（「現金決済」）か、いずれかの方法によって決済を行います。別の表現をすると「プロテクションの買い手」はデフォルトリスクのヘッジですが、「プロテクションの売り手」は擬似的かつ元本なしに社債やローンを保有しているのと同じような効果を出せます。ただ

クレジットイベントは定義されたもので、事実上一度破綻した後、救済を受けて社債やローンなどでは元本が返ってくるのに、デリバティブのルールでプロテクションの売り手は買い手に対して元本を払わないといけないケースも出てくるわけです。

　銀行や投資銀行も、プロテクションの売り手や買い手にたくさんなっていたわけです。参照債務である上の例のA社ではなく、このCDSのプロテクションの売買先が破綻したらどうなるでしょう。滅茶苦茶なので、市場はパニックになったわけです。

　デリバティブは、いつも自己増殖して問題を引き起こします。CDSのプロテクションの売りは、元本を使わずに社債やローンへの投資と似た効果（保証料としてスプレッドを受け取れる）を持つので、これを使ってCDOを作る動きが出てきます。合成CDO（Synthetic CDO）と言います。先のCDOの例では100社の社債を買い集める必要がありましたが、これを丸々CDSのプロテクションの売りで済ませようというものです。こうなるとCDOの組成は簡単になるので、CDSの取引がまた増えます。市場でデフォルト率が上がる（簡単に言うと倒産・破綻が増える）ような状態になると、参照債務先の会社がデフォルト事由に当たるかどうかも、ルールで判断されるリスクが生じ、CDSの約定先の破綻リスクも相まって、信用市場は大混乱になっていきました。要はリーマン、ベアスターンズ、パリバなどを含む投資銀行などがCDSマーケットの主たる参加者だったわけです。

リーマンショックの最後は金融機関のカルチャーの問題です。今思えば大手の投資銀行でもゴールドマン・サックスやモルガン・スタンレー、メリルリンチは純粋なCDOを販売していましたが、正直、ベアスターンズやリーマンは合成CDOをよく売りに来ていました。CLOも日本人には聞いたこともない欧米の会社を集めた、いかにも嫌な臭いがするものが多かったと思います。もう存在しない会社だからよいと思うのですが、リーマンは「日本の中小企業相手のサラ金（高利貸し）の貸出債権」を束ねて証券化したものを持ってきたこともあります。「売れるものなら何でも売る。顧客にはめてしまえばいい」と。正直、最後のほうで彼らの売っていたものは、会社としてのIntegrity（尊厳、威厳）がなく、カルチャー的な問題を強く感じました。当時のポールソン財務長官がリーマン・ブラザーズを見切った理由も、ここにあるような気がしているわけです。残して（救って）はいけないと思ったのであろうと。

エピソード7　そして金融規制の時代

　リーマンショックを機に、国際的な金融規制の流れが強まります。基本は、金融システムの安定と公正・透明な市場を通じて、消費者や一般投資家を保護し、マネーロンダリングを防ぐことが目的でした。

　金融危機発生時に金融機関の資本バッファーとなる自己資本の質・量とその比率の拡充や、景気が良いときと悪いとき

のどちらにも対応できる自己資本比率の検討、金融機関の過度なリスクテイクを抑えるためのレバレッジ比率規制の導入、トレーディング勘定のリスクウェイトの引き上げなどが続々となされました。

さらに、良いときだけ多額のボーナスをもらえる金融機関におけるインセンティブ報酬体系の見直しに踏み込むなど、細部にもわたっています。米国においては商業銀行の規模や業務範囲の縮減を企図したボルカー・ルールの発展系として、「ドッド・フランク法」の制定、欧州連合（EU）では 2018 年 1 月から施行された「MiFID II：第 2 次金融商品市場指令（Markets in Financial Instruments Directive II）」などが中心的な規制となります。

為替市場については、世界の 16 か国・地域の中央銀行と民間市場参加者とが協力して策定した、「グローバル外為行動規範」があります。これは各国のあらゆる法律、規則および規制を補完する役割とされています。ぜひ、市場参加者として目を通しておくことをお薦めします。東京外国為替市場委員会のコード・オブ・コンダクトのページに仮訳が載っています。

個人のトレーダーは、今やネットを使ってトレードする方が多いと思うので、金額や売買の確認をする必要はあまりないかもしれないですし、金融機関から実名入りの顧客情報が流れてくることもないと思います。

一方、FX 証拠金業者が金融庁や財務局の許可を受けて運営しているかとか、顧客資金の分別管理をしているかなど、

確認しておく必要があると思います。

　また、トレーディングというか、値動きに関係してくるのが、Fixing［フィキシング（決まった時間の値決め)］です。事実、2010年ごろのLIBORスキャンダル、2012年のゴールドスキャンダル、2013年の為替スキャンダルと、ロンドン時間のFixingに関わる事件が相次いで起きています。基本的にFixingに関わる大口情報を利用したり、共有しての価格操作の問題です。英国の当局は厳しく対処し、当該金融機関やトレーダーには罰金が科され、関わったトレーダーたちは二度と業界で働けなくなりました。

　例えば為替で、大口顧客からFixingでの300百万ドル（3億ドル）買い／円売り注入があったとします。そこでまずは担当トレーダーがFixingの30分前に、自分の分として50百万ドル分を買い、Fixingの直前・直後に250百万ドル分を買って高いFixing rateにしたところで、先に買った自分の50百万ドルを売ります（実際にドルを売るのではなく顧客にFixingのレートで渡すことで完了します）。顧客とFixingで仕切り利益を得ます（50百万ドル部分はFixing rateのほうが低くなって損をすることもあります。250百万ドルはこの例ではFixingの時間帯に買っているので買った値段で顧客と仕切ります）。あるいは、Fixing時間の前に300百万ドルと自分の分も合わせて買い、自分の分はFixingの時間にドルを売って利食いをする、というものもあります。どちらのケースもFront Runningと言って、当局検査で発覚したら今はguiltyです。

こういう規制が出てくるまでは、このようなことは値決めでは当たり前でしたが、今は御法度です。昔はセクハラやパワハラだと思いもされないことも、今は guilty なのと同じような感じです。つまり、個人も含む他のトレーダーに与える影響は、Fixing での顧客オーダーを受けた金融機関等は、直前まで原則 Fixing 用の商いをしない・してはいけないということです。少し先に買い出すときは、「金額が大きいので少し先に買う」旨を顧客に伝え、当該の顧客から事前に承諾を得ているときに限られます。以前は大きな Fixing があるとその時間の前に動き出しましたが、「今は Fixing 時間にならないとわからない」ことが多くなっていると言えます。

　為替では、基本的に情報はある程度平等だと思います。Fixing や大口顧客の動向が漏れることなど（これも禁止です）を除くと、株のようなインサイダー取引はないと思います。2011 年 9 月、スイス中銀がスイスフランの対ユーロ相場にスイスフランの上限を設定しました（スイスフラン高を阻止させる）。その 3 週間前に、中銀総裁の妻（元ヘッジファンド勤務）が対スイスフランでドルを購入し、上限設定発表後のスイスフラン下落（ドル高）で利益を得ていたとの疑いが持たれたというのが、私の記憶では唯一の例です。最終的に罪になったかどうかはわかりませんが、中銀総裁は引責のような形で辞任しています。

2009年以降は、米国の経常赤字がGDPの2％台までに急速に小さくなりました。ドル安の効果、景気低迷で輸入が減り、例えば住宅用の建材の輸入などが激減していたはずです。為替のドル余剰感は、リーマンショック前より著しく改善しつつありました。政府・日銀はリーマンショック後の下落のときにはやたらな介入はしていませんが、2010年からまた日本のドル買い介入が始まりました。2011年までに15兆円分は買っています。ドル／円は、2011年が75円台〜85円台の約10円レンジ、2012年は76円台〜86円台の約11円レンジ、よくも丸2年そこに定着できたなと今にしては思います。機は熟して第二次安倍内閣＝アベノミクスのスタートです。

　安倍元首相は中学、高校の先輩です。思い違いがあるかもしれませんが、私が中学生のとき、元首相は大学生で、アーチェリー用の白いパンツに白いポロシャツ、上にライトブルーのトレーナーを着ていた姿をお見かけした記憶があります。長身でカッコよく、両脇に女性がいました。そのときに強いオーラを感じました。第一次政権の時には縁あって学校関係者で開いた「安倍晋三君を応援する会」に参加したこともあります。残念ながら、お話ししたことはありません。第二次政権誕生に際して、今度は何かしてくれると強く感じました。日本経済も株も為替も……。

　アベノミクスの3本の矢は大胆な金融政策、機動的な財政政策、民間投資を喚起する成長戦略です。なかでも、量的緩和（黒田総裁の登用と、後に黒田バズーカと言われる2％のインフレ目標を目指す追加緩和）がメインの戦略でした。為替や株にはこれが効き、2013年の年末にドル／円は105円台まで戻しました。一連の黒田バズーカは、2013年に国債を年50兆円ペースで買い入れる等の異次元金融緩和に始まり、2014年10月にはこれを年80兆円に拡大。2016年にはマイナス金利政策の導入やETF（上場投資信託）の買入れ額の拡大、長短金利操作を導入するなど、追加はされているものの、為替への影響

はコロナ前までは徐々に小さくなっていった印象です。

　話が少し戻りますが、安倍元首相はまわりを味方につけるのが実に上手でした。黒田総裁の登用もそうですが、オバマ大統領とも友好関係を構築しました。

　2014年の6月に2度目のロンドン赴任だった私は、セントポール寺院の横のオフィスのCEO室で、いつも通りFinancial Timesを手に取りました。凛々しい顔をした写真とともに、「My third arrow will fell Japan's economic demons（3本目の矢が日本経済の悪魔を倒す。ここでは、民間投資を喚起する成長戦略＝3本目の矢を指します）」のタイトルが躍っていました。為替も株もまだまだいくと感じました。2014年の12月には121円台、翌年2015年には125.86円の戻り高値を付けます。米国も穏やかに回復。2015年12月には利上げサイクルに戻っていたことも寄与しました。なお、ソロスはアベノミクスの量的緩和に関わるドル／円の上昇で、だいぶ稼いだと言われています。

　正直なところ私は、2007年後半から2016年春までレートを見ることは可能でしたが、実際の為替のポジションを取る立場にはなかったので、この期間の話は臨場感に欠けることをお許しください。

　125円台を見た後、2015年6月に、オバマ大統領がG7首脳らに対し「強いドルは問題だ」と発言したと伝えられたこと（後にホワイトハウスは一応否定）や、同月、黒田日銀総裁が、「ここからさらに実質実効為替レートが円安に振れていくことは、普通に考えるとなかなかありそうにない」という主旨の発言をしたことで、ドルはあっさり頭を打ちました。

　さらに、米国からチクリと言われたのだと思いますが、2016年4月に安倍首相自ら、「恣意的な為替介入による通貨安誘導は控えるべきだ」と発言しました。また、米国財務省が為替政策の「監視リスト」

に初めて日本を指定したことで、ドル／円の上げも急速に縮みます。先にもお話ししたように、2016年トランプ大統領が勝利する直前には100円近辺まで下がっています。

　トランプ大統領の時代になってからは、お話ししたように就任後の1カ月強で動いた101円台〜118円台が、2022年まで破られていないレンジとなっていました。

　コロナウイルス（COVID）蔓延後の相場は、リーマンショックの教訓も生きて、各国が大胆に財政政策を出動し、ほぼ金利をゼロにする金融緩和を行いました。米国のパウエル議長や独メルケル首相、ラガルドECB総裁も、まさにタイムリーかつ大胆に動きました。日本も賛否はありますが、ETFの購入額増額等でこれに応じました。本当であれば、日本とECBは元々ゼロ金利で、ドルは後からゼロ金利にしたので、もう少しドル安になってもよかったかと思います。

　時を同じくして、170兆円を運用するGPIF（年金積立金管理運用独立行政法人。厚生年金と国民年金を運用）が2021年期（2020年4月からの期）に国内債券のアロケーションを減らし、外国債券のアロケーションを15％から25％に引き上げると発表しました。すべてが為替のヘッジなしとは限りませんが、単純に17兆円程度が外債に向かうわけです。

　また他の半公的な年金等もこれにならうので、合わせると20兆円程度と思われます。すべてが円投（ヘッジなし）ではないと思いますが、為替介入の代わりのようなものです。2019年の日本の経常収支は約19兆円、2020年が約16兆円なので、国際収支全体へのコロナの影響が読めないところがありますが、2020年のドルの余剰感はだいぶなくなっていたと言えるかもしれません。

　私がロンドンに1990年代に行ったときは、日常会話では「Lovely」

という単語が溢れていました。元々は「愛らしい」という意味だと学校で教わり、辞書にもあったと思います。言葉の流行だと思うのですが、当時はやたらに使われていました。物を渡したときに「Thank you」の代わりとして軽い感じで使われていました。あえて日本語で言えば「ありがとう」「どうも」や「いいね」に当たるようなニュアンスで使われていたのです。

しかし、これが2010年代半ばになると、そっくりそのまま「Cool」などに入れ替わっていました。Cool はもともと「涼しい、冷たい、冷淡」とかいう意味でしたが、「かっこいい」とか「どうも」「いいね」の意味でよく使われるようになってしまったわけです。

日本でも、「やばい」という言葉が同じような感じになってきています。元々、「やばい」はかなり危機的な酷い状況を表す隠語のカテゴリーでした。でも、今の若い人は「すごく良い」とか、「すごくおいしい」という意味で使うことが多くなりました。

相場にも、はやりがあります。昨今、はやりのロジックの「世界的に株が上がると投資家のリスク許容度が増えて、経常黒字の日本からは海外投資意欲や余力が増えるので通貨円は売り。株が下がり、リスク許容度が落ちると日本へ資金を戻す動きが出るので円買い」という意味と思われる「リスクオン・リスクオフ」セオリーも、いつ状況が変わるかわかりません。株が下がっても円売り・日本売りのときもありました。時代や状況に合わせて動く必要があります。普遍的な需給（貿易収支、経常収支他）や金利差という基本状況がベースではありますが、当局の対応、ポジションの偏りによっては Deja vu も感じつつ、その時々の「マーケットをリードするロジック」に対する感度、変化への対応を高めることがとても重要です。

トランプ大統領の時期のレンジから、コロナによる大規模緩和とその反動によるインフレ台頭でレンジ離れ 150 円超え

2016 年〜最近（原稿執筆時）

◆ドル／円　2015 年〜現在（2023 年 6 月）

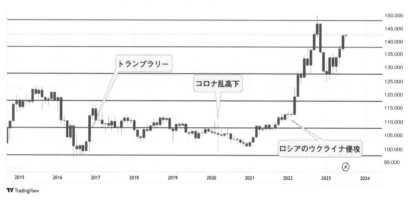

　本書の冒頭で、トランプ時代では、2016 年 11 月に彼が大統領選に勝利した後のドル／円が 100 円も 120 円もつかずのレンジ相場が続いたと記しました。コロナショックが始まった 2020 年の 2 〜 3 月のときでも 101 円台までです。様相が変わったのは 2021 年の後半からです。2020 年はコロナ対策で米国の FED をはじめ、先進国が政府の財政支出に加え、大規模金融緩和をしました。各国がほぼゼロ金利、FEDのバランスシートはコロナショック前に 4 兆ドル強だったものが 9 兆ドル近くへと、過度の金融緩和状態でした。これとコロナによる動きの制約などから物の需給も逼迫したことで、米国等では見事にインフレが加速します。

2021年12月のFOMCではFEDの金融緩和解除（＝利上げ）も視野に入ったほか、量的緩和解除（テーパリング＝バランスシートの縮小）を前倒しすることを決められます。さらには、2022年の2月に起こったロシアのウクライナ侵攻で石油や穀物の価格が急伸、インフレを煽ったうえ、コロナワクチンの手当て等も重なって赤字化し始める日本の貿易収支を急激に悪化させたことで、ドル買いとともに、円売りにも火が付きます。

　このときの日本の貿易赤字の定着は、米国のインフレというよりも、ロシアのウクライナ侵攻後の石油価格の上昇が主因でした。そのため、2022年は顕著な形で貿易赤字が浮き彫りになり、円が狙い撃ちされやすくなりました。

　FEDは22年3月に0.25％の利上げ、5月に0.50％の利上げ、6月、7月、9月、11月に4会合連続で0.75％の利上げを実施。さらに12月にも0.50％の利上げをして、22年初めに0.0〜0.25％であった政策金利は、あれよあれよと年末には4.25〜4.50％へと上昇します。

　これに対し、黒田総裁率いる日銀は大規模金融緩和（マイナス金利やイールドカーブコントロール）を継続します。冷静に考えれば、2013年来続く「デフレからの脱却」を目指していた黒田総裁にしてみれば、外因による部分があったものの、絶好の目的達成の機会でした。結局、2022年初めに115円台だったドル円は、10月には152円手前まで上昇します。日本国内でも、円安での物価上昇を懸念する声の一方、資産家や小金持ちがドル資産を増やそうとする話が、連日のようにテレビなどで報道されるようになります。ドル／円が135円くらいのときに、元プロ野球選手がテレビで「僕はそう思ってドルに資産をだいぶ移しました」と誇らしげに語っていたのが印象的でした。

　個人的には「この円安」は「だいぶ良いとこまで来ているのかな」と軽く感じていました。本書の冒頭で、金利差に関連して書いたように、金利差が広がると言ってドルを買う人がいるうちはドルが上がり

ますが、金利差を取る人はFX証拠金トレーディングで売ったり買ったりしている人と違い、何度も買うわけではありません（この2022年の円安相場の値動きの始まりの洞察は「サンプルスタディ2参照」）。

　2022年の米国のインフレ（消費者物価等）水準は年率7～8％台と高く、一時は年率9％を超えていたものの、年央でピークを打ちました。一方、米国の利上げペースの鈍化を先取りする形で、一時4.3%を超えていた米国の10年債金利も反落して4％を割り込み、景気の減速を織り込み始めました。

　時を同じくして、日本の政府が懸念していた円安に対して、政府・日銀（先に書いた通り、介入を決めるのは政府＝財務省で、実施するのは日銀です）は9月に145円台でドル売り介入、10月21日のニューヨークの時間帯にほぼ高値の151円台でドル売り介入を行います。このときは145円台までの下げに限られました。この2回の介入額は9兆円強です。当時の貿易赤字は月間2兆円前後であったので、貿易赤字4～5カ月分は介入で埋めたと言えます。古いプロの市場参加者は知っていると思いますが、1995年に実施されたドル／円80円台から100円超えまで押し上げた「勝つ介入」を主導したのが榊原財務官、それを引き継いだのが黒田財務官（その後の日銀総裁）、黒田財務官のときに介入実行部隊の若いほうにいたのが今の神田財務官だと思います。神田財務官は勝つ介入のやり方、すなわち介入を奏功させるのに必要な金額や介入方法、欧米当局への根回し等は熟知しているわけです。また、黒田日銀総裁も「デフレ脱却」を目指している点では、ゴールが違ったかもしれませんが、「同じ職場の仲間・先輩後輩の仲」です（表現が適当でないかもしれませんが）。大学の強豪運動部の先輩・後輩のようなもので、脈々と受け継がれたものを感じます。お互いわかり合ったうえでの行動だと思います。

　9月の介入ではあまり効きませんでしたが、10月は金額も大きく、ドルの押し下げ方もかなり執拗で適度に効きます。歴史を述べている

本章とはずれるのですが、ここで「介入が効くか効かない」はそのやり方とかで介入額を感じて考えることも大事です。しかし、介入の効果だけに目を取られると、経済状況や市場のポジションも変化（介入でドル売りしているので、市場は持たされロングになりがちとか）していることを見落としがちになるので注意が必要です。要はマーケットをリードするロジックのレビューです。政府日銀もタイミングを見計らっていろいろ考えた末にやっているわけで、得てしてこういう変化が起こると、潮目も変わることがあります。その後は11月に発表された米国の10月の消費者物価指数（CPI）が年率（前年比ベース）で4か月連続低下します。明確に7％台に低下してきた「CPIショック」で140円を割り込み、133円台に。その後は140円台に戻れないまま137円台で、日銀がこれまで固執していた大規模緩和を修正し、事実上の10年物部分の利上げに踏み切ったのです。完全に予想外（サプライズ）のこの政策では、長期金利の変動幅の上限をそれまでの0.25％程度から0.5％程度に引き上げました。その結果、130円台に下落して131円近辺で越年します。

　なお、日銀の政策変更は時期的に意外感があり、外圧（政府筋から、あるいは米国等から）との見方もありますが、常々、物価上昇の賃金への波及を狙っていた黒田総裁の発言からすると、経団連や連合の賃上げ要求水準が5％レベルとなり、大企業もこれに応える形で5％以上の賃上げを表明し始めていたので、機は熟していたとも言えるわけです。

　この本の中で何度か述べているように、為替市場は本当に「勝手」です。ドル／円が150円近辺のドル高／円安水準になると、毎度同じような古いエコノミストや評論家が出てきて160円だ、200円だの話をし、介入は効かないと言い出します。アジア通貨危機の後や日本の金融不安のときもそうでした。しかし、2022年の10月〜12月で相場付きが一転してドル安になると、チャートの形も悪くなり、ドル安／円高予想の120円の話も出てきます。

私はこの勝手さをまさに「マーケットをリードするロジックやその変化」と呼んでいるわけです。また私が、第1章で言っているように、為替の変動で利益を出そうと思うと長期は少しおいて、「短期→中期→短期→中期」の循環が有効だと思います。また①金利差やインフレ、②石油価格に翻弄されがちな貿易収支や経常収支、それに介入を含めた各国の為替政策と株式市場や商品市場へに出てくる資金の流れと為替の関係、結果として現在のトレンドの成熟度（市場のポジションの偏り等）が、ロジックの組み立てのベースにあることがおわかりいただけると思います。これに、テクニカル分析などや、市場が発するロジックを咀嚼していくことだと思います。先取りする必要はあまりなく、ロジックの変化の初期に感じ取れればよいと思います。

　これも繰り返しになりますが、金利差を求めてドル買い／円売りが出続ける間はドル／円が上がりますが、そういう人が買い終わってしまえば、逆のロジックやショックに弱くなるわけです。金利差で儲かるのに、さらに為替（円安）でも儲かるというものでもありません（為替レートが同じなら金利差分は儲かります）。また日本は長年、経常収支黒字国として海外に投資してきて、累積したその残高に対する利息や配当が毎年来るわけで、これが馬鹿にならない金額になることなども、時に念頭に置くこと（引き出しにあること）が大事になります。日銀が持つ外貨準備も、何年にもわたって日本の経常収支黒字の反対側として、余ったドルを吸収すべく主にドル買い／円売り介入をして蓄積したものですから、これを今回のように通貨防衛（円買い）に使用しても、何ら不思議はないわけです

　ドル／円を中心とした通貨の歴史は以上です。次項では国家の通貨ではなく、地域通貨であるEUROについて、まだ歴史も浅く、今後は通貨としての存在が揺さぶられる可能性もあるので解説します。

～第8節～
ユーロ誕生からの二十数年

　通貨ユーロのことをお話しします。少し退屈ですが、最低限の歴史は知っておいたほうがよいので、そのあたりから入ります。国を超えての地域統一通貨という歴史的な試みです。

1）統合通貨ユーロ誕生への道　ERM（Parity Grid）から単一通貨へ

　ヨーロッパと言われる地域の統合の動きは、第二次世界大戦後に共産地域（具体的にはソ連、今のロシア）に対抗する組織として、アメリカの後ろ盾もあって始まります。教科書にも出てくるように1952年に経済と軍事関連の重要資源の管理のため欧州石炭鉄鋼共同体が設立され、1957年に経済の統合とエネルギー分野の共同管理を進展させるため、ローマ条約が調印されます。翌1958年に欧州経済共同体と欧州原子力共同体ができました。この3共同体の統合発展形として1965年のブリュッセル条約調印で1967年に欧州共同体（European Communities）が設立され、後のEU（European Union）に向かっていきます。

　これらの動きは西ドイツ、フランス、イタリア、ベネルクス3国（オランダ、ベルギー、ルクセンブルク＝原加盟国）の6カ国で進められていましたが、1973年にイギリス、アイルランド、デンマークが加盟、1981年にギリシャ、1986年にスペインとポルトガルが加盟、1989年

にはベルリンの壁の崩壊によるドイツ統一、東欧諸国の共産主義体制の崩壊を経て、1992年に欧州連合条約が調印されました。当初のドイツ、フランス、イタリア、ベネルクス3国の6カ国をコア6（Core 6）と呼ぶことがあったかと思いますが、その後の経済状況を見ると、通貨の世界ではイタリアを除いた5か国（Core 5）としてのイメージが強いです。あるいは、今はイタリアの代わりにオーストリア（規模ではなく、全体的な安定性やドイツのまわりにあり西欧である）を入れてCore 6のような感じに見えます。

　同時進行的にヨーロッパ内での物や資本の動きが、各国ごとの通貨間の相場の変動で阻害されることもあるので、通貨の安定を狙った動きも起こります。さまざまな経緯を経て、1979年に欧州通貨制度（EMS European Monetary System）が作られ、ECU（European Currency Unit）欧州通貨単位というユーロの前身ともなる域内のバスケット通貨ができました。ただECUは一部例外を除いては、流通通貨でも法定通貨でもなく、中央銀行間の決済やECの予算等に使われるのみでした。

　またこのとき、後にユーロに統合するときに最終的に"各国間の交換レート"を固定すべく、その土台になる「ERM（Exchange Rate Mechanism：欧州為替相場メカニズム）」が導入されています。「各国の通貨が、西ドイツ・マルクのいくらに相当するか」の中心レベルが決められます。このマルクに対するレート（セントラルレート＝中心レート）の上下2.25％の範囲内（Parity Gridという。通貨によってはバンド幅が広かった時期がある）に収まるように加盟国は介入をし、金融政策で対応する必要がありました。将来、One currency（＝ユーロ）になるための準備の重要な部分です。売られてParity Gridの下限に張り付く通貨は、対マルクの中心レートを切り下げることを強いられました。こういう見直しは再編成（realignment）と言われ、80年代や90年代の前半に何度か行われていました。通貨ごとの対マ

ルク中心レートの見直し作業でした。

　このような状況の中、1990 年、この ERM に入ったポンドが、このバンド内に収まることができず急落しました。後でお話しする「ポンド危機」です。成長率、物価水準、財政の状態、国際収支等がバラバラの国の通貨をバンド（Parity Grid）の中に収めるのは難しく、課題が多いことが明白となりました。

ユーロになる前に最後に固定されたERMの中心レート（1998年5月）		
通貨名	**国と通貨の略称**	100ドイツマルクあたり
ドイツ・マルク	GERMANY: DEM	100.00
ベルギー/ルクセンブルク・フラン	BELGIUM/ LUXEMBOURG: BEF/LUF	2062.55
スペイン・ペセタ	SPAIN: ESP	8507.22
フランス・フラン	FRANCE: FRF	335.386
アイルランド・ポンド	IRELAND: IEP	40.2676
イタリア・リラ	ITALY: ITL	99000.2
オランダ・ギルダー	NETHERLANDS: NLG	112.674
オーストリア・シリング	AUSTRIA: ATS	703.552
ポルトガル・エスクード	PORTUGAL: PTE	10250.5
フィンランド・マルッカ	FINLAND: FIM	304.001

ECBのホームページより'ERM bilateral central rates to be used in determining the irrevocable conversion rates for the euro'とある

1988年になると欧州委員会委員長のドロールが主導した「ドロール報告」で、統一通貨の構想が本格化します。第一段階として90年の7月に欧州経済共同体間の資本移動を自由化、94年にはECBの前身である欧州通貨機構を設立し、参加国の財政等を検査できる体制になります。そして、95年にユーロという名称も決まります。

　この間、最も大事なのが92年の欧州連合条約（マーストリヒト条約）の締結です。ここで、後のユーロという統一通貨になるための収斂基準が決められます。経済状況があまりにかけ離れたものを、あるレートで固定しても、すぐにまたそのレートに無理が生じて歪んでしまうからです。次のような収斂基準です。

①物価

　過去1年間、消費者物価上昇率が、消費者物価上昇率の最も低い3カ国の平均値を1.5％より多く上回らないこと。

②財政

　過剰財政赤字状態でないこと（財政赤字はGDP比3％以下、債務残高はGDP比60％以下）。

③為替

　2年間、独自に切り下げを行わずに、深刻な緊張状態を与えることなく、欧州通貨制度の為替相場メカニズムの通常の変動幅を尊重すること。

④金利

　過去1年間、長期金利が消費者物価上昇率の最も低い3カ国の平均値を2％より多く上回らないこと。

こういう過程を経て、ERM の最後の中心レートがほぼ使われ 1 ECU が 1 ユーロとなります。ユーロの取引は 1999 年の 1 月から始まりました。最初は決済用の帳簿上のもので、硬貨や紙幣の登場は 2001 年 12 月となります。

ユーロの番人である ECB（欧州中央銀行）は、欧州連合の機能に関する条約第 127 条によって物価安定の確保に努め、また加盟国の経済政策を支えるという使命を持っています。

このほかにも、金融政策の決定と実施、加盟国の公的外貨準備の管理、外国為替市場への介入、市場への資金供給、円滑な決済の促進を担っています。欧州中央銀行の独立性を維持するために、欧州中央銀行および各国の中央銀行では、加盟国政府の指示を受け入れることが禁止されています。

対1ユーロでの旧通貨の交換比率			
ベルギー・フラン	40.3399	キプロス・ポンド	0.585274
ドイツ・マルク	1.95583	エストニア・クローン	15.6466
フィンランド・マルッカ	5.94573	フランス・フラン	6.55957
ギリシャ・ドラクマ	340.75	アイルランド・ポンド	0.787564
イタリア・リラ	1936.27	ラトビア・ラッツ	0.702804
ルクセンブルク・フラン	40.3399	マルタ・リラ	0.4293
オランダ・ギルダー	2.20371	オーストリア・シリング	13.7603
ポルトガル・エスクード	200.482	スロベニア・トラール	239.64
スロバキア・コルナ	30.126	スペイン・ペセタ	166.386
リトアニア・リタス	3.4528	クロアチア・クーナ	7.5345

2023年からクロアチアが加わり20カ国、バチカンやモナコ等はEUに参加していないがユーロを導入している

2）ユーロを見る目（＊）

　次のようなことを一般的に押さえておくとよいかと思います。

・イギリスの EU 離脱はあったものの、EU の精神（ひとつのヨーロッパ大陸）は思っていたより強く、そのリーダーはやはりドイツのメルケル前首相のように映ります。

・コア国としては先に述べたコア 5 のドイツ、フランス、ベネルクス 3 国、また個人的にはオーストリアも加えたコア 6、南欧国にアイルランドを加えた問題児的な存在の PIIGS（Portugal, Italy, Ireland, Greece, Spain）と、その他に区分できるかと思います。GDP の規模では、ここで言うコア 6 と PIIGS とその他でおよそ 65%、30%、5％です。PIIGS の中の南欧の国は、最近ではさほどでもないですが、インフレ体質、昼休みもやたらに長いとか、コア 6 とはだいぶ異なります。アイルランドはリーマンショック前には比較的順調でしたが、リーマンショックのダメージが大きく評価を落としました。しかし 2014 〜 2015 年ごろから ICT や医薬関係を牽引役に経済は急回復しており、南欧と一緒にくくるのは、少し違うかなという感じです。

＊：これは紛らわしいのですが、用語の話です。本書を読んでくださっている方は Euro Dollar（ユーロ・ドル）というと、ユーロと米ドルの通貨ペアか、その為替レートと考えるでしょう。しかし、Euro・Dollar で「ユーロ・ダラー」という日本語で読まれたり書かれたりするときは、「米国以外の銀行に預けられたドル預金や米国以外の国で流通するドル」を指します。米国以外の銀行に預けられたドル預金の多くが、欧州（ユーロ）にあったため、こう呼ばれていたようです。例えば、米国以外で発行されたドル建の債券などはユーロドル債と呼ばれていました。また、「ユーロ・円」も同様です。通貨ユーロの誕生でややこしいので自然消滅的な感じと思いますが、20 世紀には「ユーロ・ダラー」について書かれた本や記事が山のようにありました。今回、通貨や金融市場の歴史にも触れているので、皆さんが検索していくときなどに混乱しないように書いています。

（以降、次ページの表を参照）

・ユーロ圏の経常収支は、2012年から2021年まで黒字でした。しかし、2022年のロシアのウクライナ侵攻以降、原油価格やロシアからのパイプランで輸入している天然ガス価格が暴騰して2022年には赤字となっています。IMF統計によると、1023億ドルの赤字（2023年は830億ドルの黒字予想）となっています。この点は大きな変化ですので状況はよく観察していく必要があります［297ページの第3章第3節の表「2010年からの経常収支の推移（ユーロ圏、英、加、豪、スイス）参照］。

　なお、IMF統計によると、EUやヨーロッパ全体は2022年も大幅経常黒字です。為替（ユーロとドルの換算レート）やユーロ圏ではない産油国のノルウェーを含んでいることなどによると思われます。

・ECB（欧州中央銀行）の初代総裁には、オランダ銀行総裁やオランダの財務相を務めたドイセンベルクが、ECBの前身である欧州通貨機構総裁を経て1998年に就任しました。ドイツが彼を推していたと言われます。ドイツが自国から総裁を出さずに、一歩下がってバランスを取ったという感じがします。彼は物価安定の功績で評価が高いです。2003年、2代目総裁は、当初からの約束とのことで任期の8年を待たず、フランス銀行総裁を経験したトリシェ総裁となり、リーマンショックを乗り切りました。

　3代目は2011年からイタリア銀行総裁であったドラギ総裁（ゴールドマン・サックスの副会長をしていた）となります。欧州ではリーマン後の金融危機の中で、金融機関の規制を強化するバーゼルⅢなども取り沙汰される中、ギリシャとアイルランドでは金融機関の不安定化、対外債務の問題が表面化、これらの国の国債が暴落してPIIGS全体に波及しました。ユーロの崩壊も囁かれて不安定化する中、イタリア出身のドラギ総裁の力量に疑問の声もありましたが、量的緩和の

◆ユーロ圏の主要経済指標（GDP、インフレ、経常収支）2019年と2022年

	名目GDP (10億ユーロ)		インフレ (HICP*) 前年比		経常収支 (億ドル)	
	2019	2022	2019	2022	2019	2022
ユーロ圏20カ国	**12,042**	**13,399**	**1.2**	**8.4**	**424.7**	**158.3****
ベルギー	479	549	1.2	10.3	0.5	-19.6
ドイツ	3,473	3,870	1.4	8.7	317.8	171.0
エストニア	28	36	2.3	19.4	0.7	-0.8
アイルランド	357	503	0.9	8.1	-79.2	46.6
ギリシャ	183	208	0.5	9.3	-4.6	-21.2
スペイン	1,246	1,327	0.8	8.3	29.4	14.8
フランス	2,438	2,639	1.3	5.9	14.0	-47.7
クロアチア	56	67	0.8	10.7	1.8	-0.9
イタリア	1,797	1,909	0.6	8.7	66.6	-14.8
キプロス	23	27	0.5	8.1	-1.4	-2.5
ラトビア	31	39	2.7	17.2	-0.2	-2.7
リトアニア	49	67	2.2	18.9	1.9	-3.2
ルクセンブルグ	62	78	1.6	8.2	3.2	3.3
マルタ	14	17	1.5	6.1	0.8	0.1
オランダ	813	959	2.7	11.6	63.0	54.5
オーストリア	397	447	1.5	8.6	10.6	1.6
ポルトガル	214	239	0.3	8.1	1.0	-3.4
スロベニア	49	59	1.7	9.3	3.2	-0.3
スロバキア	94	110	2.8	12.1	-3.5	-4.9
フィンランド	240	269	1.1	7.2	-0.8	-11.9

GDPとインフレはEUROSTATの集計値を著者加工（国の順番はEUROSTATによる）

経常収支はIMF統計（©IMF, 2023）を使用

PIIGSには網掛けがしてある

2023年よりクロアチアが参加して20カ国となった。2019年と2022年の数字でユーロ圏20カ国として集計

＊　　HICP（Harmonized Indices of Consumer Prices）：EU基準消費者物価指数

＊＊　　IMF集計では2022年のユーロ圏の経常収支の数字は約▲102（10億ドル）となっているが、
一方EU参加国では＋163（10億ドル）となっていて、本集計（国別の足し上げ）に近い。

ほか、2014年にはマイナス金利も取り入れて難局に対応、評価を得ました。

2019年からはフランス人の弁護士で、前IMF専務理事のラガルド総裁が4代目となりました。2代目に続いて4代目もフランスか、という見方もありますが、ラガルド総裁は女性であったこと、またIMF専務理事はまさにグローバルな存在であるということで、そういう見方は払拭されました。

また2020年のコロナ禍ではパンデミック緊急購入プログラム（PEPP）の全体的な規模を1兆8500億ユーロに、期間を2022年3月まで9カ月間延長して、政府や企業の借り入れコストを過去最低水準で維持し、償還を迎えた緊急購入債券への再投資を23年末まで1年延長することも決定。さらに、貸出条件付き長期資金供給オペ（TLTRO）の期間も1年間延長して2022年6月までとするなど、タイムリーな施策を先導しています。中銀としての役割を超え、ユーロ圏財務相会合（ユーログループ）に参加し、金融政策だけではなく財政出動の必要性を強く訴えるなど、緊急対策全体をリードした点でも評価されています。

・今振り返ると、ユーロに参加するためにマーストリヒト条約で決めた収斂基準が生きています。最も懸念された物価の安定は、当初の努力やリーマンショック、欧州ソブリン危機、コロナ禍と続き、どちらかというとデフレ懸念が続いていました。

しかし、2022年になると、コロナからの復興によるインフレ気配が出てきました。ロシアのウクライナ侵攻で、ドイツなどはポーランドを挟んでウクライナに地理的に近いことや、ドイツ中心にロシアからの天然ガスに頼っていましたが、急激に制約を受けたことで経済的ダメージを嫌気してユーロが売られました。しかし結果として、資源価格が高騰しインフレも邁進したので、一転インフレ抑制の利上げに

機敏に動き出しユーロは持ち直しています。

・通貨ユーロについては、細かいところに目を向ければいろいろありますが、デビュー時と大きな差はありません。大きく下落していることもありますが、そんなに Disorderly（秩序のない）なものとの印象はありません。やはり全体としては、2021 年までは経常収支の黒字が効いているような気がします。問題は、いろいろな危機を経たことを理由に、累積債務（※ それぞれの GDP で比べて）の大きな国が南欧にあり、結果、それぞれの国債に利回り間のスプレッドが依然として残る点です。ただ、コロナ禍でも一連の施策があり、比較的落ち着いていると思います。

・私の思い込みかもしれませんが、途中 PIIGS の国債が暴落したことを受け、ユーロからの離脱をほのめかす国も出て揺れましたが、ドイツのメルケル前首相と ECB 総裁たちがとてもバランスよく、真の欧州統合とユーロの維持という目標に向かって動いたと思っています。今後、ドイツの首相と限らず、メルケル前首相の後任たるユーロ圏の実質リーダーが誰になっていくかは、長期的に見ていく必要があると思っています。

・ご存知の方も多いかもしれませんが、ドイツは第一次世界大戦後に強烈なハイパーインフレに見舞われたので、インフレに対する嫌悪感やトラウマがものすごいと言われています。おそらく、ドイツの中央銀行であるブンデスバンクの金言には「インフレ退治」みたいなことがあると思われます。1987 年のアメリカのブラックマンデーのきっかけもドイツの引き締めから始まったと言われています。また 90 年代ぐらいまではポンド危機にしても、イタリア・リラの急落にしても、ドイツの引き締めが原因のひとつであり、欧州を、そして世界を揺さ

ぶったことが何度かありました。

　ドイツは輸出大国ではありますが、自国通貨高はどちらかという
と歓迎派です。ドイツのこういう DNA は長期的には注意しておく必
要があります。2021 年からはコロナ対策の大規模緩和の反動として、
欧州もインフレ率が上がりだし、22 年の 2 月のロシアのウクライナ
侵攻でエネルギー価格も上昇し、インフレも加速してきました。早く
引き締めたいとするドイツのブンデスバンクから ECB に送りこまれ
た理事は、推測も含めますが、引き締めを強く主張する中、それが受
け入れられず、2 人続けて、ECB の理事を引退しています。

　2022 年の 12 月の ECB の理事会での総裁はフランス人のラガルド
でした。米国の物価がピークアウト気味で FED も 0.75% ずつの利上
げを 0.5% に抑えたときに、意外にも ECB が利上げの継続が必要性
であると強調して、米国の利上げの沈静化を期待していた株式市場に
冷や水をかけたのも、記憶に新しいです。

　確か 1994 年あたりだと思います。EMS は始終揺さぶられました。
イタリア・リラなどの弱い通貨はセントラルレートから下限（独マル
クの強いほうの上限）に張り付き、そのたびにセントラルレートがマ
ルク高、その通貨安方向に余裕を見た切り下げがされていました。こ
れが「コア通貨にも及ぶかな」と思い、独マルク買い／仏フラン売りと、
独マルク買い／ベルギー・フラン売りのポジションを作りました。そ
の日は幸いなことに、コア通貨群にもアタックが掛かり、すぐに 1 ％
ほどフェーバー（評価益）になりました。このまま仏フランやベルギ
ー・フランもセントラルレートから離れさらに独マルク高、それらの
通貨安に向かうと思い、その日は帰りました。しかし翌日、会社に行
ってレートを見ると、元のセントラルレート近辺に戻っています。コ
ア通貨への私のアタックは完敗、損切りをしただけとなりました。

3）ユーロの動き

　ユーロ／ドルは1999年に1ユーロ＝1.18ドル近辺で取引が始まり、その後下落を続け、2000年に1ユーロ＝0.8228ドルのユーロの史上最安値（対ユーロのドルの高値）を付けます。ECBはユーロ安を防ぐべくユーロ買い介入をします。2000年の9月にECBの依頼で、日銀はユーロ／円、FRBはユーロ／ドルでそれぞれユーロ買いの介入を実施しています。

　一方で、当時の米サマーズ財務長官は「ドル高政策に変更はない」と発言して安値圏で乱高下しますが、その後は回復に転じ、2002年にはパリティ（1ユーロ＝1ドル）を回復、日本売りの中での対円でのユーロ買いもあり、リーマンショックにかけて米国が利下げ等、金融緩和政策を取り始める中、真逆のECBの利上げ等があって2008年に1ユーロ＝1.6040ドルの史上最高値を付けました。

　その後は、トリシェECB総裁が「次は利下げ」と金融政策の変更を示唆したことで、一挙に1ユーロ＝1.40ドルを割り込む等、ユーロ安／ドル高に流れが変わっていきます。ECBはインフレ懸念から2008年8月に政策金利を4.75％に引き上げていますが、リーマンショック関連の欧州金融機関の痛みや、ギリシャの財政破綻等も取り沙汰される中、年末には2.5％、翌09年の5月には1％まで引き下げています。リーマンショック後のリスク回避の動き（リスクオフのユーロ売り／円買い）等も、ユーロの下げを加速させました。2011年ごろには金利の正常化に向けて利上げすることもありましたが、ユーロ圏の低成長、デフレ化に拍車が掛かり、同年すぐに利下げサイクルに戻ります。2014年には預金ファシリティ金利（ユーロ圏の民間銀行が一時的に過剰となった資金を中央銀行に預け入れるときの利子）をマイナス0.1％とするマイナス金利を導入。2015年からは国債等の資産購入（量的緩和）を始め、16年は量的緩和を拡大し、ユーロ／ド

ルは 2017 年に 1 ドル = 1.0340 ユーロまで下落しました。

　コロナショック直後の乱高下を経て、ユーロ／ドルは 2020 年の年末に 1.2 台まで上昇しています。ECB として一連の緩和策の正常化を探る方向も念頭に置きながら政策運営をしていましたが、コロナで状況が変わります。ECB は早急な対応をして、現在、① ECB はパンデミック緊急購入プログラム（PEPP）総額 1 兆 8500 億ユーロ、②貸出条件付き長期資金供給オペ（TLTRO Ⅲ）、③貸出条件を定めないパンデミック緊急長期流動性オペ（PELTRO ｓ）の対策を取り、政策金利を預金ファシリティ金利 − 0.5%、主要リファイナンス・オペ金利 0% としました。

　コロナ・パンデミック対策で米国も大幅な利下げと資産購入をしたこともあり、ユーロは反発地合です。またここで、ユーロ圏よりひとつ大きな枠組みの EU が、コロナ対応で 7500 億ユーロの欧州復興基金で合意したこともユーロの反発を助長しました。ユーロ圏としては財政の統合に向けた大きな流れです。2021 年から、この資金の調達は、ユーロ建ての債券発行によりなされることとなりました。高格付けで環境債や社会貢献債も含むことから、ESG（環境・社会・企業統治）を重視する機関投資家には、今後、ユーロへの需要を高めるとする見方もあります。ただ、デフレに苦しむ ECB はユーロ高も懸念しており悩ましいところでした。

　次ページのチャートを見ていただくとわかるように、2008 年ごろからの下げのチャネル（レジスタンスとサポートの平行線・バンド）をわずかに上向きに抜けていました。チャーチストは上値方向への動きに期待している状況でした。

　その後、コロナ対応で急激に緩和をした米国ではインフレが台頭、米国の緩和の解除や利上げに関心が行き、ユーロ／ドルは下げトレンドになります。加えて、2022 年 2 月のロシアのウクライナ侵攻で、ユーロ圏に近いことやロシアのエネルギーに頼っていたことでユーロ軟

◆ユーロ／ドル　月足　ユーロ誕生の 1999 年〜 2023 年初め

◆ユーロ／円　月足　ユーロ誕生の 1999 年〜 2023 年初め

化の展開が続いた結果、2022 年の 7 月には 1 ユーロ = 0.95 ドル台まで下落トレンドが続きました。その後は、米国のインフレの沈静化（CPIで年率 9 ％台が 6 ％台へ）から、米国の将来の利下げ開始を織り込むような動きでユーロも強含み、さらにユーロ圏のインフレのほうが深刻になったことで ECB も当面の連続利上げを示唆して 2023 年の 2 月には 1 ユーロ = 1.09 ドル台に戻しています。添付の長期チャートは上抜けたかに見えましたが、結局、下げの平行線の中での動きとなっています。

　ユーロ / 円は 2000 年に最安値 1 ユーロ = 88.93 円を付け、リーマンショック前の 2008 年 7 月に 169.97 円まで上昇し、倍近くになりましたが、2012 年に 94 円台まで再度下落しました。前ページ下段のチャートをご覧いただくとわかるように、大きな三角持ち合いとなっていましたが、2021 年にこれを上抜けし、その後の下固めの後、2022年の日本だけが金融緩和を継続する円売りの強い流れで 150 円近くまで上昇してからは 140 円台中心の動きを経て、日銀の植田新総裁になっても日本の金融政策に変更のない中、ECB は利上げ継続していることから 150 円を超えていきました。

エピソード 8　ポンド危機
（Black Wednesday ＝ White Wednesday）
　1992 年 9 月 16 日に起きたポンドの急落を指します。英語では Black Wednesday と言われます。これを機に英国は呪縛を解かれ、経済は回復していったので White Wednesday とも言われます。ジョージ・ソロス率いるクォンタムファンドはこのポンドの下げで、（諸説ありますが）100 億ポンドを売って 15 億ドルを稼いだと言われます。

ポンド危機を語るには、まず前提となる説明が必要です。1979年から1990年まで、英国初の女性首相で「鉄の女」と呼ばれたマーガレット・サッチャーが就任当初からThatcherism（サッチャリズム）や新自由主義と呼ばれる一連の施策を進めます。「ゆりかごから墓場まで」と言われた手厚い社会保障支出による政府支出を拡大しながら、他の分野では民営化（電気、水道、ガスといったパブリックセクターと空港、航空）と金融関係等で規制緩和（金融ビックバンと呼ばれる）を進めて、政府の機能を削減し、経済の活性化を狙うものです。

　他にも、労働組合の行動の抑制や所得税減税（一方で日本の消費税にあたる人頭税の導入）も行いました。1980年代前半こそ、生みの苦しみで失業率は増えましたが、その後は落ち着き、サッチャーの評価も上がります。元々彼女は、通貨ポンドがERMに参加することに懐疑的でしたが、後任首相を念頭に財務相に据えたメージャーがERMの推進派であったため、彼に押される形で1990年の4月、ERMに1ポンド＝2.95独マルクで参加します。ユーロ誕生時は1ユーロ＝1.95583マルクなので、Virtual仮想となりますが、1ポンド≒1.5083ユーロです。今は表示標準が逆なので、ユーロ／ポンドは1ユーロ≒0.6630ポンドとなります。現在のユーロ／ポンドは1ユーロ＝0.90前後なのでポンドが高かったと言えます。

　加入はしたものの、ポンドを高く固定された英国は折からの経済不振にもかかわらず、ERM内での通貨のレベルを守るためだけに、金利を高くしていなくてはいけないといった

ジレンマの中、リセッションに突入します。このころ、1990年に東西ドイツ統合を成し遂げたドイツは、インフレも台頭したため金利の引き締めに動きます。通貨水準を保つために、このドイツの引き締めについていかなくてはいけないという英国のジレンマが強まります。1992年には、イタリアの通貨リラに売りアタックが押し寄せます。本来ERMでは、加盟国通貨が中心レートから2.25%以内に収まるよう協力するはずでしたが、ドイツが難色を示したために、リラの売り圧力がさらに高まります。

　結局、9月14日（月）には、ドイツの利下げとともにイタリア・リラは7%切り下げられます。このときは欧州の通貨混乱を見越して、ドル高／欧州通貨安の展開でした。市場の思惑も、次はポンドの切り下げということになります。9月15日になると、ポンド／マルクはポンドの下限である1ポンド＝2.773マルク（ポンドだけは変動幅6.00%がParity Grid下限）に張り付きます。翌16日になると、英財務省とBOE（英国中央銀行）は午前中に、公定歩合を10%から12%に引き上げ、さらに同日に12%を15%に引き上げます。それでもポンドの戻りは限られます。BOE（中銀）は150億ポンドの介入をしたと言われます。英国のラモント財務相はEC各国と緊急のミーティングを行った後、英国のERMからの離脱と、金利を12%に戻す旨を発表します。

　私がブローカーのレートを伝え聞いていた限りではCable（1ポンド＝●●ドルで表示される）ですが、一瞬レートがなくなりました。しばらくすると500pipsあるいは1000pips（大台10個分、10Big　Figure）下げた出合いが最初に聞こ

えたような気がします。記憶が定かではないのですが、離脱発表直前が1ポンド＝1.91ドル台あたりで、それが対マルクの下限の状態で、離脱が発表された後に最初に聞こえたのが1ポンド＝1.85ドルか1.80ドルの出合いだったように思います。ロンドン市場も終わりの時間帯だったので、ニューヨークの時間帯にもポンドは下げ続けます。この日のニューヨークの引けは1.75ドル台でした。

今思えば、この危機の直前にはポンド／ドルで見ても1ポンド＝2ドルを超えており、ポンドが過大評価されていました。ソロス氏については悪評もありますが、私からすれば経済情勢に鑑み、無理な「ERM下でのペッグでできていた歪み」の是正という、市場が行きたがっていた方向に、他の人より大胆に備えただけといった印象に見えました。

同じような大きなポンドの下落としては、2016年の国民投票で英国のEU離脱があります。これは完全にsurprise（想定外）でした。私は当時、ロンドンにいたので、その国民投票の1週間ほど前に、「国民投票後の企業経営と経済見通し」といったような題目のセミナーに出ていました。エコノミストやストラテジストの中で離脱を予想している人はなかったのです。

一方で、1992年のポンド危機は経済情勢、ERMの限界もわかったうえで、少なくとも英ポンドのERM内での大幅切り下げを織り込みながら進んだ点が大きく違います。もちろん、ERM離脱は想定外でありました。BREXITも、そう願う人がいたから国民投票まで行ったわけで、その点、私にも

◆ポンドドル　月足　1990年〜1994年

1992年9月
ポンド危機

◆ポンドドル　日足　1992年8月〜11月

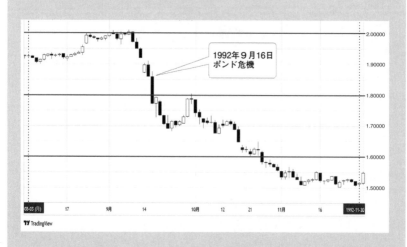

1992年9月16日
ポンド危機

市場にもすきがありました。あとから聞くと、先祖代々、英国にたくさんいるインド系の人は、欧州からも含め、インド系の新しい移民が来ることをとても嫌がっていました。

　英国はEUという、ユーロ圏以上に大きな経済圏から出て独自路線に入るわけですが、2016年からは通貨安によるかなりの恩恵を享受しています。製造業の英国からの脱出等や、関税面での不利益もありますが、ロンドンは残るわけで、意外に良い面が出てくることもあるかもしれません。Blackな印象のBREXITですが、ポンド危機の後と同じようにWhiteと言われるようなことが起こるかもしれません。

コーヒーブレイク4
チームトレーディングと個人トレーディング

　ここでは相場の追いかけ方にフォーカスします。会社や組織に属して、その見返りを給与や報酬で受け取るケースと、自己資金でトレードするときの利益の違いや、インフラの違い、情報の入り方の違い等は置いておきます。

　普通、チーム（いわゆる、為替のディーリングルーム）で為替のポジションを取る、あるいは会社の為替リスクをヘッジすることが、ある程度自由にできるとすると、まずボスがいて、No.2 がいて、シニアトレーダーやジュニアトレーダー、丁稚トレーダー等がいます。丁稚ディーラー以外はそれぞれのポジションを取りますが、最優先は会社やボスのポジションを守り育てることです。これは生保であれ、輸出業者であれ、ヘッジファンドであれ、同じではないでしょうか。銀行などでは顧客ビジネスも大事になります。

　私は1985年から2007年までは、週末と休暇を除き24時間、為替相場を追いかけました。ディーリングルームの一員としてです。当時は、夜中に誰かが会社に残っていました。この夜の当番につけるのは10百万ドルを自分の裁量で売買してよい者以上です。少なくとも、そういうレベルでないと、夜残っていても役に立たないからです。

　例えば、これは Virtual な話ですが、今、ドル／円が1ドル＝105.50円くらいとします。大ボスはドルロングを持っ

ていて、寝る直前に「105.10 か、105.90 になったら電話（コールオーダー）を欲しい」と言って寝てしまいます。ボスとしては105.00 を割れると地合が変わるかもしれないから、その手前（105.10）で電話、105.90 からは利食いを少しずつ置いているので（仮に105.90 から 106.00、106.10…と利食いのドル売りオーダーを少しずつ置いているとします）、利食いが付き出したら、とりあえず状況を確認したいから電話しろ、ということだと解釈します。

　夜中、ひとりや二人でオフィスに残っていると、本当に時間が経つのが遅いです。寝ているディーリングルームの仲間を代表してマーケットを見ているわけで、責任重大です。もちろん、彼らもベッドでチラチラとレートを見てはいたと思います。一生懸命、海外の銀行に電話して相場観を交換し情報を集めます。私はこれがとても得意だったと思います。

　仮に、売り材料が飛び出て、105.00 に向けてドルが下がり出したとします。まだ下がると思ったら、まずドルを売ります。30 百万ドルか、50 百万ドルか、1 億ドルかは、そのときの判断です。そして、大ボスに電話します。時には105.10 になる前にも電話します。

　ここからが難しい。よほどのことがない限り、大ボス自身がポジションを切ったりすることも、ましてやドテンすることもないのですが、大ボスもナーバスです。大ボスに言われます。「少しは売ってあるか（少しはヘッジしてあるか）」と言われたりします。

　そこで、そのときの相場付きを見て、自分が売った分の金額を念頭に置いて、適当に「30 百万ドルは105.●●で売っ

てあります」とか、絶対さらに下がりそうな気配なら、「50百万ドル売ってあります」と答えます。大ボスが、「あれ（大ボスのロング）に当てといてくれ」と言ったら、一安心です。でも、自分が30百万ドルしか売ってないのに50百万ドル売ったことにしてしまったら、大ボスへの答えとの差、105.●●のドルロングが20百万ドル、できてしまいます。そこで、その差を一晩かけて取り返す作業をします。

また、ヘッジで売っておいてボスに電話したら、電話しているうちにレートが戻って、逆に105.50を超えてきたりすると、ボスは安心して眠りにつきますが、私はヘッジのつもりで売ったドルがアゲンストになっているので、これを一晩かけて取り返すわけです。

また時間を戻して、ボスがコールオーダーを置いて寝た後、明らかなドル買い材料が出た場合には、まずドルを買います。電話をした時は106.20くらいとします。「利食いを少しはoff（キャンセル）できたか」と言われます。大ボスとしては、まだ上がるようなら無駄な利食いをする必要はないという意味です。私は「105.90は間に合いませんでしたが、106.00と106.10はoffして106.20はそのまま売りました」と言います。本当は、私は106.00も106.10もそのまま売っていますが、これは自分のドルロングに充てることで解決します。

こんな感じで、少なくともドル／円については、市場の動きに対していつもフェーバーなポジション（評価益が出ているポジション）を取る訓練をさせられました。自分がチーフディーラーになったときも、後輩ディーラーに同じようなことを期待しました。おかげでドル／円についてはほとんど損

切りオーダーは置いたことがなく、コールオーダーだけ置いて寝ていました。危ないと思えば、後輩がポジションを先にヘッジや調整してくれたり、コールオーダーのレベルに届いてなくても電話をくれたからです。切磋琢磨した時代です。

　あるとき、後輩ディーラーの夜の当番の練習に付き合って、深夜に会社にいました。何かの通貨で「ドルを○○百万ドル売ってくれ」と言いましたが、返事がありません。当時、ディーリング用のスクリーンや電話機を組み込んだデスクだったので、反対側に座っているトレーダーの頭ぐらいしか見えませんでした。のぞき込むと、うずくまっています。とりあえず私は自分でドルを売ってから、彼の方に回り込みましたが、彼は「大丈夫です。トイレに行かせてください」と苦しそうに言いました。トイレに行った彼は、なかなか帰ってきません。とりあえず、会社の近くに住んでいる他のディーラーに会社に来てもらうことにして、トイレまで彼の様子を見に行くと、まだ苦しそうにしています。仕方がないので、彼を病院に連れて行きました。尿道結石でした。まさに「血の小便の出るような……」だったわけです。

　今は、ヘッジファンドなどを除いては、企業や機関投資家でそういう部署にいる人たちは、個人の判断だけでそれほどの為替の取引ができないと思います。大所には社内ルールが決められていて、機関決定してから動くことが多いかと思います。また逆にヘッジファンドなどでは、AIを含む、いわゆるアルゴリズム取引で勝手に売買されているケースも多いと思います。為替の変動リスクを取りにいく作業は、今や個人投資家の時代となっていると思います。正直、チームでト

レードするケースよりも情報量は格段に少ないですが、まずは自己規律で、時に大胆に「風林火山」です。エントリー、損切りや利食いのオーダーは設定できるので、それを駆使するしかありません。

　以下は思い出話です。

　私が相場を始めた1985年ごろは、携帯電話がありません。もちろん、PCもありません。確か1988年ごろからレートだけは見ることができるポケットロイターと言われる、ポケベルサイズの端末が登場、トレーダーは皆、それを持つようになりました。

　当時は、テレビ東京の夜の経済番組でキャスターが海外市況を伝えるときに話す原稿も、私たちが書いてファックスしていたような時代です。今のように、誰でもライブで為替レートを見ることができるものではありませんでした。

　その後、1992年ごろに黎明期の携帯電話が出始めました。まだノキアかエリクソン社のものだけで、日本製はなかったような気がします。大きさも少なくとも今のiPhoneの3～4倍の厚さがあったように思います。

　それまでは、大ボスが宴席に呼ばれると、何故か私たち若者の誰かが不釣り合いについて行き、30～40分ごとに席を立ち、お店の電話で会社に電話して、相場のレベルや状況を紙に書いて大ボスやボスに渡すという仕事をしていました。私が会社でPCを支給されたのは93年にロンドンにいたときです。日本企業では相当早いほうだと思います。

　まだ固定電話の時代です。F氏にも、その他のボスにも夜

中に何度も電話しました。長いときは2時間とか、あるいは一晩中ということもありました。

　アジア通貨危機の後ぐらいだと思いますが、タイに出張していたＦ氏から夜中に電話がありました。彼がポジションを持っているわけではなく、財務経理担当の役員だったので、アジア通貨危機後の現地を視察に行ったころだと思います。Ｆ氏は市場を通じてビジネスを見ている人だったので、私たちから市場の動きをインプットしようと考えていたのだと思います。いつも通り、いろいろと市場の動きを話していると、Ｆ氏の寝息が聞こえます。いくら電話口で呼んでも起きません。3時間後ぐらい経過してやっと目を覚ましましたが、当時の海外電話代は高く、ホテル代の何倍も掛かったと聞いています。

　また、ディーリングルーム内では、1990年代ころから、少なくとも20〜30代の間では、上下関係や相場の経験等に関係なく、お互いを「さん」付けで呼び合っていました。誰がいつ稼ぎ出すかわからないということもあったと思いますが、相場に対して謙虚であることの証と関係しているとも思います。

第**5**章

新興国通貨を考える

「これまで、たくさんの通貨でポジションを取りました」

　以前であれば簡単に取引できなかったブラジルの通貨などが取引できるようになる一方、ユーロの誕生やその後の参加国の増加でヨーロッパの20近い通貨がなくなりました。銀行には「他通貨担当」と言って、主要通貨以外を担当するトレーダーがいました。今もいると思います。駆け出しの人がする仕事です。顧客から来た売り買い注文を捌き（カバーし）、多少ポジションを傾けて持っている程度だと思います。そういう人たちを除くと、私は"日本人としては最も多くの通貨で自らポジションを取っていたのではないか"と思います。

　特にアジア通貨危機では、さまざまな通貨をショートしました。ほとんど対米ドルです。正直、新興国通貨をロングしようと思ったときでも、中・長期で考えたことはほとんどありませんでした。経済のベースが脆弱で、特に恒常的に経常収支が赤字だと、外資を引きつける目的で金利を高くする傾向があり、それでまた経済に負担がかかる。またインフレ率も高く、それ以上に通貨が劣化する感じを抱くことが多いからです。私の中での新興国通貨は基本的に"売る対象"だったのです。

　また商社でしたので、会社は新興国の成長を取りにいく投資や事業をやっていたため、順風のときにわざわざ高金利を狙った新興国通貨だけへの投資で儲ける必要もないと思っていました。しかし、資本金や事業収益を当該新興国の通貨で持っているケースが多いので、通貨危機のようなことが起こることを想定して、その通貨の下落の悪影響を少しでもヘッジする（この場合、為替で代わりに利益を上げる）という使命感もありました。もちろん、国によって違いはあります。

第4章で紹介した1980年代の中南米の累積債務国問題や、1990年代後半のアジア通貨危機等で、それぞれの国も痛みを経験していることから、その後、進化している国もあると思います。

　一方で、いわゆる新興国通貨が売りで狙われるのは、経済成長等への期待や高金利で資金が流入したあと、「何かをきっかけにして資金が逃げ出す（逆流する）ときに、逃げ場がなく投げ売り状態になる＝通貨も激安化する」ことが、歴史の教えるところです。何でも「良いときもあれば、悪いときもある」のですが、概して新興国通貨には、悪いときの度合いはひどいという特徴があります。

　また、暗号通貨の台頭などもあり、自国通貨を大事に育てることを諦める国も出てくるかもしれません。いわゆる、新興国通貨（外貨預金や外国債投資も含みます）をトレードしようとするときは、細心の注意を払うことが必要です。Preface（序文）にも書いたように、「自分の知らないリスクを取っているリスク」があるからです。

　端的に、先進国と言われる国の通貨と新興国と言われる通貨の違いは、その国の成長の成熟度を置いておくと、後者のほうがデフォルト（Default、この場合対外債務の支払不履行）や、モラトリアム（Moratorium、この場合対外債務の一時支払停止）のリスクが高いことにあります。これらのリスクの可能性が顕在化していくと、通貨や株、債券などは急落していくわけです。特に通貨にフォーカスすると、外貨を稼ぐ力（経常黒字）がなくて、高金利だけで外資を呼び寄せていても、実際には対外債務の返済能力のリスクが高いわけです。

　この章では、日本でも比較的、なじみの深い新興国通貨である、メキシコ・ペソ、南ア・ランド、ブラジル・レアル、トルコ・リラを主な例に挙げて話を進めていきます。

◆最近15年強の新興国通貨の対円の動き（％：2008年1月比）

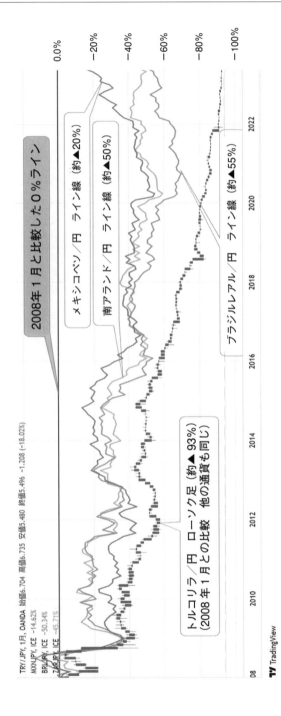

TRY/JPY, 1月, OANDA 始値6.704 高値6.735 安値6.480 終値5.496 -1.208 (-18.02%)
MXNJPY, ICE -14.62%
BRLJPY, ICE -50.34%
ZARJPY, ICE -65.71%

2008年1月と比較した０％ライン

メキシコペソ／円 ライン線（約▲20%）

南アランド／円 ライン線（約▲50%）

ブラジルレアル／円 ライン線（約▲55%）

トルコリラ／円 ローソク足（約▲93%）
（2008年1月との比較 他の通貨も同じ）

08　2010　2012　2014　2016　2018　2020　2022

0.0%
−20%
−40%
−60%
−80%
−100%

TradingView

※右端上から順にメキシコ・ペソ／円、南アフリカ・ランド／円、ブラジル・レアル／円、トルコ・リラ／円

422

前ページのチャートは、2008年1月から（この時期を起点とする意味は特にありません）約15年の各通貨の対円レートの推移を％表示しています。メキシコ・ペソは、この間、約20%下落、南ア・ランドとブラジル・レアルはともに50%程度下落、トルコリラは約93%下落です。ただし別途、金利のリターンがあります（＝金利は加味してないチャートです）。

　なお、2008年1月のドル／円は111円台でスタート、リーマンショックにつながる金融危機はある程度織り込んでいるレベルです。実際のリーマンの破綻は同年9月で、チャートではトルコ・リラ／円で左から9本目の大きな陰線が出ているところです。他の3通貨も同じように、対円で急落してことがおわかりいただけると思います。

　最近を見ると、2020年のコロナ感染拡大時の押しを見た後は、メキシコ・ペソ、南ア・ランド、ブラジル・レアルは円安基調もあって回復基調の一方、トルコ・リラはほぼ下げ続けているだけに見えます。

　以上ではクロス円（対円レートのこと）で紹介していますが、円の動き（特にドル/円）に左右されている部分もあるので、その点を念頭に置いて今後を考えてください。

必ず自分でチェックする事項
～知らないリスクは取らない～

　新興国通貨への金融的な投資、例えば国債を買う、当該国の株式で運用する投信を買う、外貨預金を組む、FX証拠金で中長期にロングをしようとするなどの場合、最低限、以下の点はご自身でチェックすることをお薦めします。金利の水準、GDPや鉱工業生産などをチェックするのは後回しです。今後、新興国通貨の中で他国が外貨準備として保有するような通貨になり、グローバルな決済通貨となるものが出てくる可能性も否定しませんが、正直なところ、なかなか難しいと思います。むしろ、長期的にはユーロの成功を見て、アジアや中南米の地域通貨の話が出てくるとか、実質的な中国経済圏の拡大で中国元が重用され、存在感を高めるようなことになるかもしれません。

①その通貨の歴史

　例えば、ブラジルの通貨は1994年までクルゼイロでした。現在のレアルに変わったときは1レアル＝2750クルゼイロの大幅な切り下げ（デノミ＝Denomination）をしています。Wikipediaによると、第二次世界大戦後だけでも6回ほど、1000分の1のデノミを繰り返しているようです（＊）。

＊：「エピソード1　中南米危機（累積債務国問題）」ではメキシコの話をメインにしましたが、ブラジルもそういう対象であり、切り下がっていました。

また現在のトルコ・リラ（新トルコ・リラ）は、2005年に1新トルコ・リラ＝1,000,000旧トルコ・リラとして、大幅に切り下げてスタートしています（＊＊）。Wikipediaによると、1985年は1米ドル＝574旧リラで、2004年には1米ドル≒1,500,000旧リラです。1985年のプラザ合意前のドル／円が1米ドル＝240円くらい、2004年は110円くらいでした。

　1985年に日本でトルコ・リラの外貨預金を作ったりすることは不可能なので以下はバーチャルな試算です。1985年に1旧トルコ・リラ≒0.418円くらいだったものが、2004年には1旧リラ≒0.0000733円くらいになったことになります。対円で旧トルコ・リラは20年弱で約5700分の1になったわけです。

　新トルコ・リラも2005年ごろは1米ドル＝1.2トルコ・リラ、その後、トルコのEU加盟が取り沙汰されて少し強くなる局面もありましたが、2023年6月下旬では1米ドル＝26トルコ・リラ台です。これらの通貨は筋金入りの通貨安のDNAを持っていると言えるかもしれません。

　皆さんの中には、通貨は安くなるかもしれないが、「その間に2桁や3桁の金利がついているだろう」と思われる方も多いと思います。仮に毎年100％の金利がつく預金ができた前提で、複利で考えると毎年元本が2倍に増えていきます。2の乗数になるわけです。2の20乗が1,048,576なので、100％で複利運用が確実にできれば「1」の元本が20年で「約百万（≒1,048,576）」になります。しかし、これを50％にしたら途端に「3325」倍にしかなりません。また100％の複利運用をしたとしても、期間を20年から19年に減らすだけで「524,288」

＊＊：日本株を中心としたストラテジストで著名なトルコ人の方（おそらく40歳代）が、「自分が小学生のころに10トルコ・リラだったミントガムは、今でも10（新トルコ・リラ）ですが、旧リラからするとゼロが6個増えたことになります」というようなことをSNSに書いていました。

◆1990年ごろ〜2023年3月のドル/ブラジル・レアルの年足チャート
（上に行くほどレアル安）

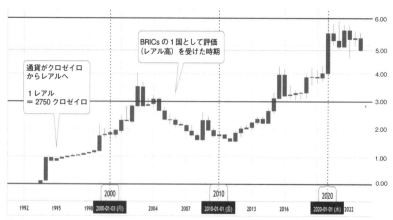

◆1990年ごろ〜2023年3月のドル/トルコ・リラの年足チャート
（上に行くほどリラ安）

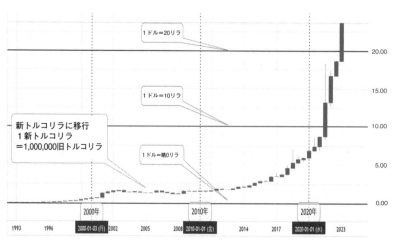

になってしまいます。はっきり言えませんが、20世紀のブラジルやトルコの例では、デノミのほうが激しいのではないでしょうか。

いずれにしてもその通貨の歴史は必ずチェックしましょう。ネット検索で十分です。

②インフレの状況

結論から言ってしまうと、通貨安も高金利もインフレの裏返しであることが多いです。デフレに苦しんでいた我が国にいると感覚がわかりませんが、円で例えると、今年300円のハンバーガーが、来年には360円になる（物価が20%上がる）のが当たり前といった感じだと思います。同じハンバーガーを買うのに1.2倍の通貨を払うということは、それだけ通貨が弱くなっているということに他なりません。これが毎月・毎年のように起こるわけです。この高インフレの循環から卒業できそうな国ならば、投資に値するかもしれません。

ただ、今はコロナからの回復で、リフレーションを期待して新興国ももてはやされていますが、インフレに悩む先進国がインフレの収束に向けて引締めを続けると、新興国でもインフレに対して先進国と同じように利上げをせざるを得なくなります。結果として、高金利に経済が疲弊しだしたときに対外債務の支払等に支障が出てこないかがポイントとなります。

また、そのときに通貨が安くなり出していると外貨建ての債務の返済が一層難しくなる（例えば同じ金額のドルの返済をするとき、その国の通貨をよりたくさん必要とする→さらに通貨が安くなる）という負のスパイラルが歴史的に何度も起きているわけです。資金の逆流が起こるとひどいことになるのも容易に想像できます。その意味で次の③と④が大事になります。

余談ですが、インフレの激しい国の場合、日本の商社等では、日本

人駐在員の現地通貨建て給与や現地職員の給与は、毎月の物価上昇を加味して払われているケースもあります。それでも社員らは給料日になると、食品や物に換えるために奔走します。ドルやユーロにすぐに換えて資産を守るようなことをしている人もいると聞きます。商社マンの間では、例えばトルコを離任するときには現地通貨（トルコ・リラ）はできるだけ処分する（他の通貨に換えるか、モノを買ってしまう）のが不文律です。

③貿易収支や経常収支

　特に赤字の場合の規模に注目します。基本的に赤字の場合は、外貨が足りないので通貨安になりやすいです。

④外貨準備高

　この数字が小さいと、対外債務への支払能力が低いことに注目が集まりやすいうえ、自国通貨が売り圧力にさらされた場合のドル等外貨売り介入の余力が限られます。

⑤国家政策と指導者

　指導者の国作りのビジョンの中で、通貨政策や外交戦略はどうなっているかに注意して見ておく必要があります。例えば、新トルコ・リラは2005〜2006年ごろ、EU加盟を望んでいました。一時はトルコ・リラ高にもなりました。トルコは、NATOの重要メンバーであり、かつ欧州連合関税同盟のメンバーでもあります。軍事と貿易では、欧州の一部でありながら、結局、政治への参加は欧州から認められなかったわけです。おそらく宗教の違いも大きいと思います。やはり、その国の富豪が「自国通貨を持っていると安全だ」と思わない限り、安定的な通貨高は難しいと思います。

⑥その国の国債がFTSE World Government Bond Index（WGBI）に採用されているか

　世界の機関投資家が国債のベンチマークとして採用しているグローバルな国債のインデックスです。20カ国の国債で構成されています。日本で高金利通貨・新興国通貨が人気の国としては、メキシコや南アが採用されていますが、トルコは採用されていません。トルコの国債は、プロの機関投資家には対象外ということになります。

⑦投資対象の金利水準の妥当性

　長らく低金利が定着している日本では、特に個人投資家の方々は金利に飢えていますが、外貨預金や国債によって提供される金利については、よくチェックする必要があります。

　外貨預金や国債の場合は、必ずマーケット水準をチェックしましょう。例えば、１年物金利が10%なのに、あなたに提示される金利は７〜８％ということも間々あります。

　証拠金取引では、スワップポイントの計算に使われる金利が上の例のような１年物10%ではなく、翌日物金利が７〜８％等とずっと低くなって（翌日物のほうが高いこともあります）算出されていることもあります。キャリー（毎日の金利差分のスワップ）が期待ほどには取れないケースもあります。詳しくはコーヒーブレイク３　為替市場の仕組み（FX証拠金取引と外貨預金・外債投資や為替先物予約の違い）を参照ください。

　旅行に行くとわかるのですが、トルコのバザールと言われる市場に行き、商人たちと値段の交渉をするとき、外貨が欲しい彼らに対して「ドルやユーロ、円で払う」と言うと、割引交渉が優位に進められます。彼らには、外貨のほうが好ましいことが染みついています。経常黒字国ならともかく、その国の人が皆、外貨に交換したがっているのに、日本人の個人投資家がその国の通貨を買いに行っても、今のとこ

ろ無理があるわけです。

　ブラジルやメキシコ、トルコ、南アフリカについては、コロナウイルス発生前の2019年と2022年の指標をにまとめてみました。ご確認ください。

◆ブラジル、メキシコ、トルコ、南アの主要経済指標（2019 年と 2022 年）

（単位：10億ドル）

国　　名	年	名目GDP	経常収支 （10億ドル）	経常収支 （GDP比）	貿易収支	外貨準備	外貨準備 （GDP比）	CPI （前年比）
ブラジル	2019年	1873.29	▲ 68.02	-3.6%	27.96	356.89	19.1%	3.73
	2022年	1924.13	▲ 55.96	-2.9%	46.12	362.21	18.8%	9.28
メキシコ	2019年	1269.01	▲ 5.58	-0.4%	▲ 6.51	183.06	14.4%	3.63
	2022年	1414.10	▲ 13.42	-0.9%	▲ 27.69	207.80	14.7%	7.90
トルコ	2019年	759.45	10.80	1.4%	▲ 29.51	105.62	13.9%	15.18
	2022年	905.53	▲ 48.73	-5.4%	N/A	109.53	12.1%	72.31
南ア	2019年	388.45	▲ 9.98	-2.6%	▲ 17.52	55.06	14.2%	4.12
	2022年	405.71	▲ 1.94	-0.5%	9.58	57.60	14.2%	6.87

（著者注）「世界経済のネタ帳（ecodb.net）」の数字を引用、比率は数字から算出、貿易収支と外貨準備は2021年の数字。
IMFの数字は遡って修正されることがある。
（世界経済のネタ帳（ecodb.net）による記述注）
※数値はIMFによる2022年10月時点の推計　※BOP（国際収支マニュアル）に基づいたデータ

　2023 年の 5 月、トルコで 5 年に一度の大統領戦が行われました。第 1 回では決着が付かず、現職のエルドアン大統領と野党対立候補の決選投票の末、エルドアン大統領が勝利します。これを受け、インフレが 40% なのに 10% 未満の政策金利（極度の実質金利がマイナスです）が続くとの見通しなどから、ドル／トルコ・リラは 1 ドル＝ 20 トルコ・リラを上抜け、青天井状態となりました。

おそらく日本人のトレーダーの間では「高インフレ下で金利を下げ続け（市場の通常のセオリーとは真逆）、独裁的に政治運営しているエルドアンは、今回は負けるのではないか」という見通しも多くあったと思います。

　本当にたまたまなのですが、私の知り合いの息子さん（30歳代の日本人）がトルコの富豪のお嬢さんと結婚しています。彼は仕事の関係で米国、彼女のほうは台湾に住んでいます。彼女は、トルコの大統領戦の不在者投票は台湾でできないという理由から、エルドアンに自分の一票を入れるために、（旦那さんは日本にいないのに）わざわざ日本にやって来るのです。さすがに決選投票は悩んだあげく日本にはきませんでした。彼女は決選投票ならエルドアンが勝てると思ったと推察されます。

　日本では「はちゃめちゃな人」と思われているトランプ前大統領が、米国では大きな支持があるのと同じようなことがある、と思ったわけです。彼ら（トルコのお金持ち）は、余ったお金は外貨にして、外貨は外貨で回していれば、自国通貨はどんどん安くなるので、国内では良い生活ができるのだと思います。要は、通貨安は歴史的にビルト・インされていて、余ったお金を外貨に換えておくのは「黄金律」、通貨安よりもエルドアンのリーダーシップが魅力なんだと感じた次第です。

　これは「知らないリスク」というより「日本人の肌感覚では掴めないことがある」というリスクです。強いて対策を挙げれば、「偏らない、こだわらない、囚われない」と思い、自分のロジックに揺さぶりをかけることでしょうか。

トレーディングコストを確認する
~リスクとリターンの検証~

　新興国通貨は、客観的な事実として、為替の売り買いのスプレッド
が広いため、いわゆるトレーディングには向いていません。ドル／円
は普通105.12 ～ 13のようにクォートされます。この例では、銭まで
にしていますが、実際にはもっと狭いでしょう。仮に105.12 ～ 13の
とき、105円13銭で買って、その瞬間にそのポジションを105円12
銭でやめても実質損は1銭分です。約0.01％です。

　例えばトルコ・リラ／円は、私の使っている業者のひとつでは、1
トルコ・リラ＝15.24 ～ 265のようなクォートです。15円26.5銭で
買って15.24で売ってすぐやめた場合、2.5銭損となります。これは
約0.16％の損失です。ドル／円より16倍も売り買いの値差が大きい
わけです。ドル／円にすると105.12 ～ 28とクォートされているのと
同じような値幅です。通貨安が進んで（例えばトルコ・リラ／円が
15円から6円になるなど）も、スプレッドが同じならば、スプレッ
ド幅の％は広がり、さらに割高になるわけです。これが証券会社でト
ルコ国債を買うとなると、手数料片道50銭前後（普通為替レートに
織り込まれます）と思われます。これは、約3.3％で、売るときの分
も考えると、為替の差益・差損の前に合計約6.6％のコストとなります。
　また、国債の金利も百万米ドル単位なら、仮に12％（市場金利）
ぐらいとしても、個人に売るときは11％とか10％ではないでしょう

か。証券会社や業者が暴利を得ているという意味ではなく、小口を取り扱ううえ、カバーする（市場につなぐ）うえでもリスクがあるので、仕方がない部分があります。スワップポイントも同じ考えです。それでもやる価値があると思うのを止めるわけではありません。本章5節でお話ししますが、タイミングには気をつけてください。

　一方で、メキシコ・ペソ／円を見てみると 5.700 ～ 5.703 とあります。これは、100 ペソ当たりにすると 570.0 ～ 570.3 円なわけで、スプレッドは 0.05％とトルコ・リラよりはだいぶ狭い感じです。直感的に業者も、メキシコ・ペソのほうがトルコ・リラより取引のリスクは小さいと見ていると思います。上場取引であるクイック 365 でメキシコ・ペソは取引できますが、トルコ・リラは採用されていません。

　高金利の新興国の外債に投資するときには、一般的に満期までの保有が前提だと思います。特にトルコ・リラの場合、リラのままでは外貨預金として持つことができず、満期まで保有しても、満期日のトルコ・リラ／円のレートから手数料を引いたレートで円転する（円に戻す）ことになると思います。当日の為替レート次第で最終損益は大きく振れるわけで、「じゃんけんぽんをする」ようなものです。

　もしあなたがすでに外債を保有していて、だいぶ戻ってきたから利食いたい（損を確定したい）と思った場合、満期前の債券の評価の問題や途中解約コストを確認したうえで、とりあえず FX 証拠金取引でヘッジをする（当該通貨を売る・ショートする）ならば、それには意味があると思います。満期日には、当該 FX 証拠金取引のポジションのほうも手仕舞う必要があります。コストが掛かりますが、満期日の同日に債券も FX も精算されるので、判断の余地のない為替リスクは避けられます。

　私は本書では、資金管理（レバレッジ）の使い方について多くは言

及していませんが、あえてお話しすると、仮にトルコ・リラを1トルコ・リラ = 15円で買って、それが1トルコ・リラ = 13.5円になれば10%下落しているわけですから、10倍のレバレッジだと全損になります。この程度の値動きは新興国通貨では間々あります。これが1週間くらいで起これば金利もへったくれもないわけです。私としては、新興国通貨取引のレバレッジは多くても2〜3倍程度の取引に抑えることをお勧めします。

～第3節～
新興国の成長や株式市場の上昇は、為替の上昇と分けて考えてみる

　ここでは基本的に、新興国通貨の話をしているのであって、新興国の経済成長や株価の上昇は難しいという話をしているわけではありません。特に、実業の人から見れば通貨が安いので、例えばトルコの工場はドイツ他ヨーロッパ向けの生産拠点としては魅力的です。また為替リスクは取らず、ブラジルで鉱山に米ドル建てで投資したり、消費市場としてドル建でビジネスを展開できる方法もあります。米国のベンチャーキャピタルなどはブラジルのベンチャー企業にドル建てで投資したのち、欧米でのドル建上場で果実を得るところも多いと思います。

　ただ、注意しないといけないことがあります。上の例で言うと、トルコに工場を作ったことでトルコも成長し、株価市場全体の上昇にもつながるかもしれません。投資した外国企業には、トルコ国内では人件費などの工場運営費や国内輸送費などが掛かります。しかし、トルコでの生産品を輸出したことで手にした売上のうち、トルコ国内で掛かる費用以外である、トルコ外からの原料調達費用や利益部分については、経験的にユーロやドルのまま支払ったり・持っていることが多いと思います。日本から輸出しているときに考えられるような「潜在的な外貨建て利益部分について自国通貨に換える」という部分が少ないわけです。トルコの通貨への買い需給は限られるのです。国内の成長ほどにトルコの通貨を買う需要が強まるわけではないということになります。

単純化して、株と為替の関係を見ると、特に新興国の場合は、以下の４つのパターンが顕著に表れがちです。

①株（指数）が上昇、通貨も上昇
⇒　当該投資が人気化。典型的なリスクオン
②株が上昇、通貨は下落
⇒　例えば、当該国の金融緩和等による株高と通貨安

③株が下落、通貨は上昇
⇒　例えば、当該国の引き締め政策で通貨は人気化するが株は冴えない

④株が下落、通貨も下落
⇒　典型的なリスクオフ。流入した資金の逆流が起きる

　特に①は、日本国内で人気化した場合であり、④となった場合はひどいことになるのが常です。ただ新興国の中でも、新興国として扱われることを卒業しつつあったり、資源をたくさん持っている等で、ブラジル（鉄鉱石等）やメキシコ（石油他資源もそこそこあり、米国の工場として外貨も稼げる）や、南ア（金の産出）のように、従前ほどショックに弱くない国も最近は多いです。新興国だからこその勢いとリスクをよく検討する必要があります。

　個別国の事情は、投信の目論見書のリスク欄がとても参考になります。自から一人称で（ご自身が直面するであろうリスクと思って）精読して、リスクシナリオと判断基準を練る必要があります（＊）。特に④は、その国の事情だけでなく、グローバルな金融市場がきっかけになることも多いので、注意が必要です。先進国が利上げサイクルに入ると、最初は新興国もそれについて行こうと利上げをするので、③

のような状況が起こりますが、その後で④になることが多いような気がします。

　基本的には①に乗っても、④に巻き込まれないようにするのが肝要です。株の上昇と通貨の動きのバランスも見ることが大事になります。

　また、443ページでお話しする「エントリータイミングがすべて」に関しては、④が起こると長期的には良い仕込み場となることが多いと思います（いずれにしても「宴＝①の終わったあと」なので、やみくもにエントリーすればよいわけではありません。割安感は十分検討してください）。一方で、①のてっぺん付近で入っていて④を食らうと買った値段には二度と戻ってこられなくなることもありますし、実際にあったと思います。

　例えば近年、ネクスト・チャイナで人気が高いベトナムは、元々はフランスの植民地でした。その後、ベトナム戦争が起こり、南ベトナム（サイゴン＝ホーチミンが中心）がアメリカ側、北ベトナム（ハノイが中心）がソ連側となり、結果的にアメリカが断念して社会主義国、共産党の国ができました。共産党の国ですが、中国とは仲が悪いです。

　株式市場は海外に開放されていますが、国営企業の大手は自らは上場せず、子会社を上場させて資金調達をしているような印象です。本当に肝心なところは市場に任せていないと感じます。今はそれほどではないかもしれませんが、高級官僚や大企業のトップにはソ連（今のロシア）で勉強した人が多いです。いずれにしても共産圏なので、最

＊：投信の目論見書や月次レポート、運用報告は、運用会社や販売金融機関のウェブページで、誰でも見ることができます。あなたが投信そのものに興味がなくても、トルコの歴史や経済情勢、投資のリスクを調べたければ、「○○トルコ株（あるいは国債）投信」などの目論見書（特にリスク項目）や月次のレポートを読めば、情報の鮮度は少し落ちますが、おおよそは入手できます。

近「中国が強権的にIT企業を管理下に置こうとしたことがあった」ように、似たことが起きる可能性には気をつける必要があるわけです。

また、通貨のドンは管理され、実需原則下に置かれているので（海外から株は買えます）、通貨投機はできないと思います。コーヒーブレイク1や、本章の第1節で申し上げたように、取り扱う通貨の国については、自分できちんと整理しておくことがとても大事です。自分の知らないリスクは減らす必要があるからです。

為替に限らず新興国に投資するに当たって、今後の発展を考えるうえで、よく使われる用語にFrog leaping（蛙飛び）と言われるものがあります。

例えば、先進国は固定電話の時代を経て携帯電話、そしてスマートフォンを使うようになりました。一方、新興国の人は固定電話が家にはなく、PCを持つこともガラケーを使うこともなく、いきなりスマートフォンを使うことから始まるようなケースがあります。このように歴史的にたどってきた過程を飛び越えることをFrog leaping と言います。

2005年ごろ、ベトナムに出張に行き、空港からハノイの中心部に移動している途中で、携帯電話片手に水牛にまたがって畑を耕す光景を、立て続けに2回も見たとき、このことを痛感しました。グローバルな技術の進歩もあって、途中経過なしでひとっ飛びに進むことを指します。

今、日本でやっと言われ始めたDX等も、このFrog leapingにより、余計な段階を経ないので、新興国によっては日本より進んでいる国があるかもしれません。ガソリン車に歴史的にどっぷり浸かった日本に比べ、EV比率が高く、より早く脱炭素社会に移行している新興国も出てくると思われます。チャンスはあると言えます。とにかく情

報を自分で集めましょう。

　第1節の①では通貨の歴史を話しましたが、国の歴史をチェックすることも大事です。Commonwealth（コモンウエルス）をご存知でしょうか。大英帝国時代に英国の領地（植民地）だった国々からなる国家連合です。今でも54カ国が参加しています。元首はチャールズ国王で、お互い法律的義務は負いませんが、英語の使用や歴史的な経緯を通じてつながっています。民主主義、人権、法の支配といった価値観は共有されています。旧植民地と反目の関係にはしなかったあたりは、英国の懐の深さとしたたかさを感じます。

　国としては、カナダやオーストラリア、ニュージーランド、アジアではインドやマレーシア、アフリカでは南ア、ナイジェリア、タンザニア、モザンビーク、西インド諸島ではジャマイカ、バハマ、ドミニカ等です。2年に1回、首脳会議も行われています。

　経済圏と言われるほどの存在ではないですが、4年に一度、コモンウエルスゲームと言われる、加盟国のオリンピックのようなものがあります。クリケットやラグビーなどは概して盛んで、クリケットは4年に一度、ワールドカップがあります。参加国のほとんどがコモンウエルスの加盟国だと思います。西インド諸島の国は選抜チームで参加、West Indiesと言います。クリケットはナショナルチームの試合のテストマッチ（認定12カ国だけ）が大変人気があります。

　私も二度、クリケット観戦に行ったことがあります。為替のカスタマーディーラーで英国人の友人がいました。彼のお父さんが伝説のインドのクリケット選手、お兄さんがイングランドのキャプテン（中畑清さんや原辰徳さんのような存在）でした。彼もそこそこの選手だったらしく、彼と行くとスタジアムも顔パスです。試合は確か7〜8時間続きました。個室の観戦席で、優雅な食事とアフタヌーンティーの時間のほか、休憩する時間もありました。

話がだいぶ逸れましたが、これらの国々は意外なところでつながっていて、通貨も関係しています。個人トレーダーの間では、値動きが良いことを理由に扱う方もいる「英ポンド/オーストラリアドル」の通貨ペアがあります。これは、背景に多くの貿易取引や資本取引の実需があります。外貨準備のところで触れたように、英ポンドの保有が意外に減らないのは、こういう国が持ちっ放しにしているからではないかと思ったりもします。

~第4節~
新興国通貨のトレーディングと
テクニカル分析

　結論から言うと、通常の相場であれば、テクニカル分析はある程度、機能すると思います。

　ただ新興国通貨の場合、繰り返しになりますが、売られ出すと、ドルの新高値（例えば新トルコ・リラの新安値）で青天井状態になることが間々あります（426ページのドル／トルコ・リラの長期チャート参照）。ドルに対しては先に示した2005年に1ドル＝1.2新トルコ・リラが約18年で1ドル＝20新トルコ・リラ超えになりました。また、対円で言うと、新トルコ・リラがスタートした2005年以降でも80円台や90円台になることがありましたが、新安値を更新（底抜け）し続け、今や5～6円台です。円は対トルコ・リラの新高値を更新（青天井）したわけです。正直、歴史がないところを動くようになるので、目安となるレベルがあまり見当たらなくなります。

　ボリンジャーバンドはひとつの答えではありますが、あえて他に答えがあるとすると、（対円では数字が小さくなるばかりで判断しにくいですが）対ドルで見ての大台の存在（上記の1ドル＝8新トルコ・リラなら次は9とか10など）と、フィボナッチで「どこどこから138.2％とか、150％、161.8％」という数字を目安にするしかなくなります。

　さらには、その国との貿易や資本取引が活発にあり、歴史がある通貨との通貨ペアを見ることも大事です。例えばトルコ・リラならユーロ／トルコ・リラ、南ア・ランドであればポンド／南ア・ランド、ブラ

ジル・レアルであれば米ドル/ブラジル・レアル等、関係の深い国同士の通貨のチャートを観察することが、理解の一助となります。

～第5節～
エントリータイミングがすべて

　新興国の外貨預金、国債への投資、株式への投資（ここでは個別株でない指数系の ETF や投信等を想定）、FX 証拠金取引をするにしても、エントリータイミングがとても大事です。「金利が高いから良い」と人に勧められてすぐエントリーするとか、そういうものでは決してないのです。

　次ページの上段のチャートを見てください。これはトルコ・リラ/円の2017年後半から2022年末までの週足チャートです。2010年ごろの1トルコ・リラ＝60円以上から下げに下げ、30円台からさらに下げている姿です。下から2番目の水平線近辺（10～12円近辺）は、コロナ騒ぎ後の安値となっていたところです。これを2021年の11月になって割り込むと、Free fall （暴落）状況となり、同年12月20日、一挙に1トルコ・リラ＝6円台になります。

　インフレが進行しているなか、エルドアン大統領が利下げを中央銀行に強いたことが主因です（一般的な説明はこうなりますが、私は通貨安の DNA や通貨安がビルトインされていること、単純にインフレ体質で通貨が常に劣化しやすいことなどのほうが重要な気がします）。この安値レベルはたまたまと思いますが、次ページのチャートの 2018 年からの上値抵抗線と、それに平行して安値から引いた下降平行線の下限のあたりで止まりました。テクニカルが利くこともある典型的な例です。相場の力学が働いたとも言えるものです。

◆トルコ・リラ/円の週足チャート（2017年後半～2023年3月）

◆トルコ・リラ/円の週足　（2020年後半～2023年3月）

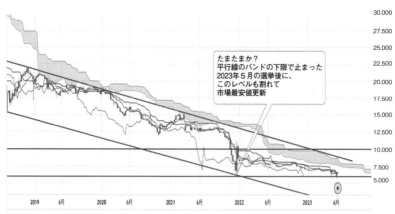

次に、エントリーの話に移ります。前ページの下段のチャートはトルコ・リラ/円の期間を2020年後半からにした週足です。

2021年の12月20日、エルドアン大統領は低金利政策の継続を確約する一方、通貨安による国民の負担軽減につながるとする一連の措置を発表して、トルコ・リラ買い/ドル売りの介入を実施、トルコ・リラ/円も急反発しました。FX証拠金で、たまたまレバレッジなしで1トルコ・リラ＝6円（実際には出合っていないですが、数字をわかりやすく丸めます）で購入して、その後、2日間で10円台に戻っているので、10円で売れれば2日間で70％以上の利益になります。

一方、例えば12円で買っていたら、6円で売れば50％のマイナスです。レバレッジなしでも強制損切りや追い証の対象になるわけです。

FX証拠金取引であれば、タイミングもかなり自由に選べ、利食いも損切りも簡単ですが、6円まで下げた後に介入が入ったから「トルコ・リラは安定する」と思って、トルコ国債やトルコ株投信（＊）に10円台の日に慌てて飛びついたりした場合は、各種の手数料も掛かったうえ、数日後には8円台で安定したことを考えると、どうしようもならなくなります。

金利が高い、株が上がると言っても通貨の振れ、特にダウンサイドが先進国通貨より大きいわけで、大衆のひとりとして投資しても、タイミングを間違えたら駄目なわけです。

また、ロシアのウクライナ侵攻とそれに対する欧米等の制裁措置で、2022年2月だけでも1ロシア・ルーブル＝1.5円台が1週間で1.0円程度にまで暴落したりしています。トルコの場合は、インフレ邁進に対し、エルドアン大統領が金利を上げない政策を取ったので、為替

＊：トルコの債券や投信を1トルコ・リラ＝6円台となったその日に申し込んだとしても、約定は早くて翌日だと思うので、約定に使われるレートは結果として10円あたりのレートになってしまう、ということが当たり前のように起こります。

は安くなりましたが、株が強含みという局面もありました。ところが、ロシアの場合は、株も大暴落です。暴落はチャンスでもあるのですが、ロシアを投資先とする投信は、混乱して解約さえできなくなったものがほとんどです。怖い怖い流動性リスクです。

　その後、ルーブルもロシア株も、石油価格の上昇や、「外国人のルーブル売りが、事実上、取引できない（売ること自体が封印された）こと」などで急激に上昇しましたが、またいつ、政権交代による不安定化や「外国人保有のロシア株は無効」といったことが起こらないとも限りません。そこまで考えないといけないのが、新興国への投資なのです。

コーヒーブレイク５
インドネシア・ルピアの話

　1997年ごろのアジア通貨危機は、第４章でお話ししたように、タイ・バーツの急落からスタートしました。その後、いろいろな通貨に波及しました。

　その中で、私にとって最も印象に残っているのが、インドネシア・ルピアです。こういう新興国通貨を取引する場合は、普通は抑え気味に１百万米ドル～５百万米ドルくらいでポジションを取ります。ドル／円をトレードするときの金額と比べると数段小さくなります。主要通貨ではない通貨で損失を出すと問題になりますし、一方で商社でしたから、当該通貨の現地店の開設時（大昔）に入れた「現地通貨建ての資本金のヘッジ（資本金の減価を防ぐ）」という気持ちもあって、やる意義はあるとのことで、抑え気味の金額でやっていました。

　新興国通貨がアタックに遭った場合（実は、投資や投機でその国に入ったお金の逆流も多くを占めます。アタックだけでなくて逃げる人も含むとの意味です）、当該国の政府や中央銀行は、自国通貨買い／ドル売り介入をするか、急激に金利を引き上げるという通貨防衛手段に出るのが常套です。金利変更は、政策金利と言われる短期物が中心です。時に１％単位ではなく10％単位、場合によっては100％単位ということもあります。ですから、オーバーナイトで（翌日以降に）ポジションを持ち越す場合には注意が必要になります。少し

長く持ちたい当該通貨のショート／米ドルロングなどは、あらかじめ1週間などの先物予約をして、金利のリスクを減らしておきます。

　当該通貨が完全に壊れるのは、ドル買い介入するためのドルの外貨準備が底をついたとき（危機的なレベルになったとき）です。また多くの場合、同時というかスパイラル的に起こりますが金利を急激に上げると、国内経済が滅茶苦茶になり、結局、通貨が暴落（Free fall）するのがお決まりのパターンです。

　少し話が逸れましたが、私の感触ではタイ・バーツは、相場としてだいぶ仕上がってきていたので、次はインドネシア・ルピアが狙われるであろうと思いました（＊）。それまでは、

....

＊：これは「タイの通貨危機があったから次はインドネシアだ、韓国だ」と「あること（悪いことが多いような気がします）がまわりに波及・伝播・伝染していく」ようなことを表しています。為替や金融の世界ではcontagion（名詞）とよく表現されます。「タイの通貨危機が周辺のアジア諸国に伝染（contagion)するであろう」ということで、次に狙われる国や通貨が取り沙汰されていたわけです。このような「次はどこに波及する」という考え方は、金融市場を見ていくうえでとても大切です。例えば「英国でインフレが急激に台頭してきたから次はユーロ圏もだ」とか、「イタリアのリラ他の南欧通貨が売りアタックにあって切り下げしたので、次はマルク以外のヨーロッパのコア国の通貨も狙われる（失敗に終わりましたが「第4章第8節　2）ユーロを見る目の最後にあるEMSの話」）というような見方・考え方です。
　あくまでも「contagion」という用語の使い方と見方の話であって、必ずそうなるということではありません。実際、アジア通貨の例では、マレーシアやシンガポールの通貨の混乱は大したことがなかったことも、すでにご紹介している通りです。

私の記憶が正しければ、1米ドル＝2,500ルピア近辺で何年も安定していました。私がドル買い／ルピア売りを最初に始めたのは1米ドル＝4,000ルピアぐらいであったと記憶します。日を超えて持つのは100万ドル程度で、あとは毎日のように市場での取引可能な時間になると、ドル買いをして上がったら利食いをする。それを繰り返していると、あれよあれよとドルが上がり1米ドル＝10,000ルピアも、あまり抵抗なく通過したと記憶しています。

　もう糸の切れた凧状態で、私も「死ぬまで買い」と思い、毎日のようにドル買いから入り、ほとんどの日は利を得ていました。

　ところがある日、ジャカルタ等で暴動が起きて軍が出動したとのニュースが流れました。私はこれもドル買いと思い、1米ドル＝19,000ルピアくらいでドル買いをしましたが、どうも感触が悪い。いわゆる「こっつん」です。すぐに1ドル＝18,000ルピアに下がり、これはまずいと思いポジションを手仕舞いました。

　「軍が出てきたくらいだから、インドネシア政府が投機筋を捕まえるかも」というようなことも頭をよぎり、私のドル買い／インドネシア・ルピア売りはこの日が最後になりました（なお、451ページのチャートを見ると、高値が1ドル＝16,000ルピアくらいとなっていますので、私の記憶違いかもしれません。でも20,000は行きませんでしたが、16,000などではなかったはずです）。

　通貨が壊れるという、過去のヒストリーがなく、チャートも利かないレベルでの相場でした。

一方で、当時、不思議な感触が私の中にできていました。1998 年のドル / 円は 122 円台〜 147 円台なので、仮にドル円を 135 円で固定させて考えると、ルピアの対ドルレートに従って、ルピア / 円は以下のように変化します。

1 米ドル = 2,000 ルピア	1,000 ルピア = 67.5 円
1 米ドル = 5,000 ルピア	1,000 ルピア = 27 円
1 米ドル =10,000 ルピア	1,000 ルピア = 13.5 円
1 米ドル = 15,000 ルピア	1,000 ルピア = 9 円

　1 ドル = 4,000 ルピアで 1 百万米ドルを買って、1 ドル = 5,000 ルピアで売って得た 1,000,000,000 ルピアは、約 2700 万円の利益。しかし、1 ドル = 14,000 ルピアで買って、1 ドル = 15,000 ルピアで売って得た 1,000,000,000 ルピアは約 900 万円にしかなりません。同じ 1,000 ポイントでも、当該通貨の下落によって、実際の利益がまったく違うことに気づきました。

　当たり前といえば当たり前です。同時に、仮に 1 百万（100 万）ドルを 1 米ドル = 15,000 ルピアで売って、1 米ドル = 10,000 ルピアで買い戻すことができたら、1 百万（100 万）米ドルで 50 万ドル儲かる（50％ 儲かる）とふと思いました。アジア通貨危機も収まりつつあったので、1 米ドル = 15,000 ルピアくらいでドル売り / ルピア買いをこわごわ仕込みました。5000 ポイント上の 1 ドル = 20,000 ルピアで損切りしても損は 25 万ドル、5000 ポイント下の 1 ドル = 10,000 ルピ

アで利食えれば利益は50万ドルです［それまでのルピアの下落で、貯金（利益）があったからできたことです］。幸い、そこから1カ月強ぐらいで1米ドル=10,000方向へと向かったと思います。私は利食いを我慢しきれず、30万米ドルぐらいの利益に終わりました。それでも1百万（100万）ドルのポジションで儲けた利益率では、私の断トツの最高記録です。

余談になりますが、ドル／円でも、プラザ合意前に1米ドル=240円で1百万（100万）ドル売っていて、1米ドル=120円で買い戻せば100万ドル儲かったわけです（スワップポイントは考慮していません）。

◆1997年末〜1998年の米ドル/インドネシア・ルピアのチャート

おわりに　〜良いリスクを取る〜

オプションについて

　今回、オプションについては、紙面の量も考え、あえて省略しました。私が相場に携わり始めた1985年には、シカゴに研修に行っていた先輩がレポートを書いていたので、そのころから先物市場でも上場していた、最も古いデリバティブのひとつと思われます。

　その後、オプションはいろいろと進化しました。中途半端な説明をすると誤解を招くと思うので避けた次第です。

　ただ、大口のオプションになると、期日（権利行使日）と行使価格については、ある程度、市場で情報が入手できます。そういうものの活用方法やニューヨーク時間の当日のオプションのカットオフタイム［通貨オプションの権利行使の最終的締め切り時間＝日本時間の24時（夏時間は23時）］にはどういう動きが想定されるかなどは、ネット上や本に情報がたくさん載っているので、ご自分で調べていただければよいと思います。

　基本的に、オプションはその行使価格の市場との関係、残存時間との関係で決まっていきますが、市場の変動率（ボラティリティ）との期待によっても値段が変わります。オプションはコールにしてもプットにしても、買うだけなら損失はプレミアム（保証料）で確定。そのオプションの行使価格に近づいたときにオプションとして売却するだけでなく、オプションのメリットを使えば、FXのトレーディングと絡めていろいろなことができます。

　ただ、オプションの売りは絶対ダメとは言いません。しかし、あなたがリスクをわかったうえでやっているかについてはよくチェックし

てください。「知らないリスク」は取ってはいけません。「良いリスク」テイクを目指します。

　今後も、投資家の金融リテラシーが上がっていく中で、業者側はいろいろな商品を提供してくると思います。気をつけてください。オプションの売りが絡んだ為替の取引で倒産した実需の会社をいくつか知っています。リスクの種類をむやみに増やすのは「過ぎたるは及ばざるがごとし」となります。

Crypt Currency（暗号通貨）について

　私はブロックチェーンの仕組みを信じていないわけではないですし、「コロナ禍の一連の経済対策（財政政策）や緊急緩和の強化で、世の中の資金がジャバジャバで、その資金の一部が向かうからビットコインが上がる」とか、「チャートがあれば、相場はどれも同じ」という気持ちも半分は持っていますが、慎重姿勢です。今後、中央銀行が『Crypt Currency』を発行するようなら話は別ですが、以下のようなことが「慎重である」ことの主な理由です。

・通貨の番人（普通は中央銀行）がいない（一方でこれが魅力でもあります）
・需給構造がよくわからない。特に発行（供給、マイニング）がよくわからない
・売買の判断材料は、ときにわかるけれども、いかにも不十分。
・支払・決済機能（その通貨で何が買えるるのか）が、どの程度普及しているのかよくわからない。
・Money Laundering（マネー・ロンダリング）に使われたりしたことが起きた場合のショックがわからない

・変動率が高すぎる。何度か申し上げているように主要国間の為替の
レートは、100 が 2 〜 3 年かけて 200 になることはあっても、数カ
月でそうなることは基本的にない。100 が数カ月で 200 になるのは
自分のリスクテイクとは合わない
・税制がまだ定まっていなさそうだ

　正直なところ、簡単に言うと「わからないリスクは取れない」とい
うことが、「慎重である理由」の大部分を占めています。
　ただ、コービーブレイク 5 で紹介した「ドル / インドネシアルピア
の相場でのトレーディングと値動きにまつわる判断」は、今振り返る
と、価格変動のリスク以外を知らずにやっていたことと大差ないと感
じていますので、トレーディング自体を否定するものではありません。
ただ、その性質や値幅が「通貨」というよりも「新興株」や「商品」
なので、本書で強くは扱わない、という話になります。

取り扱い業者の Integrity と Culture

　取引業者選びの話です。外貨預金や外国債券、FX 証拠金取引等今
や海外も含めて業者は玉石混合です。自分の大事な資金を預ける、あ
るいは置いておく先です。「知らないリスク」を取らないようにしま
しょう。
　私が“このこと”にこだわりがあるのには理由があります。2010
年台の半ばにロンドンでコモディティのトレーディング（SWAP や
先物、時にオプションもやります）会社の CEO をしていました。ロ
ンドンでは金融業者になります。英国にはイングランド銀行（中央
銀行）の傘下に金融規制当局が 2 つあります。ひとつは PRA（大銀
行や再保険会社を計数的に管理します。自己資本比率等も精緻に検

査）で、もうひとつは FCA （Financial Conduct Authority）です。FCA はその名の通り、金融機関の行動規範（マナー）をチェックする機関であり、管轄組織です。その精神は金融機関のトップの人に付随する Integrity（高潔さ、誠実さ、清廉）と Culture のチェックです。要は、Integrity に欠け、Culture の悪い企業やトップの会社は良くないという考え方に強く共感しました。

　日本ではガバナンスと社外取締役の配置を含めた内部統制といって、近年は表面的な体制は整いつつありますが、正直、企業や組織の Culture チェックはまだまだです。例えば、最近では、ゆうちょ銀行やかんぽ生命で「収益を上げたい」だけに生保商品の解約と新規契約を繰り返す等の不祥事が起こりました。これは私の推測ですが、民営化した当初のトップが「君たちもこれからは株式を上場した民間企業だ。儲けてなんぼだ」という、新しく恐ろしい Culture を植え付けたのが諸悪の根源になったのではないかと思っています。それまでは地域の信頼できるパートナーであった郵便局の人たちがいきなり違う方程式を見せられて混乱のうちに不祥事に至ったと見ています。
　また最近は減りましたが、大手の銀行や証券会社がお年寄りを相手に絶対理解できていないはずのハイブリットな投信を売っていたことも似たようなものです。このように、私は金融機関のトップから発せられる Culture には注目しています。

　Integrity とは、最近は「威張りちらす」というニャアンスで使われることが多いですが、実は企業の威厳や尊厳を表すとても高尚な単語です。私は、イギリスの当局の"経営の本質に、理念的なことや底流を流れる企業文化を求めるアプローチ"の信奉者です。日本は、このトップや企業が作る Culture についてのツメがまだ甘いと思います。これから新たな業者と取引を始めようとする方はぜひ当該金融機

関や業者のトップが何を言っているかをよく確かめてください。また社員の人たちはその企業の Culture を体現していることが多いです。昔ある銀行に電話して「○○部長お手すきですか。」と聞くといつも「○○部長は今お電話中です」と答えられました。普通は「○○は電話中です」だと思います。これは顧客より社内のほうが大事なことの表れで、研修でもそう習っているわけです。その後、この銀行は合併されましたが、合併後もこの銀行の人たちはそのままの電話の受け答えをするので素性がすぐにわかります。

　業者選びに際しては、大銀行含め、表面的なことばかり言っている場合にはよく見定めてください。"何か"が起こったときに大きな差が出ます。万が一、あなたのお金が分別管理されず、会社の資本などとぐちゃぐちゃにされてしまうと取り返しが付かなくなります（ただ、これは、相場が混乱したときに変なレートで損切りさせられたなどという話のことではありません）。

　また海外の業者と取引する場合は、何かあったときにあなたが英語でやりとりでき、必要に応じて弁護士を立てられる財的余力がないならやめておきましょう。とにかく市場と戦うリスクは取っても「知らない」リスクは取ってはいけないのです。

　為替取引では、金利差を取りに行ったり、シンプルに為替の変動を収益化することが目的です。それに集中できるように、リスクをシンプルにすることに集中することがまず大事で、スプレッドのちょっとの違いやレバレッジ限度の違いなどにとらわれず信頼できる業者を使うことが肝要です。

巻末付録 ①

金利の期間構造や
イールドカーブについての補足説明

ここでは、金利の期間の関係を説明します。債券の話は理論を話すときりがないので、為替市場を考えるうえで最低限必要なことを簡単に説明します。

・イールドカーブ（Yield Curve　利回り曲線）

　一定数の債券について、満期までの利回りと満期までの期間の関係を示す折れ線グラフ（曲線）のことです。イールドカーブ上の債券は、国債に限られているわけではなく、ひとつの曲線は同じ資産クラスで、同じ信用度であれば描くことができます。ここでは信用リスクのほとんどない国の国債を前提に説明します。

　イールドカーブは、満期の違いのみによって生じる債券の利回り差異を表すもので、利回り（縦軸）と満期（横軸）の関係は、金利の「期間構造」を示します。次ページの例を見ながら説明します。なお、その下は元データの主な年限ごとの金利です。普通期間は 30 年くらいまでを見ますが、例では 10 年までにしています。

・順イールド

　イールドカーブが右肩上がりです。この形のイールドカーブは、通常の状態と一般的に考えられます。満期までの期間が長い債券の利回りのほうが高くなっていることを示します。

　このタイプのイールドカーブは経済が成長する景気拡大時に見られるのが一般的です。投資家はインフレと将来の金利上昇の見返りとして、長期債券には高い利回りを求めていると考えられます。また期間が長くなるほどリスクが高いので、要求される金利が高くなるなどの理論もあります。

・フラットなイールドカーブ

　どのような期間の金利もあまり差がない状態を指します。例では

◆イールドカーブの種類

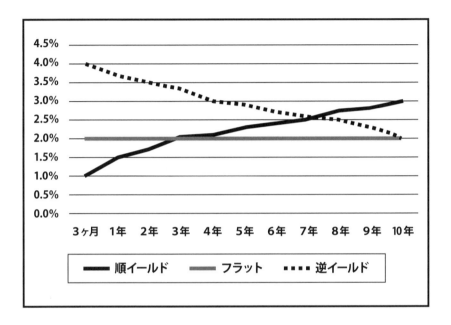

イールドカーブ の種類	3ヶ月	3年	5年	7年	10年
順イールド	1.0%	2.0%	2.3%	2.5%	3.0%
フラット	2.0%	2.0%	2.0%	2.0%	2.0%
逆イールド	4.0%	3.3%	2.9%	2.6%	2.0%

すべての期間が2％で真っ平ら（水平）ですが、あくまでも例であって、傾きがなだらかなときに使います。また、ある年限（期間）から先だけ平らな傾向があるようなケースもあります。

この形状は景気が拡大から後退に向かう時期、あるいはその反対の時期に見られます。急激な経済成長（経済の過熱）を抑えるため、中央銀行が金利を引き上げるときに見られます。この場合、利上げに応じて短期金利が上昇し、インフレ期待が収まっていくため、長期金利は低下します。

・逆イールド

イールドカーブが右肩下がり、長期債の利回りが短期債よりも低い形を言います。金利とインフレ率がどちらも下降している景気後退時に見られるのが一般的です。順イールドが平常時とすると、まれなタイプの形状となります。歴史的には景気後退が始まる12カ月から18カ月ほど前にイールドカーブが反転（逆イールド化）しています。

補足として、一般的には短期債は期間（年限）1年以内のもの、時に2年債ぐらいまでは特にイールドカーブの説明に含むと思います。中期債は5年前後、長期債は10年前後より期間の長いものを指します。

またイールドカーブそのものを取り上げなくても、「3カ月ものと10年債の差」（一部ではFRBが注目しているとされる）や、「2年債と10年債の差」の推移が注目されることが多いです。景気やインフレの見通しや金融政策当局の意向の反映、その市場の受け止め方の変化がイールドカーブの形状に現れていると見られているからです。なお、用語の説明になりますが、イールドカーブの右肩上がりの傾斜の角度が急になっていくことをスティープ化（英語ではSteepening）、また平らになったり・右下がりにいくことをフラット化（英語では

Flattening）と表現します。

　イールドカーブを説明した理由は、「日銀のイールド・カーブ・コントロール（YCC　Yield Curve Control）」や「日本の資本筋（年金や生保等）のヘッジ付外債投資」の説明（特に後者）に不可欠だからです。

　しかし、市場がこのイールドカーブの形状に注目しているときは為替への影響（それが起こす需給の変化）を見ておく必要があります。私の場合は形状そのものはともかく、政策金利（これは所与）以外にトレードする通貨の2年、5年、10年債の金利はいつでも見ることができる状況にしています。ネットでもいくらでも見ることができます。証券会社やFX証拠金会社の海外市場レポートなどの中にも、通貨ごと・年限ごとの金利の終値が出ているものはたくさんあります。それらを見てチェックしておくことで普通は足ります。

　また、イールドカーブが市場の関心を高めているときは、日本経済新聞やその系列局の経済関連テレビ番組、各国の経済専門新聞・雑誌等で取り上げられます。アンテナを張っておくことが大切です。

【日銀のイールド・カーブ・コントロール（通称 YCC）】

　日銀が 2016 年 9 月 21 日に導入を決めた政策です。当初日銀当座預金の政策金利残高に 0.1％のマイナス金利を適用して短期金利を操作することとしていましたが、これに加え 10 年国債利回りがゼロ％程度で推移するよう長期国債を買い入れて長期金利を操作するものです。長期金利も極端な低金利にすれば、さすがにお金を借りて投資に回り、ものの価格も上がっていく（適度なインフレも起こる）であろうということと、日銀が国債をどんどん買うこと（量的緩和を行うこと）で市場に円が溢れて、これもインフレを適度に起こすであろうと

いう、すべてはデフレ脱却のための施策です。2013 年 11 月のアベノミクス開始時の無制限の量的金融緩和政策のダメ押し的な政策です。中央銀行が長期金利を直に操作した意味でも異例な政策です。世界的にも、歴史的にもあまり例のない政策です。特に危機対応的ならあり得るのですが、2013 年から数えて約 10 年、2016 年から数えても約 7 年でその長さの異常さは類を見ないと思います。この政策で問題視されているのは主に以下の 2 つだと思います。

1 国債の利回りは本来、市場で決まるべきものであり、中央銀行が長期にわたって関与するのは、好ましくないとか不健全。利回りに人為的な操作を続け、歪みが顕著となれば、当然ながら投機の対象にもなりやすくなる。2022 年の日本の物価の上昇は、コロナ時の世界の金融緩和の反動、コロナからの回復による需要増加、ロシアのウクライナ侵攻による資源価格の高騰、円安等が要因で明らかにプラス圏です。もちろん比較的短期間で、また物価のマイナストレンドに戻る可能性はあります。しかし 2023 年 1 月 20 日の日経の記事を引用すると「総務省が 20 日発表した 2022 年 12 月の消費者物価指数（CPI、2020 年 =100）は変動の大きい生鮮食品を除く総合指数が 104.1 となり、前年同月比で 4.0% 上昇した。第 2 次石油危機の影響で物価が上がっていた 1981 年 12 月（4.0%）以来、41 年ぶりの上昇率となった。22 年通年は生鮮食品を除く総合で 102.1 となり、前年比 2.3% 上がった。上昇は 22 年 12 月まで 16 カ月連続になった。4.0% という伸び率は消費税の導入時や税率引き上げ時を上回り、日銀の物価上昇目標 2% の 2 倍に達した」とあります。単純に考えると、短期金利がマイナスとかゼロ近辺で、長期債（ここでは 10 年）までそれに近いものに押さえ込むのは教科書的にもおかしな状況です。2022 年 12 月には、さすがに日銀も 10 年物国債金利の上限を 0.25% から 0.5% に

引上げました。

2　日銀（中央銀行）による国債の買い入れが長期間継続すれば、中央銀行のバランスシートが巨額の国債購入によって膨れ上がるだけでなく、中央銀行が国債の安定保有先となり、財政規律がゆるむ恐れもあります。要は政府が税収等の将来収入（歳入）の裏付けなく無尽蔵に国債を発行し、日銀が引受ける。また低金利に押さえ込むので財政のコスト（国債の利回り）は低く抑えられるのでこれは国に取っても好都合ということですが、一方で事実上日銀が国の債務を肩代わりしているので、何を根拠にそんなに日銀を信じることができるのかが問題視されるわけです。2022年度末の国債発行残高は1000兆円をわずかに超える規模な一方、2022年末の日銀の国債保有残高 * は564兆円超で完全に半分を超えています。長期的に大幅な円安を唱える人たちのロジックには、日銀の行き詰まりや日銀がYCCやゼロ金利をやめれば国家財政のほうが破綻するというものが多いと思います。

【日本の資本筋（年金や生保等）によるヘッジ付き外債投資】

　資本筋の外国債券投資は円からドルを買って米国の国債等の外国債券を買うというのが普通です。

　ただ為替の変動（特に円高）がリターンにマイナスの影響を与えるようなケースは為替の部分だけ後から（債券のほうは売らずに）外貨を売って（外貨の売り予約をします＝外貨を借りて売るという考え方と同じ）為替の変動のリスクをなくして静観するようなこともします。ヘッジとはリスクを避けるために取る取引で、この例は為替（円高）リスクをヘッジしているわけで、これも含めてヘッジが付いた外債投資とすると、以下で取り上げることはより狭義なものです。

＊：保有残高の明細は日銀のウエッブページで「日本銀行が保有する国債の銘柄別残高」に1週間ごとに更新されます。

この狭義のヘッジ付外債投資はまず「順イールド」が続くことを念頭にしています。例えば、先のイールドカーブの説明に使った図や表を元に解説します。これを仮に米国債とすると「順イールド」のケースを見ていただくと３カ月物金利が年率１％、10年物国債が年率３％です。３カ月ドルを借りて１％（借りるための信用に関わるスプレッドや手数料は無視します）、10年物国債利回り３％を買います。目先の３カ月は年率３％と年率１％差の３カ月分は確定利益です。ドルは借りて、米国債を買っているだけで為替は発生していません。３カ月経過後イールドカーブに変更がないとすると、米国債から受け取る金利は年率３％近辺、次の借り入れ金利は年率1%で、また為替リスクなしの運用が続きます。しかし、３カ月物金利が２％上がって年率３％だと次の３カ月の金利差益はゼロ、もし３カ月物金利が年率４％なら逆ざやになるわけです。米国が2022年だけでも政策金利であるFFレートの誘導目標を年初の０〜0.25%から4.25〜4.50%に4.25%も引上げたわけで極端な例ではないわけです。順イールドなら為替リスクなしですが、フラット化や逆イールドになると金利差益はなくなりヘッジ付米国債の保有の意味がなくなります。すると何をするかというと米国債を売ってしまうという対処もあるのですが、多くの場合は外債の方は保持、短期のローン（この場合は３カ月物）を更新せず、ドル／円でドルを買って借りているドルを返済します。このときにドルを買う行為を「ヘッジ外しのドル買い」と言います。

　このヘッジ付外債投資を為替に関係させてより具体的に説明します。ある生保が米国債を買い、その代金の決済が２営業日後とすると、この生保は目の前のドル／円レートでドルの売買をします（実際に売り買いはしません）。そのレートを元に、ドル買いのほうは２営業日後に受け渡しの輸入の予約（ドル買い予約）、ドル売りのほうは上の例に則すると３カ月先の輸出の予約（ドル売り予約）をします。輸入予約は２日後に決済され、円を払ってドルを受取り、そのドルで例え

ば 10 年物の米国債の購入代金の支払をし、米国債を手にします。かたや輸出予約は 3 カ月間のドル／円の金利差（スワップ）を加味したレートで締結されており、3 カ月が経てばまたその予約をさらに 3 カ月延長していくようなことになります。そして、もうヘッジ付で投資する意味がないと判断すれば、途中でもこの輸出予約を買い戻せば（ドル買いをすれば）、この債券投資はヘッジなしの円投（円でドルを買って投資した）外国債券に戻るわけです。

　本文で説明したドル・円が 2022 年に 120 円を越えていくときの話がこれにあたります。ちなみに 2022 年には米国では逆イールドが出現しており、日本の資本筋のヘッジ付外債投資は短期金利の上昇過程ではかなり減っているとみられます。このヘッジ外しのドル買いは当面出る余地があまりないと思われます。

　なお、公的年金を預託され運用する「GPIF（Government Pension Investment Fund 日本の年金積立金管理運用独立行政法人）」や大手生保では、外債や外国株を含む運用状況や次年度の方針を毎年 3 月から 4 月にかけて公表しています。2022 年度方針は多くの生保が「ヘッジ付外債の圧縮」を表明しています。

巻末付録 ②

主要経済指標とその見方

中長期的には市場の注目度は、指標ごとに相当濃淡が出ます。

「経済指標の見方」あるいは「読み方」で検索すると本がたくさん出てくるほどで、確かにこのテーマだけで本が書けますが、ここでは本当に代表的なものを列挙して解説します。

注目度が高いものについては、発表前であれば、予想と市場が期待しているものは何かをよく考え、発表後には、内容を精査するとともに相場がどう動いていくかを考え、次の相場に備えて、"市場の反応"をよく検証しておくとよいと思います。

①米国雇用統計

失業率、非農業部門雇用者数(NFPR: Non-Farm Payroll)と失業率、平均賃金等に注目します。

失業率は小さいほど雇用が強く、雇用者側からは「人を採りにくい」、労働者側としては「就職や転職がしやすい」という状況を読むことができます。

NFPR は、数字がプラスになるほど、農業以外の雇用環境が良いことを示します。

平均賃金は賃金面のインフレ指標として最近注目度が高いです。

米国雇用統計に対して市場の注目度が高い理由は、FRB が金融政策を決定するうえで雇用情勢を重視しているからです。多くの先進国の中央銀行の役割は物価の安定にありますが、FRB はそれに加えて雇用の最大化を責務としています。雇用統計が良好なら政策金利の引き上げ観測に、悪化したら緩和拡大や引き下げの観測につながります。

米国雇用統計の発表時刻は、毎月第一金曜日（時に第二金曜日）、午後9時30分（米国冬時間は午後10時30分）です。

英国や豪州（オーストラリア）の雇用統計も、予想とぶれるときにはそれなりに反応します。ユーロ圏はあまり反応しない印象があります。日本の雇用統計（失業率、有効求人倍率）は、為替市場ではほと

んど注目されません。

　最近はインフレ関連指標が注目されるので、どの国も賃金関連部分のほうに対する反応が大きいです。

②消費者物価指数（CPI：Consumer Price Index）

　一般消費者世帯が購入する商品やサービスの"総合的な価格の動き"の指数です。インフレに関する今後の動向を分析する指標として最も一般的であり、金融当局の政策を読むうえで注目度が高いといえます。

　相場の当日の注目は「前月比」ですが、年率表示の動向も見ながら把握するほうが大事と思っています。どこの国でも注目されます。

　物価指標としては、生産者が出荷した製品や原材料などの販売価格の変動を調査・算出した指数である「生産者物価指数（PPI: Producer Price　Index）」も相場に影響を与えることがあります。国によっては「卸売物価指数（WPI：Wholesale Price Index）」と呼ばれます。

③GDP（国内総生産）　※四半期単位が多い

　GDPとは国内総生産を指します。一定期間内に国内で生み出された付加価値の総額です。その国の経済規模を示す経済指標として最も注目されますが、大きくぶれない限り、あまり影響がない印象です。

　またインフレに注目度が高い最近では「GDPデフレーター（名目GDPを実質GDPで割って算出）」のほうが、物価動向を把握するための指数として特に注目されます。

　米国や英国、ユーロ圏では、各四半期とも、「速報値」「改定値（速報値発表から約1カ月後に発表）」「確報値（改定値発表から約1カ月後に発表）」と3回発表されます。

　英国やカナダでは、毎月発表されます。

　日本では一次速報、二次速報（一次速報発表から約1カ月後に発表）

と2回発表されます。

④小売売上高

　小売売上高は、百貨店やスーパーマーケット、コンビニなど小売業者の売上額をまとめた経済指標です。多くの国で個人消費が経済活動の6割以上を占める傾向があります。消費動向は経済動向を把握するうえで欠かせないこともあり、小売売上高の注目度も高くなります。

　また米国の場合、個人消費関連では「個人所得（PersonalIncome）」や同タイミングで出る「個人消費支出（※）」も注目されます。

　最近は「PCEのデフレター」という名目PCEを実質PCEで割ったものが消費段階での物価上昇圧力を測る尺度として注目されています。

⑤鉱工業生産

　米国では同タイミングで設備稼働率も発表されます。

　鉱工業生産は、コンピューターや電化製品、自動車など、工業品の生産高をまとめた経済指標です。主に、サービス業の景況や個人消費の動向を把握できます。電化製品の生産高が増えていれば、個人消費が伸びていると分析できるわけです。

　また、オフィス機器の生産高が増えれば、企業の好調さがわかります。「経済の状況を分析できる」という点から注目されている指標です。前述した小売売上高と合わせて確認すると、消費動向をより深く分析できます。

　鉱工業生産は、日本・米国・英国・ドイツ・フランスなどの他に、ユーロ圏で毎月発表されます。

　また米国では「耐久財受注」という耐久財（自動車や家具、航空機など耐久年数3年以上の消費財）の新規受注額を集計した経済指標も、

....

＊：PCE（Personal Consumption Expenditure）

ときに注目されます。ただし、航空機受注は数字のブレが月単位で大きくなるので、数字のブレに一喜一憂してよいかは指標の内訳や市場の地合によることが多いです。

⑥貿易収支

1980年代後半から90年代にかけての米国では、この指標が最も注目され、市場を動かしていました。貿易赤字の全体額やGDP比は依然大きいですが、米国が産油国化し、貿易赤字の全体額やGDP比が小さくなってきて注目度がほとんどなくなりました。

一般的に貿易黒字になるとGDPが上昇し、貿易赤字になるとGDPが下落すると言われています。GDP速報値などの算出にも使われるため、エコノミストや市場関係者からも注目されます。むしろ最近は、日本の貿易赤字のほうが、注目度が高いです。

⑦景況感指数

景況感指数は、消費者や企業購買担当者、アナリスト等に現在の景気や今後の景気動向について聞き取り調査やアンケート調査を行い、その結果を指数化した経済指標です。景況感指数が低ければ景気が悪く、高ければ景気が良いと読み取られます。先行性が高いとされます。最近は各景況感指数の物価見通し関連の指数で相場が動くことも多くなっています。

特に注目度の高いものを以下に書きます。日銀短観以外は月次です。

◎購買担当者景気指数（PMI：Purchasing Manager's Index）（各国）

製造業、サービス業ごとにある、景気の方向性を示す経済指標です。速報性の高さから注目されています。各国、ユーロ圏版があります。米国イリノイ州のシカゴのPMIは、全米版の前日に発表されることから注目されることがあります。

◎米消費者信頼感指数（米国）

　米国の民間調査機関である「カンファレンス・ボード」が毎月公表するアンケート調査をもとにした経済指標です。1985年時点を基準値（= 100）としています。

◎連銀景況指数（Fed Index）

　NY連銀製造業指数やフィラデルフィア連銀指数、リッチモンド連銀指数などがこれに該当します。地域特性が出てきます。

◎ミシガン大消費者信頼感指数（米国）

　米国ミシガン大学が毎月公表する経済指標です。1966年時点を基準値（= 100）としています。

◎ ZEW景況感指数（ドイツおよびユーロ圏）

　ドイツの民間調査会社ZEWによるものです。マイナスかプラスかを見ます。

◎ IFO景況感指数（ドイツ）

　ドイツのIFO経済研究所による指数です。1991年を100としています。

◎日銀短観（日本）

　正式名は「全国企業短期経済観測調査」です。四半期に一度発表されます。日銀が全国の民間企業1万社に景況感や設備投資計画などをヒアリングします。日銀が直接行っていることからも、信頼性が高いとされます。

主な参考文献

・「酒田五法は風林火山—相場ケイ線道の極意」 日本証券新聞社

・日本経済新聞社編「円切り上げ　その時どうなる」 1969

・荒木信義「円の知識」　　日経文庫　1978

・村本孜「円相場 10 年のダイナミズム」　有斐閣選書　1984

・ハーバート・スタイン「大統領の経済学」 日本経済新聞社　1985

・ヘンリー・カウフマン「カウフマンの警告」 勁草書房　1986

・ウィリアム・メルトン 「FRB　米国金融政策の舞台裏」 日本経済新聞社
　1986

・吉野俊彦「円とドル」 日本放送出版　1987

・ウィリアム・R・ナイカーク「ボルガー　ザ・マネー・マンの肖像」日本経済新
　聞社　1987

・宮崎義一「ドルと円」 岩波新書　1988　1988

・塩田潮「1000 日の譲歩　円はドルに勝ったのか」　新潮社　1988

・湯浅博「円とドルの攻防」 飛鳥新社　1988

・ダニエル・バーンスタイン「YEN!　円がドルを支配する日」草思社　1989（

・G・メイナード「サッチャーの経済革命」 日本経済新聞社　1989

・ポール・ボルガー　行天豊雄 「富の興亡　円とドルの歴史　1992

・デイヴィッド・マーシュ 「ドイツ連銀の謎」 ダイヤモンド社　1993

・ミルトン・フリードマン 「貨幣の悪戯」 三田出版会

・ロバート・C・エンゼル 「円の抗争 「ガイアツ」依存国家の陥穽」 時事通信社　1993

・ボブ・ウッドワード 「グリーンスパン　アメリカ経済ブームと FRB 議長」
　日本経済新聞社　2001

・榊原英資「為替がわかれば世界がわかる」 文藝春秋　2002

・福間年勝「リスクに挑む」 バジリコ　2002

・三菱信託銀行年金運用研究会「αの追求—資産運用の新戦略」 きんざ

い　2003・滝田洋一「通貨を読む　ドル・円・ユーロ・元のゆくえ」　日経文庫　2004

・ジェラルド・アペル「アペル流テクニカル売買のコツ MACD 開発者が明かす勝利の方程式」パンローリング　2006

・The Singapore Story　Memoirs of LEE KUAN YEW　Singapore Press Holdings (Marshall Cavendish Edition) 2007

・柳基善「為替の中心ロンドンで見たちょっとニュースな出来事」　パンローリング　2005　改名　「ロンドン FX 物語」　2008

・Alice Achroeder THE SNOW BALL　WARREN BUFFETT and the business of life Bloomsbery 2008

・スージー・ウェルチ　小沢瑞穂訳「10-10-10　人生に迷ったら 3 つのスパンで決めなさい！」　講談社　2010

・小島寛之「暗号通貨の経済学　２１世紀の貨幣論」　講談社選書メチエ　2019

・Ｊ・ウエルズ・ワイルダー・ジュニア「ワイルダーのテクニカル分析入門　オシレーターの売買シグナルによるトレード実践法」　2019

あとがき

　コロナ禍の時に、過去の切り抜きの整理から始まり、自身のために
もいろいろと整理してみようと思うままに4カ月で書き上げたもの
が、2年半の月日を経て皆様に読んでいただける機会に恵まれたこと
に大変感謝しています。

　今後のドル／円を占うにはやはり石油価格やその需給がどうなる
か、低炭素化社会を目指すのに本当に石油がそんなに足りていないの
だろうか。これが日本の貿易収支を左右してしまう。
　次は日本の金融政策の行方だ。世界のための Funding Currecy を
何年続けるのだろうか。欧米のインフレが収束してしまったら、日本
でもインフレが沈静化し正常化の機会を逸するのだろうか。相場のこ
とはきりがないのでここで やめておこう。

　故F氏には本当に金融市場を生き残るすべ、すなわちリスクへの挑
み方と、いらないリスクを取らないことを教わった。シンガポールに
研修に行ったときの上司M氏にも「マーケットをリードするロジック」
という私のトレーディングの金言をいただいた。また本当はお二人以
外に上司だったあと2名のM氏もいる。人生の多くことを為替を通し
て学んだ私としては、本という形で人生最大のアウトプットができる
ことを師匠たちへの最大限の感謝とともにとても嬉しく思う。

　本書を書くにあたっては元同僚、為替に関わる元同業の方々、学生
時代の友人や元財務省や日銀の方にもたくさんの助言を頂いた。有吉
さん、川本さん、加藤さん、坪井さん、西垣さん、藤音さん、星野さ
ん、細谷さん、山梨さん他、皆様に感謝したい。いろいろと相談にのっ

ていただいた日本テクニカルアナリスト協会の方にも感謝したい。

　また、監修を快諾いただいたJFXの小林社長には最大限の謝意を表したい。銀行でトレーダーをしていらしたときも彼の上司と二人、値動きの洞察とこだわりが凄かった。

　最後は私のワイフだ。現役の会社のトレーダーのときは早朝から深夜まで会社にいて、家には寝に帰るだけのような生活だったが、不満らしいことを言われたことがない。彼女は証券会社に勤務していたが1989年の12月（日経平均のバブル時高値）で寿退社した。証券業界の悪いところは見ることなく過ごせたラッキーレディで、がつがつしてない。今は大谷君の活躍を見て毎日にやにやしてる。私のストレスを受け流す鈍感力に優れている。感謝あるのみだ。

　本書の出版の機会を頂いたパンローリング社の方々、編集を担当して頂いた磯﨑さんに感謝して終わりとしたい。

ハリー　武内

◆著者：ハリー武内

1961年生まれ。慶應義塾大学経済学部卒。1983年に大手商社入社。1985年〜2007年まで為替のトレーダー、同部署の部長。この間1993年〜1996年はロンドンで為替トレーダー。2008年からはREITやインフラファンドの組成・運用、ヘッジファンド販売部等の部長。この間REIT、プライベート・エクイティ、ベンチャーキャピタルの管轄下関係在社取締役。2009年〜2010年は在シンガポール。2013年〜2016年は英国でコモディティ・トレーディング会社のCEO。2016年に大手商社を退社。現在は個人トレーダー兼Insight Alpha社（Expert-networking、スポットコンサルティング）在日代表。

◆監修：小林芳彦

1979年3月慶応義塾大学商学部卒、同4月株式会社協和銀行入行。外国為替研修生・営業店外国為替業務経験後、1987年から本店資金為替部調査役。インターバンク(フォワード)ディーラー・カスタマーデスクヘッドなどを歴任後、1989年10月よりクレディスイス銀行(資金為替部長)、1997年クレディスイス・ファーストボストン銀行(シニアセールス)、1998年バイエリッシェ・ヒポ・フェラインス銀行(為替資金部長)、2001年バンク・オブ・アメリカ(為替資金部営業部長)で当局を含め、数十社の法人顧客を担当。「ユーロマネー誌(日本語版)」顧客投票「日本のディーラー・ベストセールス部門」を6年連続第1位、過去7回受賞。「短期為替予測部門」を5年連続第1位受賞。

2023年9月3日　初版第1刷発行

現代の錬金術師シリーズ⑰

マーケットをリードするロジックを探す
生き残るためのFX戦略書（プレイブック）
──歴史に学び、市場を感じ、先をひもとくFX読本

著　者	ハリー武内
監修者	小林芳彦
発行者	後藤康徳
発行所	パンローリング株式会社
	〒160-0023　東京都新宿区西新宿7-9-18　6階
	TEL 03-5386-7391　FAX 03-5386-7393
	http://www.panrolling.com/
	E-mail　info@panrolling.com
編　集	ひじり合同会社
装　丁	パンローリング装丁室
組　版	パンローリング制作室
印刷・製本	株式会社シナノ

ISBN978-4-7759-9188-6

本書の感想をお寄せください。
お読みになった感想を下記サイトまでお送りください。
書評として採用させていただいた方には、弊社通販サイトで
使えるポイントを進呈いたします。

https://www.panrolling.com/execs/review.cgi?c=wb

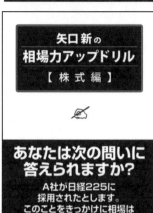

矢口新の相場力アップドリル 株式編

著者：矢口新

定価 本体1,800円+税　ISBN:9784775990131

実需には量的な制限が、仮需には時間的な制限がある。自分で材料を判断し、相場観を組み立て売買につなげることができるようになる。

為替編 定価 本体1,500円+税　ISBN:9784775990124

矢口新のトレードセンス養成ドリル Lesson 1

著者：矢口新

定価 本体1,500円+税　ISBN:9784775990643

相場の"基礎体力"を養うためのドリルです。基礎体力がしっかりしていれば、相場環境に右往左往することなく、上手に立ち回れます。

Lesson2 定価 本体1,500円+税　ISBN:9784775990780

5段階で評価するテクニカル指標の成績表

著者：矢口新

定価 本体1,800円+税　ISBN:9784775990926

相場のタイミングを知るにはテクニカル指標が必要だ。それも、"使える"テクニカル指標が必要なのだ。著者が考案したテクニカル指標も本邦初公開。

超・株式投資 賢者のためのオプション取引

著者：KAPPA

定価 本体2,000円+税　ISBN:9784775991299

もし、あなたが株式投資の天才でないのなら、普通の株式投資は捨てましょう。その代わり、高機能な戦略を可能にする「オプション取引」で利益を出しましょう。

小次郎講師流 目標利益を
安定的に狙い澄まして獲る

真・トレーダーズバイブル

小次郎講師【著】

定価 本体2,800円+税　ISBN:9784775991435

エントリー手法は、資金管理とリスク管理とセットになって、はじめてその効果を発揮する。

本書では、伝説のトレーダー集団「タートルズ」のトレードのやり方から、適切なポジション量を導き出す資金管理のやり方と、適切なロスカットをはじき出すリスク管理のやり方を紹介しています。どんなに優れたエントリー手法があったとしても、資金管理（適切なポジション量）とリスク管理（どこまでリスクを許容すべきか）が構築されていないと、その効果を十二分に発揮できません。何をすべきか（どういうトレードルールを作るべきか）。その答えを本書の中で明かしています。

小次郎講師流テクニカル指標を計算式から学び、
その本質に迫る

真・チャート分析大全

小次郎講師【著】

定価 本体2,800円+税　ISBN:9784775991589

安定的に儲けるためにはチャート分析が不可欠である

チャート分析について勉強すると、すぐに「どこが買いポイント、どこが売りポイント」というところにばかり興味がいきます。しかし、それだけの研究はお勧めしません。
すべてのチャート分析手法、テクニカル指標は、過去の相場の達人たちの経験と知恵の結晶です。相場の先人たちが何をポイントに相場を見ていたのかを本書では学べます。

対TOPIX業種指数チャートの動きに乗る
個人投資家のための
「市況株」短期トレード

浜本学泰【著】

定価 本体2,000円+税　ISBN:9784775991558

著者がファンドマネジャー時代に生み出し、当てまくった対TOPIX業種指数チャートの動きに乗るだけの、テクニカルの通用する業種での短期トレード

当てにいかずに、ただ、「動いた」という事実に乗るだけ。だから、結果として当たりやすくなります。それが市況株の短期トレードの醍醐味です。その有効性を、ぜひ試して、実感してみてください。

あなたのトレード判断能力を大幅に鍛える
エリオット波動研究

一般社団法人日本エリオット波動研究所【著】

定価 本体2,800円+税　ISBN:9784775991527

正しいエリオット波動を、正しく学ぶ

エリオット波動理論を学ぶことで得られるのは、「今の株価が波動のどの位置にいるのか（上昇波動や下落波動の序盤か中盤か終盤か）」「今後どちらの方向に動くのか（上昇か下落か）」「どの地点まで動くのか（上昇や下落の目標）」という問題に対する判断能力です。

エリオット波動理論によって、これまでの株価の動きを分析し、さらに今後の株価の進路のメインシナリオとサブシナリオを描くことで、それらに基づいた「効率良いリスク管理に優れたトレード戦略」を探ることができます。そのためにも、まずは本書でエリオット波動の基本をしっかり理解して習得してください。